대학
강의

대학 강의

나를 넘어서는 학문

© 전호근, 2017

초판 1쇄 펴낸날 2017년 12월 22일

지은이 전호근
펴낸이 이건복
펴낸곳 도서출판 동녘

전무 정낙윤
주간 곽종구
책임편집 구형민
편집 김은우
미술 조정윤
영업 김진규 조현수
관리 서숙희 장하나

인쇄·제본 새한문화사 **라미네이팅** 북웨어 **종이** 한서지업사

등록 제311-1980-01호 1980년 3월 25일
주소 (413-120) 경기도 파주시 회동길 77-26
전화 영업 031-955-3000 편집 031-955-3005 **전송** 031-955-3009
블로그 www.dongnyok.com **전자우편** editor@dongnyok.com

ISBN 978-89-7297-903-6 03140

• 이 도서의 국립중앙도서관 출판시도서목록(CIP)은 서지정보유통지원시스템 홈페이지 (http://seoji.nl.go.kr)와
  국가자료공동목록시스템(http://www.nl.go.kr/kolisnet)에서 이용하실 수 있습니다. (CIP제어번호: CIP2017028325)
• 이 저서는 2013년 정부(교육부)의 재원으로 한국연구재단의 지원을 받아 수행된 연구입니다. (NRF-2013S1A5B6052002)

나를 넘어서는 학문

대학 강의

전호근 지음

동녘

일러두기

1. 이 책에 수록된 《대학》 원문은 조선 시대에 간행된 내각본(성균관대학교 대동문화연구원 영인본, 1981)을 저본으로 했다.
2. 원문에는 우리 학문의 전통을 소개하는 데 도움이 된다고 판단해, 조선 시대에 간행된 관찬본 《사서언해(四書諺解)》에 표기된 현토(懸吐·한문 원전을 읽을 때 다는 한글 토)를 부기하였다. 단 저자의 견해와 다른 부분은 임의로 수정했다.
3. 책명은 《 》, 편명, 글, 단편 등은 〈 〉로 표기했다.

나를 넘어서는 큰 학문, 대학(大學)

배움의 목적은 어디에 있는가

《대학(大學)》은 《논어(論語)》·《맹자(孟子)》·《중용(中庸)》과 함께 유학
의 주요 경전인 사서(四書)의 하나입니다. 이제부터 《대학》을 읽어보려
고 합니다. 먼저 '대학'이란 말이 무슨 뜻인지, 그리고 《대학》의 저자는
누구인지, 또 《대학》이라는 책이 세상에 나와 사람들에게 읽혀지기까
지 어떤 과정을 거쳐왔는지, 《대학》의 철학사적·지성사적 의의는 무엇
인지 살펴보겠습니다. 그리고 21세기를 살아가는 우리가 왜 《대학》을
읽어야 하며 어떻게 공부해야 하는 것이 좋은지도 함께 생각해보겠습
니다.

대학의 '학(學)'은 배움이라는 뜻이죠. 그런데 배움의 목적이 어디에
있을까요? 여러분은 이 책을 어떤 목적으로 읽으려 하십니까? 우선 자
신을 위해서라고 대답할 수 있을 겁니다. 공자가 "옛사람들은 자기 자

신을 위해서 배웠는데 요즘 사람들은 남에게 보이기 위해서 배운다〔古
之學者 爲己 今之學者 爲人〕"라고 하면서 위기지학(爲己之學)을 강조한 것처
럼 '학'이라 함은 본디 자기 자신을 위해 하는 것이 옳습니다. '學'이라
는 글자를 살펴보면, **𦥑**'와 같이 왼손과 오른손이 있습니다. 그리고 본
받을 '효(爻)' 자가 가운데 있는데, 이는 곧 본보기가 되는 대상을 말합
니다. 부모의 훌륭한 모습이 본받음의 대상이 될 수도 있고, 훌륭한 스
승의 가르침이나 동네 어른의 행동이 될 수도 있습니다. 또한 본받음
의 대상이 '문(文)'이 되기도 하는데, 學의 여러 자형 중에는 두 손 사이
에 '爻' 자 대신 '文' 자가 들어가 있는 글자 '**斆**'도 있습니다. '文'은 훌
륭한 가르침이 기록된 글이라는 의미죠. 그것을 어린아이〔子〕가 배우는
것이 바로 '학(學)'입니다. 대학의 '학' 또한 같은 뜻입니다.

그런데 대학은 어린아이가 아니라 어른이 배우는 학문입니다. 대학
의 '대(大)' 자는 사람이 똑바로 서 있는 모습을 그린 한자입니다. '호모
에렉투스(Homo Erectus, 똑바로 선 사람)'라는 말에서 알 수 있는 것처럼
선다〔立〕는 것은 인간의 정체성 중의 하나죠. 그래서 대학은 똑바로 선
자의 학문〔大人之學〕이라는 점에서 소학과 다릅니다.

따라서 여러분이 자기 자신을 위해 이 책을 읽으려 하셨다면 절반
은 맞습니다. 그러나 절반은 그 목적을 넘어서야 합니다. 왜냐하면《대
학》이라고 하는 것은 자신을 넘어서는 학문을 말하고 있기 때문입니
다. 이를테면《논어》에 "아침에 도(道)를 들으면 저녁에 죽어도 좋다〔朝
聞道 夕死可矣〕"라는 말이 있습니다. 이게 무슨 뜻일까요? 왜 이런 말을
했을까요? 도를 듣는데 왜 목숨까지 걸까요? 유학의 도(道)는 학(學)인
데, 만약 이 학이 자기 자신만을 위한 학문이고 도라면 목숨을 걸 필
요가 전혀 없습니다. 바로 자기 자신을 넘어서는 어떤 가치가 그 속에

있기 때문에 '죽어도 좋다'라는 말까지 한 것입니다.

'학'이라고 하면 대체로 '소학(小學)'을 말합니다.《대학》과 대비되는
《소학》이라는 책도 있습니다. 소학은 '소자지학(小子之學)'으로, 주로 물
뿌리고 청소하는 쇄소(灑掃), 다른 사람이 물음에 대답하는 응대(應對),
나아가고 물러서는 진퇴(進退) 따위의 자잘한 예절을 익히는 것으로 모
두 수기(修己) 공부에 해당합니다. 大가 사람이 똑바로 서 있는 모습을
그린 글자인 것과 달리 子는 혼자 힘으로 설 수 없는 존재인 어린아이
〔小子〕를 뜻하는 글자입니다. 그리고 수기 공부는 이런 어린아이가 스
스로의 힘으로 설 수 있게 돕는 과정입니다.

《대학》은《소학》과 달리 '수기'와 '치인(治人)'이 함께 들어 있다
는 점이《소학》과의 결정적인 차이입니다. 다산(茶山) 정약용(丁若鏞,
1762~1836) 같은 실학자도 유학을 '수기치인지학(修己治人之學)'이라고 규
정하며 '수기'만 하고 만다든지 '치인'만 하려고 한다면 반쪽 학문이라
고 했습니다. 그런데 '수기'만 하면 반쪽 학문이 되겠지만, '수기'를 하지
않으면서 '치인'을 하는 것은 유학의 틀 안에서는 불가능한 이야기입니
다. 물론 현실에서는 수기가 안 된 사람이 치인을 잘하는 것처럼 보이
는 경우가 종종 있습니다. 하지만《대학》의 작자는 그런 일은 애초에
윤리적으로 인정될 수 없을 뿐 아니라 논리적으로 불가능하다고 보았
습니다.

《대학》에서는 나 자신이 도덕적으로 올바른 행동, 곧 '수기'를 하지
않은 상태에서는 '치인'이 불가능하다고 말합니다. 왜냐하면 '치인'의 본
래 맥락은 남을 다스리는 권력의 행사를 가리키는 말이 아니라 사람들
을 편안하게 하는 '안인(安人)', 곧 타인과의 평화로운 공존을 이루는 일
을 말하기 때문입니다. 사람과 사람의 관계를 편안하게 하는 '안인'이

바로 《대학》의 궁극적인 목적이라 할 수 있습니다. 이런 일은 다른 사람의 인정과 동의를 얻지 않고서는 이룰 수가 없습니다. 그렇기에 《대학》은 '수기치인지학'을 아울러 말하면서 먼저 '수기'가 필요하다고 강조합니다.

공자가 듣고자 했던 '도'도 그런 맥락입니다. 그러니 목숨 걸만한 가치가 있죠. 나 자신의 생존이라는 작은 목적을 넘어 공동체 전체를 편안하게 하겠다는 포부가 도에 달려 있으니 말입니다. 그리고 《대학》에서 말하는 공동체는 범위가 넓습니다. 우선 나 자신(己)이 있고, 내가 속한 작은 공동체로 가(家)가 있습니다. 그리고 나라(國)가 있고 천하(天下)가 있습니다. 여기서 천하라고 한 것은 우리가 살고 있는 국가를 넘어서는 개념입니다. 물론 국가와 민족이라는 것도 중요하지만 최고의 가치는 아닙니다. 《대학》에서는 천하, 곧 온 인류(人類)의 평화로운 공존을 추구합니다. 이렇듯 《대학》은 나 자신을 넘어서는 학문이라는 사실을 기억해두시기 바랍니다.

《대학》의 저자는 누구인가?

많은 분들이 《대학》의 저자가 누군지 궁금해합니다. 이는 중요한 문제입니다. 일찍이 맹자가 "그 사람의 시를 외우고 그 사람의 글을 읽고서 그 사람이 누군지 모른다면 되겠는가(誦其詩 讀其書 不知其人 可乎)"라고 말한 것처럼 우리가 어떤 책을 읽고 감동했다면 그걸 쓴 사람이 누군지 알아야 할 것 아닙니까? 그런데 결론부터 말씀드리자면, 싱겁게도 《대학》의 저자가 누구인지 아직 정확히 알 수가 없습니다. 본래 《대학》처럼 오래된 고전은 동서양을 막론하고 저자가 불분명한 경우가 많기도 합니다. 이를테면 《논어》의 경우만 하더라도 누가 기록했는지 정확히 알 수 없습니다. 후한(後漢)의 정현(鄭玄, 127~200)은 공자의 제자 중궁과 자유, 자하 등의 제자들이 편찬했다고 했고, 송대의 정이(程頤, 1033~1107)는 공자의 제자 유약과 증삼의 문인이 기록했다고 했고, 또 어떤 사람은 자하를 비롯한 64명의 제자들이 편찬했다고 주장합니다. 하지만 모두 확실한 근거가 있는 이야기는 아닙니다. 서양의 경우에도 사정이 다르지 않습니다. 이를테면 플라톤의 저작 중에서 플라톤이 기록하지 않았다고 의심받는 문헌이 꽤 많고, 히포크라테스의 저작 중에서 문헌학자들이 확실하게 히포크라테스가 직접 썼다고 인정하는 글은 거의 없습니다.

아무튼 전통적으로 《대학》은 공자의 말씀을 기록한 글이라고 전해옵니다. 그러나 이때 공자의 말씀이라고 한 것은 공자가 직접 써서 기록했다는 뜻이 아닙니다. 그렇다고 공자의 제자가 기록한 것이냐 하면 그것도 아닙니다. 중국 송나라 때의 학자 주희(朱熹, 1130~1200)의 주장에 따르면, 공자의 제자 중 한 사람인 증자(曾子)가 공자의 말씀을 기억해두었다가 자신의 제자들에게 말해준 것을 그 제자들이 기록한 것이라고 합니다. 《대학》처럼 본래 《예기(禮記)》에 포함되어 있다가 독립되어 사서에 포함된 책인 《중용》의 경우는 공자의 손자인 자사(子思)가 지었다는 기록이 한대부터 있었고, 최근의 발굴 문헌에 의해서도 어느 정도 확인이 되었습니다만, 《대학》의 경우는 비록 주희가 증자의 제자들이 기록했다고 했지만 뚜렷한 문헌학적 근거가 있는 것은 아닙니다. 그 때문에 아직은 《대학》을 누가 지었는지 정확하게 고증하기 어렵습니다. 다만 《대학》에는 《시경(詩經)》과 《서경(書經)》의 내용, 그리고 여러 차례 공자의 말씀이 인용되어 있기 때문에 시서를 비롯한 유가의 문헌을 섭렵한 전국(戰國)시대의 어느 학자, 곧 공자→증자→맹자로 이어지는 계열의 유가 학자가 기록했을 것으로 추정합니다.

《대학》을 재발견한 사람들

《대학》의 저자가 누군지 밝히는 것도 중요한 문제이긴 하지만,《대학》을 누가 재발견했는가도 매우 중요한 이야깃거리입니다. 지금 여러분과 제가《대학》이라는 2000년 전 문헌을 함께 읽는 것도 일종의 재해석·재발견의 과정이라 할 수 있습니다. 그런데 800여 년 전에 이런 일을 한 사람이 있습니다. 바로 앞서 말씀드린 적이 있는 주희라는 학자입니다.

잠시 북송(北宋)의 역사가 사마광(司馬光, 1019~1086)에 대해 이야기하겠습니다. 사마광은 전국시대부터 시작해서 자기가 살았던 북송시대까지의 중국 역사를 모두 기술한 통사(通史),《자치통감(資治通鑑)》이라는 일종의 역사평론서를 저술했습니다. 글의 분량이 245만 자에 달하는데, 사마천(司馬遷)의《사기(史記)》가 52만 6000자 남짓이라는 걸 생각하면 얼마나 많은 분량인지 어림할 수 있을 겁니다. 하지만《자치통감》을 읽는 것이《대학》을 읽는 것보다 쉬울 겁니다. 왜냐하면 워낙 재미있는 이야기가 이어지거든요. 이 방대한 분량의 책을 저술한 사마광은 "나의 평생 정력이 이 책에 다 있다"라고 이야기했습니다. 그에 비하면《대학》은 245만 자는커녕, 경문(經文)은 205자에 지나지 않고, 전문(傳文)을 다 합쳐도 1700여 자입니다. 그리고 주희의 주석을 합치면 8500자 정도입니다. 그런데 주희는《대학》을 정리하면서 "나의 정력이《대학》속에 다 들어 있다"라고 했습니다. 그리고 주희의 제자 채침(蔡

沈, 1167~1230)이 남긴 〈주문공몽전기(朱文公夢奠記)〉에 따르면 주희는 죽기 사흘 전까지 《대학》을 교정했다고 합니다. 이런 기록을 보면 주희가 《대학》을 얼마나 중시했는지 짐작할 수 있습니다.

원래 《대학》은 《예기》라는 책의 일부분이었습니다. 《예기》는 전체가 모두 49편인데 그중 42번째 편이 바로 《대학》입니다. 참고로 《중용》은 31번째 편입니다. 《예기》의 일부에 지나지 않았던 《대학》을 따로 독립하여 읽기 시작한 것은 당(唐)나라 때 한유(韓愈, 768~824)부터였다고 고증할 수 있습니다. 한유는 일찍이 《대학》, 《논어》, 《맹자》, 《중용》을 '사자(四子)' 또는 '사자서(四子書)'로 부르면서 특별히 중시했습니다. 그리고 이후 북송 시대에 범중엄(范仲淹, 989~1052)이 《중용》을 따로 떼어내서 읽었고, 앞서 말씀드린 사마광도 《대학광의(大學廣義)》라는 책을 저술한 적이 있습니다. 그러니까 당나라 말부터 《대학》을 《예기》의 일부가 아닌 독립된 저작으로 취급하기 시작했고 송나라 때 그것이 일반화되었다고 할 수 있습니다.

이처럼 《대학》을 《예기》의 일부가 아니라 독립된 저작으로 중시한 사람들이 많이 있었지만 그중에서 가장 중요한 인물이 주희라는 철학자입니다. 주희는 《대학》을 사서오경(四書五經) 중에서도 가장 중요한 문헌으로 간주했기 때문입니다. 그럴 만한 것이 《대학》에는 자기 수양이라는 유학의 기본적인 문제의식뿐 아니라 '내가 곧 세계'라는 관점에서 집안과 나라를 다스리고 천하를 다스리는(修身齊家治國平天下) 방대한 스케일의 유학적 이상이 다 들어 있습니다.

《대학》의 철학사·지성사적 의의

유학의 문헌은 두 개의 커다란 전통으로 나누어 이야기할 수 있습니다. 유학의 전통이란 게 결국 공자와 맹자의 정신을 계승하는 것이라 할 수 있지만 문헌을 기준으로 이야기하면 공자가 산정했다고 전해지는 육경(六經)의 뜻을 드러내 밝히는 데 있습니다. 《한서(漢書)》〈예문지(藝文志)〉에 따르면 육경은 《역》·《서》·《시》·《예》·《악》·《춘추》를 가리키는데, 여기에 성인의 뜻이 담겨져 있다고 보았기 때문에 모두 경(經)이라는 명칭을 붙여 특별히 중시했습니다. 본디 '경'이라는 말은 공자와 맹자의 언행록인 《논어》나 《맹자》에는 보이지 않고 《장자》와 《순자(荀子)》에 보이는데 순자가 활동했던 전국시대 후반까지 '경'의 전수는 별 문제가 없었던 것 같습니다.

그런데 전국시대가 끝나고 진(秦)나라가 들어선 뒤 이른바 분서갱유(焚書坑儒)라는 폭거가 일어납니다. 분서갱유는 문자 그대로 유학의 가르침이 담긴 경전을 불태우고 그 내용을 기억하고 있는 유학자들을 생매장한 사건입니다. 이로 인해 유학을 비롯한 제자백가의 사상은 커다란 단절을 겪게 됩니다. 그 때문에 진나라가 망한 뒤 들어선 한나라 유학자들은 유학의 경전을 복원하는 학문을 발달시켰는데 이게 바로 훈고학(訓詁學)입니다. 훈고학은 옛말(詁)을 풀이하는(訓) 학문으로 단절된 '경'의 복원을 목적으로 삼았기 때문에 한 글자 한 글자의 뜻풀이에 치중할 수밖에 없습니다. 이런 학풍이 당나라 시기까지 이어지면서 이른바 한당 유학의 전통을 형성하는데 이것이 유학의 문헌을 해석하는 첫 번째 전통입니다. 그런데 이 한당 유학의 문제점은 옛말을 풀이하기만 했지 스스로 그 말을 실천하려는 노력이 부족했습니다. 성인(聖人)의 말씀만 달달 외웠지 스스로 성인이 되겠다는 큰 뜻을 가지지는 못했던 것이죠.

이 같은 한당 유학의 폐단을 극복하기 위해 일어난 것이 바로 송나라 시대의 유학, 송학(宋學)입니다. 송나라 시대 유학자들은 학문의 목적은 성인이 되는 데 있다고 이야기합니다. 이게 바로 두 번째 전통인 성리학(性理學)입니다. 성리학은 기본적으로 성인의 본성이나 나의 본성이나 같다는 전제에서 출발합니다. 성인의 본성과 내 본성이 같다면 내가 성인이 될 수 있는 가능성이 열려 있는 것이죠. 바로 이런 인식에서 성리학이 일어났는데, 성인의 말씀인 경을 읽는 데 그치지 않고 스스로 성인이 되겠다고 하니까 송나라 학자들은 지나간 과거의 성인에게 도전장을 던진 셈입니다. 그래서 한나라 유학자들처럼 훈고학에 머물지 않고 성인의 말씀 그대로 실천하기 위해 노력합니다.

조선의 성리학자 율곡(栗谷) 이이(李珥, 1536~1584)도 《주역(周易)》〈몽괘(蒙卦)〉의 '몽매한 상태를 깨뜨린다〔擊蒙〕'는 말을 따서 제목을 지은 《격몽요결(擊蒙要訣)》이라는 책에서 처음 배우는 어린 사람들에게 "반드시 성인이 되는 것을 스스로 기약해야 한다〔必以聖人自期〕"고 강조했습니다. 이것이 바로 성리학의 이념입니다. 지금 우리의 교육 현장에서 배우는 목적이 성인이 되는 데 있다고 한다면 아마 많은 사람들이 웃을 겁니다. 하지만 성리학자들이 보기에는 절대 웃을 일이 아닙니다. 가능하다는 거죠. 왜? 내 본성이 성인의 본성과 똑같다고 보기 때문입니다. 그런데 이런 식의 이해는 한당 유학자들과는 다른 방식으로 유학의 경전을 재해석했기 때문입니다. 그리고 그런 이해를 돕는 데 가장 중요한 문헌은 한당 시대에 존중받았던 오경이 아니라 사서였고, 그중에서도 《논어》나 《맹자》보다 더 중시되었던 문헌이 바로 《대학》입니다.

이런 식으로 유학의 경전을 재해석하면서 《대학》이 유학사상 가장 중
요한 문헌으로 떠오르게 된 것입니다. 그러니까 《대학》이라는 책은 한
당 시대 유학에서 부진했던 수양론이 송대에 이르러 부활하면서 가장
중요한 유학 이론의 근거가 된 문헌이라 할 수 있습니다.

지금 우리가 왜 《대학》을 읽어야 하는가?

《대학》은 2000년도 더 된 헌책 중의 헌책입니다. 그런데 왜 지금 뜬
금없이 《대학》인가? 그러니까 21세기를 살아가는 우리가 지금 왜 《대
학》을 읽어야 하는지도 함께 생각해보겠습니다. 먼저 《대학》이란 책
은 다른 사람과의 평화로운 공존에 앞서 개인의 자기 수양이 먼저 이
루어져야 한다고 강조합니다. 그런데 자기 수양이란 다른 것이 아니라
나 자신이 올바른 판단을 통해 올바르게 행동하도록 끊임없이 반성하
고 촉구하는 과정을 말합니다. 사실 어떤 문화권이든 이런 역할을 하
는 이념이 있기 마련입니다. 독일어 'Bildung'이나 영어 'cultivation'도
《대학》에서 말하는 수기(修己)와 비슷한 개념입니다. 'Bildung'은 '세우
다'는 뜻으로 자기 형성을 의미하며, 'cultivation'도 '경작'이라는 뜻과
함께 '구축', '함양' 등의 뜻이 담겨 있습니다. 모름지기 인류문명이라면
어디에나 이런 자기 형성, 자기 수양의 과정이 있기 마련입니다. 물리적
인 힘이나 법과 제도만으로는 인간을 움직이는 데 한계가 있기 마련이
니까요.

그런데 사실 현대사회에서는 이런 식의 자기 수양이 큰 힘을 발휘
하지 못합니다. 왜냐하면 현대사회는 이른바 개인의 시대이기 때문입니
다. 개인의 시대란 한 사람의 행동을 결정하는 데 오직 당사자만 결정

권을 가지는 시대라는 뜻입니다. 그만큼 개인에게 도덕적 행위를 요구
하기가 어려울 수밖에 없습니다.

　동양이든 서양이든 전통적으로 개인의 도덕적 행위를 촉구하는 가
장 흔한 방식은 채찍 아니면 당근이었습니다. 이를테면 나쁜 짓을 하면
지옥에 가고 좋은 일을 하면 천당에 가기 때문에 착하게 살아야 한다
는 게 서구 기독교 전통의 윤리관입니다. 동양의 경우에도 나쁜 짓을
하면 내세(來世)에 축생(畜生)이나 안 좋은 사람으로 태어나고 좋은 일
을 많이 해서 적선(積善)을 하면 내세에 왕후장상(王侯將相)으로 태어난
다는 불교식의 인과응보론(因果應報論)이 있고, 도교의 인생관에도 "나
쁜 짓 하면 죽어!"하는 식, 그러니까 오래 살기 위해서 나쁜 짓을 하
면 안 된다는 복선화음론(福善禍淫論)이 흔합니다. 그런데 현대인들은
더 이상 그런 식의 동기로 자신의 행위를 결정하지 않습니다. 현대인들
은 내세의 보상을 위해 현세의 욕망을 유예하지 않는 특징을 지니고
있기 때문입니다. 물론 도덕적으로 올바르게 산다고 해서 자신이 원하
는 부나 명예가 주어지는 것은 아니라는 걸 현실에서 어렵지 않게 확
인할 수 있기 때문일 수도 있습니다. 예로 최근 어느 매체에 발표된 통
계를 살펴보았더니 교통신호를 위반하는 빈도가 고급차일수록 더 높
게 나타났다고 합니다. 그렇다면 그들이 어떻게 고급차를 샀을까 생각
해보지 않을 수 없습니다. 그러니까 어떻게 해서 그런 사람들이 남보다
빨리 부나 명예를 얻었는가? 이 통계를 믿는다면 부도덕이 그들의 부와
명예를 얻게 했다는 불편한 결론을 내리지 않을 수 없습니다. 이런 사
회에서는 부나 명예를 위해 착하게 살아야 한다는 식의 도덕률은 힘을
발휘할 수 없는 것이 당연합니다.

　참 훌륭하게 잘 살았는데도 장수하지 못하거나 좋은 결과를 맺지

못하는 경우가 많고 아무리 봐도 착하게 산 사람 같지 않은데 잘 사는 경우가 너무나 많습니다. 물론 이런 문제는 현대에 와서 어느 날 갑자기 생긴 건 아닙니다. 옛날 사마천이 《사기》〈백이·숙제열전(伯夷·叔齊列傳)〉에서 이미 이런 질문을 던졌습니다. 백이와 숙제는 맹자가 천하의 태로(太老)라고 했을 만큼 훌륭한 인격을 갖춘 사람으로 천하의 모든 사람들이 이익을 향해 달려갔을 때 홀로 의(義)를 지켰지만 결국 굶어 죽었습니다. 만약 당시 세상이 정의로운 사회였다면 그런 일이 일어나지 않았겠죠.

그 때문에 장자 같은 철학자들은 이런 식의 인과응보론이나 복선화음론 따위의 도덕률을 신랄하게 비웃습니다. 그래서 "선을 행하면 명예가 생기고 악을 저지르면 형벌이 온다. 그러니 둘 다 하지마라![爲善 無近名 爲惡 無近刑]"고 이야기합니다. 하지만 《대학》의 수양은 애초에 명예를 목적으로 하는 게 아닙니다. 또 형벌이 두려워서 악을 저지르지 않는 것도 아닙니다. 바로 이 점이 우리가 《대학》에 주목해야 할 이유입니다. 곧 다른 존재를 이해하고 평화롭게 공존하려면 먼저 자신에 대한 성찰을 철저하게 해야 한다는 전제를 확고히 하고 있다는 점, 또 자기 성찰의 결과에 대해 어떤 보상이나 처벌을 제시하지 않고 있다는 점이 《대학》에서 이야기하는 성찰공부의 핵심입니다.

《대학》의 수양론은 개인의 인격 수양을 강조하고 있지만, 수양을 잘하면 천당이나 극락에 가는 것으로 보답받는다는 내용이 전혀 없습니다. 아울러 잘못된 행동을 하면 어떤 징벌적인 상황에 놓이게 된다는 말도 없습니다. 《대학》에서는 오직 '신독(愼獨)'을 이야기할 뿐입니다. '신독'이라고 하는 것은 홀로 있을 때에도 도리(道理)에 어긋남이 없도록 자신을 삼간다는 뜻입니다. 홀로 집에 있을 때에도 집 한 모퉁이나 어느 구석진 곳에서도 자신에게 부끄럽지 않은 태도를 지녀야 한다는 겁니다. 그런데 이 덕목을 잘 실천해도 아무런 보상이 없고 어겨도 아무런 징벌이 없습니다. "열 개의 눈이 바라보고 있다(十目所視)"느니 "열 개의 손이 가리키고 있다(十手所指)"라는 말이 나오지만, 여기서 '열 개의 눈(十目)'과 '열 개의 손(十手)'은 다른 사람을 뜻하는 것이 아니라, 바로 나 자신을 의미합니다. 나의 행동을 모두 보고 있고, 그 동기까지 모두 아는 존재는 나 이외에는 없죠. 그래서 완전을 뜻하는 십(十)이라는 숫자로 표현한 것입니다. 그러니 나의 도덕적 행위라는 것은 어떤 사람이 바라보고 있어 마지못해하는 것도 아니고, 어떤 절대적 존재가 있어 착한 일을 하면 상을 주고 악한 일을 하면 징벌을 내리기 때문도 아닙니다. 오직 자기 자신과의 약속을 지키도록 요구하는 것이 《대학》의 수양론이고, '신독'입니다.

'신독'은 더 이상 보상을 얻고 징벌을 피할 수 있다는 달콤한 유혹으로 개인에게 선행을 촉구할 수 없게 된 현대사회에서도 힘을 가집니다. 《대학》의 작자는 신독의 구체적인 실천을 '무자기(毋自欺)'라는 말로 표현했습니다. 무자기는 속이지 말라는 뜻인데 흔히 거짓말하지 말라고 하면 남을 속이지 말라는 뜻으로 쓰이지만 무자기는 자신을 속이지 말라는 뜻입니다. 네 자신을 속이지 말라! 네 삶이 아닌 것은 살지 말라! 는 뜻입니다. 본래 도덕이란 자신과 대면하고 자신을 바로 세우기 위해 있는 것이지 남에게 적용하는 것이 아닙니다. 앞으로 차차 말씀드리겠지만 《대학》에서 말하는 자기를 속이지 않는 '무자기', 오직 자신의 내면과 대화하는 '신독', 그리고 이 두 개념의 총합인 '성의(誠意)'라는 자기 성찰은 보상과 처벌을 염두에 두지 않고 있다는 점에서 현대인의 삶에도 변함없이 적용할 수 있는 불멸의 도덕률이라고 할 수 있습니다.

《대학》을 어떻게 공부할 것인가?

앞서 말씀드렸듯이 《대학》은 겨우 1700여 자에 지나지 않는데, 그것도 경(經)과 전(傳)을 합친 글자 수입니다. 《대학》은 사실 〈경1장〉이 다라 해도 틀린 말이 아닙니다. 전 10개의 장은 모두 〈경1장〉을 풀이한 것이니까요. 〈경1장〉은 겨우 205자밖에 안 되기 때문에 여러분이 암송하기에도 적당한 분량입니다. 분량이 짧을 뿐 아니라 워낙 논리적인 글이기 때문에 금방 외울 수 있습니다. 나머지 부분도 외워보면 좋겠지만 필수라 할 것까지는 없으니 원하시는 분만 해보시기 바랍니다.

주희의 경우 《대학》을 읽기 전에 우선 자신이 지은 일종의 《대학》 해설서인 《대학혹문(大學或問)》을 먼저 읽으라고 권합니다. 그런 다음 《대학》의 전을 읽고, 마지막으로 경을 읽는 것이 좋다고 했습니다. 경은 공자의 말씀이거나 또는 공자에 기대서 《대학》의 작자가 말하고자 한 종지라면, 전은 경을 해설한 글이고 다시 전을 해설한 것이 《대학혹문》 같은 주석입니다. 그래서 전을 이해하고 나면 혹문이 필요하지 않게 되고, 경을 이해하고 나면 전이 필요 없다고 말합니다. 급기야 경이 자신의 몸에 체득된 최후의 순간에는 마음속에 《대학》이 저절로 자리하게 될 것이기에 경문조차도 필요 없다고 했습니다.

우리가 고전(古典)을 읽을 때 거기 씌어져 있는 훌륭한 경구 한두 가지를 뽑아서 적절한 순간에 써먹는 것도 대화의 수준을 높여준다는 점에서 실용적 가치가 있겠지만, 그 고전의 내용이 우리 삶을 변하게 한다면 고전에 나와 있는 그 구절 자체는 중요한 것이 아니게 됩니다. 설혹 그 구절을 기억하지 못한다 하더라도, 그러니까 《대학》을 읽고 난 뒤 그 글이 자신의 삶에 도움이 되고, 그로 인해서 다른 사람들과의 관계가 편안해지고, 나아가 사람과 사람의 관계가 모두 편안하다면, 《대학》의 글귀를 완전히 잊어버린다 하더라도 《대학》의 저자는 기뻐할 것입니다. 앞으로 여러분이 이 책을 읽으면서 마음속에 《대학》이 자리하게 되는 날을 기대하면서 《대학》에 대한 소개를 마치겠습니다.

차례

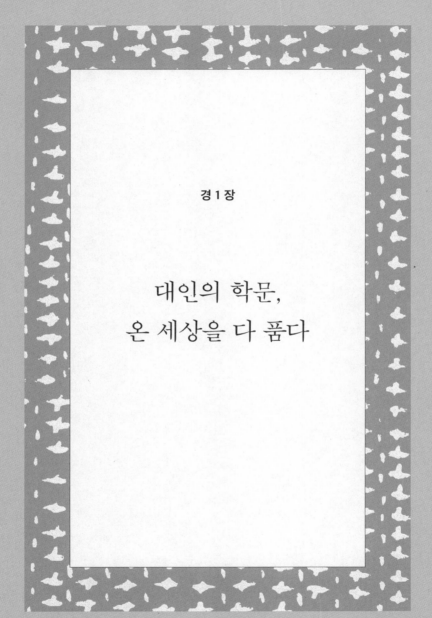

경1장

대인의 학문,
온 세상을 다 품다

천하를 다스리는 세 가지 강령(綱領)

《대학》의 〈경1장〉은 첫 번째 문장이자 마지막 문장이라 할 수 있습니다. 왜냐하면 말씀드린 것처럼 본래 《대학》은 〈경1장〉으로만 이루어져 있기 때문입니다. 〈경1장〉 중에서도 가장 중요한 내용이 맨 앞에 나와 있는 이른바 《대학》의 삼강령(三綱領)입니다. 강령의 강(綱)은 그물의 벼리, 그러니까 고기 잡는 그물의 코를 꿰어 그물을 잡아당길 수 있게 한 동아줄을 가리키는데 사물의 가장 중요한 부분을 뜻합니다. 또 령(領)은 신체의 목 부위를 가리키는 글자인데, 허리와 목을 가리키는 말인 요령(腰領, 要領)으로 흔히 쓰이는 것처럼, 강과 마찬가지로 사물의 가장 중요한 부분, 핵심을 가리킵니다. 그러니 《대학》의 가장 중요한 내용이 세 가지 강령에 담겨 있다는 뜻으로 이해하시면 됩니다. 삼강령은 다음과 같습니다.

《대학》의 도는 내 안의 밝은 덕을 밝히는 데 있으며, 백성을 새롭게 하는 데 있으며, 온 천하의 사람들이 최고의 선에 가서 머물게 하는 데 있다.

大學之道는 在明明德하며 在親(新)民하며 在止於至善이니라

《대학》의 道(도)'라고 했는데, '도'라는 글자는 참으로 다양한 의미를 가지고 있습니다. 도의 일차적인 뜻은 길입니다. 길은 사람이 걸어 다니는 물리적인 공간을 가리키는데, 길을 걸어갈 때는 늘 목적지가 있기 마련입니다. 그래서 '도'는 목적이라는 뜻도 되고, 목적지에 도달하기 위한 수단, 방법이라는 뜻도 되고 길을 걸어간다는 뜻도 됩니다. '도'라는 글자 밑에, 우리가 흔히 책받침이라고 하는 '辶(착)' 자가 있는데 이 글자는 천천히 길을 걸어간다는 뜻과 갈림길이라는 두 가지 뜻을 지니고 있습니다. 그리고 그 위에 '머리 수(首)' 자가 놓여 있습니다. 일본의 시라카와 시즈카〔白川靜〕 같은 학자는 도(道) 자에 '머리 수' 자가 있는 것은 고대 사회에서 전쟁을 할 때 적장의 머리를 땅에 파묻었기 때문에 '길 도' 자에 길을 뜻하는 글자〔辶〕와 머리를 뜻하는 글자〔首〕가 있다고 문자의 기원을 밝히고 있는데, 적절한 풀이라고 할 수는 없습니다. 왜냐하면 그런 풍습이 있기 이전이나, 또 그런 풍습이 없었던 지역에는 길이 없었을까요? 그럴 리가 있겠습니까? 그 전에도 길이 있었을 것이기 때문에 완전한 해석은 아닐 것입니다. 그래도 참고는 할 만합니다.

'머리 수(首)' 자는 눈〔目〕이 강조된 글자입니다. 눈이 강조된 다른 글자로는 얼굴 면(面) 자가 있는데요, 이 '면(面)' 자의 양 볼에 해당하는 '[ ]' 기호를 생략해서 눈〔目〕만 남기고 그 위에 머리카락을 뜻하는 '丷' 표시를 한 게 머리 수(首) 자입니다. 그리고 그 아래에 辶(착) 자가 있는데 이 글자는 갈림길을 그린 것이라고 했지요. 그러니 '길 도' 자는 갈림길에서 이리로 가야 하나, 저리로 가야 하나 눈으로 살피고 머리로 판단한다는 의미입니다. 그러니까 내가 바라는 목적지에 도달하는 정확한 길을 찾는다는 뜻입니다. 그래서 '길 도' 자에 손가락에 있는 마디를 의미하는 '마디 촌(寸)'을 붙이면 인도한다는 뜻인 '도(導)' 자가 됩니다. 길을 아는 사람이 다른 사람에게 이리로 가시오, 저리로 가시오 하고 안내하는 거죠. 그러니 본래 도를 아는 사람이란 '길을 아는 사람'이라는 뜻입니다. 굉장히 중요한 사람이죠. 만약 사막을 걸어가는데 무리를 인도하는 사람이 오아시스가 어디 있는지 모른다면 어떻게 될까 생각해보면 되겠습니다.

다시 삼강령으로 돌아와 '대학의 도'를 이야기하겠습니다. 여기서의 '도'는 수단이나 방법을 이야기하는 것이 아니라, 수단과 방법을 통해서 도달하는 궁극적인 '목적'을 말합니다. 이 궁극적인 목적이 어디에 있느냐 하면 바로 뒤이어 나오는 세 가지 강령에 들어 있는 것이죠.

우선 대학의 일차적인 목적은 '명명덕(明明德)', 곧 내 안에 있는 밝은 덕을 밝히는 데 있습니다. 앞의 명(明) 자는 밝힌다는 뜻의 동사이고 뒤의 명(明) 자는 덕을 꾸미는 꾸밈말입니다. '명덕'은 맹자이래 인간이면 누구나 자신의 내면에 '밝은 덕'을 가지고 있다고 생각한 데서 비롯된 개념입니다. 맹자의 성선설(性善說)에 나오는 성(性)이나 《중용》에서 강조하는 성도 모두 인간의 선성(善性)을 가리키는 말로 《대학》의 명덕과 같은 맥락에서 비롯된 발상입니다. 그런데 이 '밝은 덕'이 여러 가지 욕망 때문에 의해서 가려져 있기 때문에 밝혀내야 한다고 강조한 것이 명명덕입니다. 그러니까 욕망을

때로 보고 이를 깨끗하게 씻어내는 것이 바로 '명덕' 두 글자 앞에
놓여 있는, '명'의 뜻입니다. 본래 '밝을 명' 자에는 선명하다는 뜻
이 있습니다. 곧 "명명덕"은 "내 안에 있는 밝은 덕을 선명하게 밝
혀내는 것"을 말합니다. 어떤 분들은 이미 밝은 걸 어떻게 또 밝히
느냐고 의문을 제기합니다. 그러나 이미 밝은 것이라도 가리어져 있
다면 아무 소용이 없습니다. 밝은 것을 가리고 있는 욕망을 제거하
는 수양이 따라야 하는 이유입니다. 그렇다면 이걸 누가 해야 하는
가? 자기 자신이 해야 합니다. 그래서 대학의 첫 번째 강령은 '자신
의 명덕을 밝히는 것'이라 할 수 있습니다.

대학의 두 번째 목적은 '친민(親民)'에 있습니다. 그런데 '친민'의
친(親) 자를 두고 학자들 사이에 견해가 엇갈립니다. 주희의 경우는
'친' 자를 '신(新)' 자로 보아 친민(親民)을 신민(新民)으로 읽어야 한
다고 주장합니다. 그래서 대학의 두 번째 목적은 백성을 새롭게 하
는 데 있다고 풀이합니다. 물론 '친' 자를 '신' 자로 본 것은 주희의
독창적 견해는 아니고, 북송의 정이가 먼저 "'친' 자는 마땅히 '신'
자가 되어야 한다(親當作新)"라고 이야기했기 때문에 주희가 그 견해
를 따른 것입니다.

그런데 이 견해에 반대하는 학자들이 있습니다. 대표적인 경우
가 주자학을 비판하고 양명학(陽明學)을 창건한 왕수인(王守仁, 王陽
明, 1472~1529)입니다. 왕수인은 주희의 《대학장구(大學章句)》를 부정
하고 《고본대학(古本大學)》을 간행했는데, 그는 '친' 자를 본래 글자
그대로 두고 친민(親民)을 "백성을 사랑한다"는 뜻으로 풀이했습니

다. 결론부터 말씀드리면 '친' 자로 보는 게 고전적 맥락에 맞습니다. 하지만 '친민'을 왕수인처럼 '통치자가 백성을 사랑한다'는 뜻으로 보는 것이 정확한 것은 아니고, '백성들이 서로 친목하게 해야 한다'는 뜻으로 보는 것이 옳습니다. 왜냐하면 《대학》의 작자가 참고했을 것으로 추정되는 《서경》〈요전(堯典)〉에 비슷한 대목이 나오는데 그 내용에 따르면 친자를 '친애하다'는 뜻으로 볼 것이 아니라 '친애하게 하다'는 뜻으로 보는 것이 타당하기 때문입니다.

그런데 여기서는 그런 견해는 잠시 접어두고 우선 주희가 해설한 《대학장구》의 풀이를 따라 이야기하겠습니다. 왜냐하면 친민의 본래 뜻이 어떻든 《대학》의 작자는 '친' 자를 '신' 자의 뜻으로 쓴 것이 거의 확실하기 때문입니다. 이를테면 〈전2장〉에서 경문을 구체적인 사례로 풀이하면서 구일신 일일신우일신(苟日新 日日新又日新)이라고 한 대목이 나오고, 이어서 작신민(作新民), 기명유신(其命維新) 등을 사례로 들고 있는데 이런 내용은 모두 새롭게 한다는 뜻이기 때문에 《대학》의 작자가 친민의 '친'을 '신'의 뜻으로 이해했다는 것을 알 수 있습니다.

《대학》의 첫 번째 강령이자 목적인 '명명덕'과 더불어 말하자면, '명명덕'은 자신을 새롭게 하는 것입니다. 그리고 '신민'은 백성으로 하여금 각자 자신이 가진 '명덕'을 밝히게 하는 것입니다. '백성을 새롭게 한다'라고 이야기하지만, 통치자가 백성을 찾아가서 강제로 새롭게 하는 것이 아니라, 백성이 스스로 자신이 가진 '명덕'을 밝혀내도록 인도한다는 뜻입니다. '자발적'이고 '자율적'인 행위를 말합니다. 이른바 '도덕(道德)'이라는 것이 뭡니까? '도'와 '덕'이라고 하는 것은 인도하는 것일 뿐이지, 강제로 하는 것은 아닙니다. 가려고 하는 사람만 그리로 가는 거예요. 반면 '법(法)'은 자율이 아니라 타율입니다. 法(법)의 본래 글자는 灋인데, 왼쪽에 물(氵)이 있고 그 옆에 달려가는 사람(去)이 있으며 오른쪽에 흉악한 짐승(廌)이 그려져 있습니다. 그러니 흉악한 짐승이 사람을 물가로 몰아서 해치려고 하는 뜻을 담은 겁니다. 그러니까 법은 본래 강제적 처벌을 뜻합니다. 반면 도덕은 강제가 아닙니다. 만약 '신민'이라는 말을 통치자나 군주가 백성을 강제로 새롭게 한다는 뜻으로 이해하면 유학의 근본정신에 맞지 않습니다. 어디까지나 백성 자신이 가진 밝은 덕을 스스로 밝혀내게 돕는 것이 신민입니다.

마지막으로 '지어지선(止於至善)'입니다. '지(止)'는 가서 머문다는 뜻이고 '지선(至善)'은 최고의 선이라는 뜻입니다. '명명덕'은 내가 나 자신의 밝은 덕을 드러내는 것이고, '신민'은 내가 다스리는 나라의 백성이 자신의 덕을 새롭게 밝혀내기를 기대하는 것이라면, '지어지선'은 온 천하 사람들이 최고의 선에 가서 머물게 한다는 뜻입니다. '그칠 지(止)' 자는 멈추어 있다는 뜻도 되지만, 가서 머문다는 뜻도 됩니다. 가서 머물려고 한다면 일정한 방향이 있어야 하죠? 어디로 가야 할 것인가? 바로 '지선'이라는 목적지입니다. 이 '지선'에 가서 머물러야 할 사람은 나 개인이나 한 가족이나 한 나라에 국한되는 것이 아니라, 온 천하 사람을 말합니다. 온 천하의 모든 사람들이 '지선'에 가서 머물기를 기대하는 것, 이게 바로 《대학》의 세 번째 강령이자 목적인 '지어지선'의 뜻입니다.

지선은 최고의 선을 뜻하는데, 유학의 용어로 표현하면 지선이고 도가식 용어로 표현하면 상선(上善)입니다. 《노자(老子)》에 최상의 선은 물과 같다(上善若水)라는 말이 나오는데 이 상선(上善)이 바로 유학의 지선과 비슷한 개념입니다. 두 개념의 지향이 다르긴 하지만 최고의 선을 추구한다는 점에서는 같습니다. 그런데 공리주의(功利主義)가 우세한 현대사회에서는 최고선이 아니라 최저선(最底善)을 추구하죠. 공리주의 윤리학자들이 주장하는 최대 다수의 최대 행복이라는 명제는 '최대'라는 표현만으로 보면 최고선을 추구하는 것처럼 보이지만 사실은 가능하면 많은 사람이 선을 실천할 수 있게 하기 위해 도덕의 수준을 쾌락의 단계로 하락시킨 결과물입니다. 말하자면 이로운 것이 곧 도덕적인 것이라는 건데, 좋은 게 좋은 것이라는 세속적 기준을 받아들인 윤리라고 생각하시면 됩니다. 물론 공리주의자들이 도덕을 이렇게 규정한 것은 평범한 사람들이 지고(至高)의 선을 실천하기는 현실적으로 어렵다고 판단했기 때문입니다. 사실 세상에는 성인들만 사는 게 아니기 때문에 이런 식의 타협도 필요하긴 합니다. 하지만 도덕이 그런 것이라면 굳이 도덕이라는 말을 붙일 필요가 있을지도 생각해보아야 하겠지요.

《대학》에서 말하는 지선은 선을 실천하는 사람이 얼마나 많은가에 가치를 두고 있다는 점에서 최대 다수를 강조하는 공리주의의 주장과 유사한 점이 있습니다. 하지만 끝까지 최고선이라는 이상을 포기하지 않는다는 점에서 공리주의와 구별됩니다. 결국 대학이라는 학문은 자신의 덕을 밝힘으로써 온 세상을 다 품는 데 그 지향이 있으면서, 동시에 최고의 도덕적 이상을 끊임없이 추구하는 자기 확장의 극대화라고 할 수 있습니다. 이어서 삼강령이라는 목적을 어떻게 이룰 수 있는지 이야기하는 다음 대목을 살펴보겠습니다.

대학의 도(道)에 이르는 방법

머물 곳을 안 뒤에 일정한 방향이 있게 되고, 일정한 방향이 있게 된 뒤에 고요할 수 있고, 고요함을 지킨 뒤에 편안해질 수 있고, 편안해진 뒤에 깊이 생각할 수 있고, 깊이 생각한 뒤에 터득할 수 있다.

知止而后에 有定하고 定而后에 能靜하고 靜而后에 能安하고 安而后에 能慮하고 慮而后에 能得이니라

맨 먼저 '지지(知止)'라는 표현이 나오는데, 여기서 지(止)는 앞서 삼강령의 마지막 구절 "지어지선(止於至善)"의 지(止)를 받아서 '가서 머물러야 할 곳'을 가리킨 표현입니다. 그러니까 '지지(知止)'는 '가서 머물 곳을 안다'는 뜻입니다. 머물 곳을 안다는 것은 인간이 추구하는 가치 중에서 무엇이 최고의 가치를 지니고 있는지를 안다는

뜻입니다. 그리고 이것을 안 뒤에야 비로소 마음에 일정한 방향(定) 이 있게 된다고 말합니다. 유정(有定)의 정(定)은 일정한 방향(定向)이 라는 뜻으로 마음이 일정한 방향으로 움직이는 것을 가리켜 말한 겁니다. 어디로 가서 머물지 알아야 그곳으로 가려는 마음이 생기 겠죠. 그게 유정입니다. 그런데 일정한 방향으로 움직이는 이런 마 음을 가리켜 '뜻(志)'이라고 하죠. 후한 시대 허신(許愼, 58?~147?)이 지 은《설문해자(說文解字)》의 풀이에 따르면 뜻을 뜻하는 글자인 '志 (지)' 자는 본래 '마음이 가는 것(心之所之)'을 가리키는 글자입니다. 그러니까 이 단계는 뜻을 세우는 일, 곧 입지(立志)에 해당합니다. 내 삶의 목적이 어디에 있느냐? '지선', 곧 최고의 선입니다. 그렇다 면 '지선'에 도달하기 위해 움직여야 하는데, 그것이 바로 삶의 방 향, 곧 뜻이 되는 겁니다.

이어서 "일정한 방향이 있게 된 뒤에 고요할 수 있다(定而后 能 靜)"고 한 대목이 나옵니다. 여기서 '정(靜)'은 '고요하다'라는 뜻이지 만, 내 삶의 목적을 한 방향으로 결정해서 다른 곳으로 눈을 돌리 지 않는다는 의미입니다. 그러니까 세운 뜻이 굳세서 여러 욕망이 방해하지 못하는 상태가 '정'입니다. 욕망을 걷어낸 상태에서 바라 보면 사물의 제 모습을 정확하게 볼 수 있겠죠. '정관만물(靜觀萬物)' 이라는 말도 비슷한 내용입니다. 내가 고요한 상태를 유지하고 있 어야 만물을 잘 살필 수 있다는 뜻이니까요.

이어서 "고요함을 지킨 뒤에 편안해질 수 있다(靜而后 能安)"고 했 는데, 편안해진다는 것은 마음이 편안한 상태를 말합니다. 이를테면 우리가 어떤 사람을 미워하게 되면 마음이 편안하지 않죠. 사실 미움은 남을 파괴하지는 못하고 되레 미워하는 당사자를 파괴할 수는 있습니다. 그런 상태는 마치 원수와 함께 사는 것과 다를 바 없습니다. 그런데 욕망을 걷어내 마음이 고요한 상태를 유지하게 되면 그런 미움이 들어설 자리가 없게 됩니다. 그게 편안한 상태입니다. 결국 미움이나 분노 따위의 욕망이 나를 불안하게 하지 않는 상태가 안(安)입니다. 이제 사물을 올바르게 판단할 수 있는 준비가 된 겁니다.

이어서 "편안해진 뒤에 깊이 생각할 수 있다(安而后 能慮)"고 했습니다. 여기서 '려(慮)'는 깊이 생각하는 것, 심사숙고(深思熟考)하는 것입니다. 편안하지 않은 상태에서는 깊이 생각할 수 없습니다. 왜냐하면 자신의 처지에 따라 유리하게 하려는 여러 욕망이 개입되면 편견을 갖게 되기 때문입니다. 사실 인간은 편견 덩어리입니다. 깊은 사유는 이런 편견으로부터 벗어나 나를 자유로운 상태로 만들어줍니다. 새로운 '나'가 여기서 나옵니다. 프랑스의 계몽주의 사상가 볼테르(Voltaire, 1694~1778)는 인간이 가진 편견을 지적하면서 "인간이라는 불쌍한 종족은 편견을 가지고 있기 때문에 새로운 길을 가리키는 사람에게 돌을 던진다"라고 했어요. 그러면 대학의 길(道)은 새로운 길인가? 새로운 길 맞습니다. 2000년도 더 된 이야기를 두고 새로운 길이라고 하니 이상하게 들릴 수도 있습니다만 올바른 길은 늘 새로운 길입니다. 지금 당장 올바른 길, 정의로운 길을 가려고 해보세요. 틀림없이 부모와 형제가 말릴 겁니다. 그렇다면 아무리 오래되었다 하더라도 새로운 길이 틀림없지 않을까요?

마지막으로 "깊이 생각한 뒤에 비로소 터득하게 된다(慮而后 能得)"고 말합니다. 여기서 '얻을 득(得)' 자는 '큰 덕(德)' 자를 풀이할 때 자주 쓰이는 글자입니다. 앞서 대학의 '도', 그러니까 대학의 목적이 있다고 했죠? 이 '도'를 얻으려면 어떻게 해야 하느냐? 지금까지 말씀드린 것처럼 먼저 어디에 가서 머무를지 알아야(知止) 하고, 그다음에 일정한 방향을 알아야(有定) 하고, 고요함을 지킬 수 있어야(能靜) 하고, 마음이 편안해져야(能安) 하고, 깊이 생각할 수 있어야(能慮) 비로소 '도'를 터득하게(能得) 됩니다. 주희는 《논어집주(論語集注)》 〈위정〉 편에서 덕(德) 자를 풀이하면서 "덕이라는 말은 얻는다(得)는 뜻이니 마땅한 도리를 실천하여 마음에 터득한 것이다(德之爲言 得也 行道而有得於心也)"라고 했습니다. 행도(行道)의 도는 밖에 있는 것이고 득어심(得於心)은 마음에 터득한 것이니까, 도가 밖에 있는 것이라면 덕은 도가 어떤 사람의 내면에 들어와 있는 것을 가리키는 말입니다. 글자로 보더라도 '도'와 '덕'은 본래 같은 기원을 가진 글자입니다. 앞에서 언급했듯이 '도'는 갈림길에서 눈으로 살피고 머리로 판단하는 것입니다. 그리고 '덕(德)'이라는 글자는 본래 갈림길을 뜻하는 글자(彳)와 열 개(十)의 눈(目)을 뜻하는 글자가 합쳐진 모양입니다. 그러니 열 개의 눈으로 길을 살피는 모양인 거죠. 나중에 여기에 마음 심(心) 자가 더해지고, 그다음에 한 일(一) 자가 붙어서 현재의 글자 모양이 되었는데, 이 글자는 길이 사람의 마음에 들어온 것을 의미합니다. 그리고 그 들어오는 과정이 바로 '얻을

득(得)' 자, 터득한다는 말입니다. 결국 대학이 추구하는 목적은 멈출 곳을 아는 '지지(知止)', 일정한 방향을 아는 '정(定)', 고요함을 지키는 '정(靜)', 자신을 편안하게 하는 '안(安)', 깊이 생각하는 '려(慮)'의 과정을 거쳐 도를 터득함(得)으로써 달성된다는 겁니다.

사물에는 중심과 주변이 있다

앞서 도를 터득하는 방법을 살펴보았는데, 왜 《대학》에서는 이런 순서를 강조할까요? 다음 구절을 살펴보면 그 까닭을 알 수 있습니다.

물건에는 근본(根本)과 지말(枝末)이 있고 일에는 시작과 마침이 있으니, 먼저 해야 할 것과 뒤에 해야 할 것을 알면 '도'에 가까울 것이다.

物有本末하고 事有終始하니 知所先後면 則近道矣리라

'물유본말(物有本末)'부터 살펴보겠습니다. '물(物)' 자가 나오는데, 옛사람들이 중시했던 물건(物件)은 소·양·돼지였는데 그중 으뜸이 소였죠. '물(物)'은 '소 우(牛)' 자 옆에 잡무늬를 뜻하는 '말 물(勿)' 자가 붙은 모양입니다. 그래서 '물(物)'이라는 글자는 점박이 소, 얼룩

소란 뜻도 있습니다. 그런데 얼룩소는 제사에 쓰지 않았기 때문에 '물' 자가 '하지 않는다'는 뜻으로도 쓰였습니다. 그러다가 나중에 왼쪽의 '우(牛)'를 생략한 '물(勿)' 자를 '하지 말라, 하지 않는다'라는 뜻으로 쓰게 되면서 '물(物)' 자는 소처럼 중요한 물건(物件)이라는 뜻으로만 쓰이게 된 겁니다.

그리고 본말(本末)의 본(本)과 말(末)은 모두 나무를 뜻하는 상형 문자(木)에서 파생된 글자입니다. 그러니까 아랫부분에 선을 그어서 나무의 뿌리를 가리키는 글자로 쓴 것이 뿌리 본(本) 자이고, 나무 의 윗부분에 선을 그어 나뭇가지를 가리키는 글자로 쓴 것이 끝 말 (末) 자입니다.

이어서 '사유종시(事有終始)'라는 말이 나오는데 물유본말과 대 구를 이룹니다. 두 구절을 이어서 풀이하면 "물건에는 본과 말이 있고, 사건에는 종과 시가 있다(物有本末 事有終始)"는 뜻인데, 여기서 '물'은 공간을 차지하고 있는 구체적인 물건을 가리키고, '사(事)'는 그 물건과 물건 사이에 변화가 일어난 사건을 가리킵니다. 그러니까 '물'은 이것저것, 여기저기의 구분이 있는 것이고, '사'는 이전(before) 과 이후(after)의 구분이 있는 것입니다. 가령 어떤 물건이 이전이나 이후나 똑같다면, 변화가 일어난 것이 아니기 때문에 '사'가 성립되 지 않는 것입니다. 그래서 '물'과 '사'를 공간과 시간으로 구분할 수 도 있습니다. 우리가 어떤 사물을 바라볼 때 공간을 차지하고 있는 물건의 차원에만 집중하면 사물의 본질을 꿰뚫어 볼 수 없게 됩니 다. 물건은 고정되어 있는 것이 아니라 시간이 흐르면 변하기 마련이니까요. 그래서 《대학》의 작자는 사물을 변화의 관점에서 파악해야 한다고 이야기한 겁니다. 그러니까 이 세계를 구성하고 있는 모든 대상을 물건으로만 보지 않고 하나하나의 사건으로 볼 때 사물의 본래 모습을 알 수 있다는 통찰입니다. 어떤 사물을 관찰할 때 근본과 지말, 처음과 나중을 동시에 살피면 결국 중요한 것은 근본과 시작이라는 데에 자연스럽게 도달하게 됩니다. 근본과 시작은 사물의 중심에 해당하고 지말과 마침은 사물의 주변이라는 것이죠.

예를 들어 나무는 뿌리와 줄기, 가지와 잎 따위로 나눌 수 있는데 이 중에서 어떤 게 더 중요할까요? 뿌리나 줄기가 중요할까요, 가지나 잎이 중요할까요? 이 질문에 답하려면 가지나 잎이 살아 있더라도 뿌리가 말라죽었다면 앞으로 나무가 살 수 있는가, 또는 뿌리가 살아 있다면 가지나 잎이 말랐더라도 앞으로 나무가 살 수 있는가를 생각해보면 되겠죠. 당연히 뿌리가 살아 있는 쪽이 살 가능성이 높죠. 뿌리가 죽으면 가지나 잎이 절대 살 수 없지만, 가지나 잎이 말랐다 하더라도 뿌리가 살아 있다면 소생할 수 있는 가능성이 있으니까요. 결국 나무라는 물건 중에서 뿌리는 중심에 해당하고 가지나 잎은 주변에 해당한다고 할 수 있습니다.

《대학》의 작자는 이런 식의 논리적 사유를 통해 사물에 중심과 주변이 있다는 것을 밝히고, 한 걸음 더 나아가 삶에도 중심과 주변이 있다고 이야기합니다. 이런 사유는 우리가 현대사회의 여러 가지 문제를 고민할 때도 여전히 유효합니다. 어떤 일을 할 것인지 말 것인지 결정할 때 무엇이 더 중요하고 덜 중요한지 따져보는 거죠. 예를 들어 원자력 발전소를 만들 것이냐 말 것이냐를 따질 때 《대학》의 '물유본말 사유종시'라는 대목을 적용해보면 보다 정확한 판단을 내릴 수 있습니다. 예기치 않은 원자력 발전소 사고로 인해 많은 사람들이 위험에 처하고 엄청난 환경오염을 불러올 수 있다는 점과 전기를 좀 더 저렴하고 풍족하게 쓸 수 있다는 이로움 중에 어떤 것이 근본이고 지말인지 따져보자는 거죠. 당장의 편안함이 근본일까요? 아니면 불편하더라도 환경을 보존하고 안전을 지키는 것이 근본일까요? 환경이 오염되고 땅이 죽어버리면 희망이 없다는 데 생각이 미치면 《대학》의 이 대목을 제대로 읽었다고 할 수 있겠습니다.

'사유종시'의 유학적 맥락은 역사를 기술할 때도 적용됩니다. 동양의 역사 기록에서 이른바 기사본말체(紀事本末體)라고 하는 것도 그런 맥락을 알면 쉽게 이해할 수 있습니다. 역사는 기본적으로 연대기죠. 어떤 사건이 있기 전에 또 다른 어떤 사건이 원인으로 작용했다는 사실을 알게 되면 이후에 비슷한 사건이 재발할 때 그 결과를 예측할 수 있겠지요. 예를 들어 책을 불태우는 일이 일어나면 나중에 사람을 불태우는 일이 따라서 일어납니다. 진나라의 분서갱유가 그런 사건에 해당합니다. 훨씬 뒤에는 나치가 책을 불태웠죠. 그리고 마침내 사람을 학살하는 일이 일어났죠. 지금 어떤 권력자가 책을 읽지 못하게 하는 금서 조치를 내릴 때 그냥 내버려두면 어떻게 될까요? 이 또한 '사유본말'이라는 말을 통해 예측할 수 있습니다.

그 때문에 '일에는 처음과 마침이 있다'는 뜻은 단순히 어떤 일을 먼저 해야 하고 어떤 일을 나중에 할 것인가의 문제가 아니라 어떤 사건을 긴 안목, 곧 역사적 맥락에서 바라볼 수 있어야 한다는 뜻이기도 합니다.

물론 순서도 중요합니다. 같은 일을 하더라도 순서에 따라 절차를 지켜야 하는 경우가 있고 그렇지 않은 경우가 있죠. 예를 들어 《맹자》에 "노오로이급인지로(老吾老以及人之老)"라는 말이 나옵니다. 나의 어버이를 사랑함으로써 다른 사람의 부모님도 사랑한다는 의미입니다. 어린아이의 경우에도 마찬가지입니다. "유오유이급인지유(幼吾幼以及人之幼)"라는 구절이 있는데, 우리 어린아이를 어린아이로 사랑하는 겁니다. 그렇게 하고 나서 다른 사람의 어린아이를 사랑하는 것이죠. 이런 식으로 사랑에도 순서가 있다는 거예요. 만약에 내 어버이와 어린아이를 사랑하지 못하면 다른 사람의 부모님과 어린아이에 대한 사랑이 성립하기 어렵단 이야깁니다. 일단 가까운 사람과의 관계에서 사랑이 무엇인지 알게 되고, 그 마음을 다른 사람에게까지 미루어 간다는 의미입니다.

맹자는 이어서 "사랑하는 마음을 확장시키면 온 세상 백성을 보존할 수 있고, 확장시키지 못하면 자기 처자식도 간수하지 못한다(推恩足以保四海 不推恩無以保妻子)"라고 말합니다. 이렇듯 《대학》의 이 대목은 어떤 일을 처리할 때는 시작과 마침, 곧 차례가 중요하다는 말을 하고 있는 겁니다.

지금까지 삼강령에 대해서 이야기했습니다. 삼강령의 첫째는 주체인 '나'가 나 자신의 밝은 덕을 밝히는 '명명덕'이었습니다. 두 번째는 다른 사람, 곧 백성이 자기들 스스로 자신의 덕을 새롭게 밝히게 하는 '신민'이었습니다. 마지막 세 번째는 천하의 모든 사람들이 최고의 선인 '지선'에 가서 머무는 '지어지선'이었습니다. 최종적인 목적은 '지어지선'에 있습니다만, 그 시작은 어디겠습니까? '물유본말 사유종시'라는 문구를 통해 생각해보면, 바로 '명명덕'에 있다는 것을 알 수 있습니다. 나 자신의 도덕적 수양, 곧 자기 성찰이 가장 먼저 필요하다는 이야깁니다. 삼강령뿐만 아니라, 이어지는 팔조목(八條目)도 차례가 있고 지켜야 할 순서가 있습니다. 그러나 모든 것이 나 자신의 명덕을 밝히는 것, 나 자신을 수양하는 것이 가장 중요하고 우선시됩니다. 그러니까 《대학》의 삼강령은 온 세상을 평화롭게 하는 장대한 비전을 이야기하지만 그 모든 것이 결국 나 자신의 밝은 덕을 드러내는 데서 출발한다는 점을 기억해두시기 바랍니다.

천하의 근본은 나에게 있다(팔조목)

이제부터는 팔조목을 살펴보겠습니다. 앞서 《대학》의 도는 자신의 덕을 밝히고, 이어서 백성들의 덕을 밝히고, 급기야 온 천하 사람들이 자신의 덕을 밝혀 지선에 가서 머물도록 하는 데 있다고 했죠. 그런데 그 '도'를 이루기 위해서 여덟 가지의 단계가 필요하다고 합니다.

옛날 명덕을 천하에 밝히려고 했던 이는 먼저 자기 나라를 다스렸고, 자기 나라를 다스리고자 했던 이는 먼저 자기 집 안을 가지런히 했고, 자기 집안을 가지런히 하기를 바랐던 자는 먼저 자기 자신을 닦았고, 자기 자신을 닦고자 했던 이 는 먼저 그 마음을 바로잡았고, 자기 자신의 마음을 바로잡 으려 했던 이는 먼저 그 뜻을 진실하게 했고, 자기 자신의 뜻을 진실하게 하고자 했던 이는 먼저 그 앎을 극진히 했으 니, 앎을 극진히 하는 것은 사물에 나아가 이치를 궁구하는 데에 있다.

古之欲明明德於天下者는 先治其國하고 欲治其國者는 先齊其 家하고 欲齊其家者는 先修其身하고 欲修其身者는 先正其心하고 欲正其心者는 先誠其意하고 欲誠其意者는 先致其知하니 致知는 在格物하니라

우선 "고지욕명명덕어천하자(古之欲明明德於天下者)"라는 구절부터 살펴봅니다. '고지(古之)'는 '옛날의'란 뜻이지만 여기서는 뒤의 자(者) 와 이어져서 옛사람을 가리킵니다. 유학은 기본적으로 과거의 문 화 전통을 중시하는 상고주의(尙古主義)가 바탕에 깔려 있습니다. 이 를테면 《논어》에서도 공자가 "옛사람들은 자신을 위해서 배웠는데,

요즘 사람들은 남에게 보이기 위해 배운다(古之學者爲己 今之學者爲
人)"고 했죠. 꼭 옛사람들은 모두 위기지학(爲己之學)을 하고 당시 사
람들은 위인지학(爲人之學)만 했다는 뜻이 아닙니다. 옛사람들 중에
서도 그런 사람이 있는가 하면 그렇지 않은 사람도 있었겠지요. 단
지 당시의 학문 풍토를 개탄하는 뜻에서 비교가 되는 모범 사례를
옛사람에게서 찾은 것일 뿐입니다. 여기의 경우도 마찬가지라고 생
각하시면 됩니다. 그러니까 옛사람 중에서 명덕을 천하에 밝히려고
했던 사람은 다음과 같이 했다는 거죠.

다음부터가 중요합니다. '욕(欲)'은 무언가 하길 바란다는 뜻이
죠. 무엇을 바라는가? '명명덕'을 바랍니다. 《대학》을 배우는 목적
은 자신의 덕을 밝히는 데 있으니까요. 그런데 자기 자신의 덕만
밝히는 것이 아니라 천하의 모든 사람들이 각자 자신의 덕을 밝히
게 하는 것이 《대학》의 목적이기에 '천하(天下)'에 밝히고자 했다고
말한 겁니다. 그래서 "옛날 천하에 명덕을 밝히려고 했던 사람은(古
之欲明明德於天下者)"이란 의미가 됩니다. 그리고 앞서 물유본말 사유
종시라는 말 뒤에 도에 가까이 가려면 먼저 할 일과 나중에 할 일
을 알아야 한다(知所先後 則近道矣)고 했죠. 그렇다면 천하에 명덕을
밝히기 위해서 먼저 무엇부터 해야 할까요? 《대학》의 작자는 "먼
저 자기 나라를 바로 다스려야 한다(先治其國)"고 말합니다. 그러면
나라를 바로 다스리려 하는 자(欲治其國者)는 무엇을 먼저 해야 할
까요? 천하는 여러 나라로 구성된 집합체입니다. 가장 커다란 정치
단위인 거죠. 그리고 나라(國) 또한 여러 개의 가(家)로 이루어져 있

습니다. 그런데 여기의 '가'는 요즘 우리가 이야기하는 '가족(家族)'
과는 단위가 다릅니다. 요즘이야 대가족이라고 해봤자 몇십 명에
지나지 않죠. 게다가 대부분 가족 구성원이 몇 안 됩니다. 여기서
의 '가'는 영어 'state'보다 규모가 작은 나라라고 생각하시면 됩니
다. 그러니까 국가(國家)라고 할 때의 '국'은 제후국으로 큰 나라이고
'가'는 대부(大夫)의 '가'로 작은 나라라고 생각하시면 됩니다. '가'에
는 가신(家臣)이 있고, '노(老)'라고 하는 '가'의 우두머리도 있으며
'가'의 통치자인 대부(大夫)가 있습니다. 또 가중(家衆)이라고 하면
'가'의 군대를 의미하며 채지(采地)라고 하는 자치 영토도 있습니다.
그러니 '국'보다는 규모가 작지만, '국'과 유사한 행정기구까지도 다
갖추고 있는 것이 바로 '가'입니다. 물론 '가'를 국가의 '가'로 보지
않고 그냥 집안으로 이해해도 맥락에는 차이가 없습니다. '가'든 집
안이든 내가 소속된 사회를 가리키는 뜻은 마찬가지니까요. 그래서
'가'를 '집안'으로 번역한 겁니다.

　　아무튼 나라가 여러 개의 가로 구성되어 있는데, 나라를 잘 다
스리면 어떻게 해야 할까요? "먼저 집안(家)을 가지런히 해야(先齊
其家)" 하는 거죠. 같은 논리로 미루어볼 때 "자기 집안을 가지런히
하길 바라는 자(欲齊其家者)"는 뭘 해야 합니까? "먼저 자기 자신을
닦아야(先修其身)" 합니다.

　　여기까지 '닦을 수(修)' 자, '가지런할 제(齊)' 자, '다스릴 치(治)'
자가 나왔죠. 그리고 뒤에 '평천하(平天下)'라는 말이 나오는데 앞의
세 글자와 평천하의 평(平) 자를 이어서 흔히 수제치평(修齊治平)이라

고 합니다. 이 네 글자는 각자 대상이 다르지만 모두 '고르게 다스 린다'는 같은 뜻을 지닌 글자입니다.

먼저 '수(修)'는 자기 자신을 닦는다는 뜻인데, 정확하게는 고르게 닦는다는 뜻입니다. '수'의 내용은 무엇일까요? 재능일까요? 요즘에는 재능이 뛰어나다고 하면 한 가지 능력이 뛰어난 경우를 가리키는 경우가 많습니다. 그런데 재능의 능(能) 자는 흔히 현능(賢能)으로 붙여 쓰기도 하지만, 현(賢)과 능(能)은 종류가 다른 능력입니다. 이를테면《예기》〈예운(禮運)〉편에서 이상사회인 대동의 시대에는 '선현여능(選賢與能)', 곧 현과 능을 선발해서 세상을 맡긴다고 했는데, 이때 현은 덕이 훌륭한 사람을 가리키고 능은 힘이 센 사람을 가리킵니다.

'능(能)' 자는 본디 곰을 그린 상형문자입니다. 글자의 모양을 보면 오른쪽에 있는 두 개의 匕는 곰의 네 발을 그린 것이고 왼쪽 부분은 곰의 머리와 몸뚱이를 그렸다는 것을 알 수 있습니다. 곰은 힘이 세죠. 그 때문에 곰을 그린 '능' 자가 힘이 센 사람이라는 뜻으로 쓰입니다. '능'이 '능력이 뛰어난 사람'을 의미하게 된 것도 여기서 비롯된 것입니다. '능'과 비슷한 뜻의 글자이면서 '능' 자와 짝을 이루는 글자가 재능(才能)의 '才' 자인데, '才'는 '능'과 달리 '잠재력'을 의미합니다. '才' 자에서 '一'은 지표면을 그린 것이고 세로획 'ㅣ(곤)'과 삐침 'ノ(별)'은 식물의 싹이 아직 땅 아래에 있는 모양을 그린 겁니다. 시간이 지나면 지표면을 뚫고 위로 올라오겠지만 아직은 땅 밑에 있는 상태의 능력입니다. 그래서 '才' 자는 '겨우'라는 뜻으로도 쓰입니다.

그런데 수신의 '수'는 그런 재와 능을 닦는 것이 아니라 '성'과 '현'이 될 자질을 닦는 겁니다. 한자에서 '성(聖)', '현(賢)', '능(能)', '재(才)' 등의 글자는 모두 사람이 가진 훌륭한 능력, 또는 그런 사람을 가리키지만 그중 유학에서 가장 뛰어난 능력으로 손꼽는 능력은 말할 것도 없이 현(賢)과 성(聖)입니다. '현(賢)' 자는 본디 눈을 강조한 글자입니다. '賢'에서 '臣' 자와 '又' 자는 발음을 나타내는 요소로 '현' 또는 '견'으로 읽으라는 표시입니다. 그리고 아래에 있는 '貝' 자는 본디 '目' 자로 눈을 그린 상형문자입니다. 따라서 '현'은 눈이 밝은 사람, 곧 남들이 보지 못하는 작은 일도 잘 살피는 사람을 가리킵니다.

'성'과 '현'은 짝을 이루어 '성현(聖賢)'이라는 말로 쓰이지만 현이 눈을 강조한 글자인 것과 달리 성은 귀를 강조한 글자입니다. 성(聖) 자는 귀를 나타내는 耳 자와 입을 나타내는 口 자, 그리고 壬 자로 구성되어 있습니다. 壬 자는 人 자가 변형된 것으로 본디 사람을 뜻하는 글자입니다. 그리고 갑골문의 聖 자는 귀가 큰 사람(耳+人)이 입(口) 옆에 서 있는 모양으로 그려져 있습니다. 따라서 성(聖) 자는 큰 귀를 강조한 글자로 다른 사람의 말을 잘 듣는 사람을 그린 것입니다. 그런데 입을 나타내는 口 자가 낮은 곳에 위치하고 있는 것을 보면 聖은 낮은 곳에 있는 사람의 목소리를 잘 들어주는 사람이라 할 수 있습니다.

말을 잘 들어주는 것, 그까짓 게 뭐 대단하다고 성인이라 하느

46

냐고 물을지 모르겠습니다. 하지만 말을 들어주는 것은 결코 쉬운 일이 아닙니다. 그게 그른 이야기일 경우에는 더욱 그렇습니다. 말을 들어준다는 건 옳은 말, 훌륭한 말, 아름다운 말, 자신과 견해가 같은 말만 듣는 것이 아니라 그른 말, 지루한 말, 듣기 괴로운 말, 자신과 견해가 다른 말을 잘 듣는다는 뜻입니다. 그저 잘 들어주기만 하면 되는데 그게 참으로 어렵습니다.

유가에서 성인으로 떠받드는 순임금도 남의 이야기를 잘 들어준 사람입니다. 《중용》에 이르길 순임금은 '호찰이언(好察邇言)' 곧 '이언(邇言)을 잘 들었다'고 했습니다. 여기서 이언이 바로 신분이 낮은 사람들이 하는 말입니다. 또 찰(察) 자의 옛 글자는 본디 아래에 示 자 대신 言 자가 있었습니다. 그러니 찰은 본디 말을 잘 듣는 것을 뜻하는 글자입니다. 《논어》에도 '찰언관색(察言觀色)'이라는 말이 나오는데 '관색(觀色)'은 얼굴색을 살핀다는 뜻이고 '찰언(察言)'은 말을 잘 살펴 듣는다는 뜻입니다. 그렇다면 순임금이 순임금이 된 까닭도 바로 여기에 있다고 할 수 있죠.

여타의 능력은 분야나 정도의 차이는 있지만 자기를 드러내고 자기를 발휘하는 힘이라는 점에서는 모두 같습니다. 그런데 '성'은 자기를 내세우지 않고 타인에게 귀 기울일 줄 아는 능력입니다. 자기를 낮추고 감추며 상대를 드러내주는 자기희생적인 능력인 것이죠.

바로 이것이 여타의 능력에는 없는 것입니다. 미국 뉴욕의 어느 빈민가에 고등학교가 들어서고 난 뒤 마약 굴에 지나지 않았던 그곳에서 의사, 변호사, 교육자 같은 이들이 배출되었다고 하죠. 성공적인 교육을 이룬 선생님의 말씀은 이랬습니다.

"나는 단지 그들의 이야기를 들어주었을 뿐이다"

또 전통적으로 '수'라고 하면 어떤 특별한 능력보다는 인간의 모든 능력을 골고루 발전시키는 것을 말합니다. 그래서 '인(仁)', '의(義)', '예(禮)', '지(知)', '신(信)'이 모두 골고루 발전해야 전인(全人)적인 인간형이 되는 겁니다. 전인(全人)이라고 할 때 '온전할 전(全)' 자는 인·의·예·지·신이 모두 갖추어졌다는 뜻으로 유학에서 말하는 '수기'는 바로 이런 전인이 되기 위한 노력입니다.

잠시 여담을 하자면, 18세기 조선의 지식인이었던 박제가(朴齊家, 1750~1805)는 이름이 제가(齊家)이고 자가 수기(修其)였는데, 바로 《대학》의 이 대목 '선수기신(先修其身)'과 '제기가(齊其家)'를 따서 이름과 자를 지은 겁니다. 참고로 박제가의 스승이 연암(燕巖) 박지원(朴趾源, 1737~1805)이고, 제자가 추사(秋史) 김정희(金正喜, 1786~1856)죠. 18세기 조선의 유학자들은 경전에서 중요한 구절을 따 자신의 이름이나 별명으로 쓴 경우가 많습니다.

다시 본론으로 돌아오면 '천하(天下)'의 근본은 어디에 있느냐 하면 바로 '나라(國)'에 있고, '나라'의 근본은 어디에 있느냐 하면 '집안(家)'에 있다는 얘기입니다. 그리고 '집안'의 근본은 어디 있느냐? '신(身)', 나 자신에게 있다는 거죠. 그러니 수신, 곧 자기 수양이 가와 국, 천하를 다스리는 근본이라는 겁니다. 그러면 나 자신을 수양하려면 어떻게 해야 하는지 알아보겠습니다.

"자기 자신을 닦기를 바라는 자(欲修其身者)"는 무얼 해야 하느냐, "먼저 그 마음을 바로잡아야(先正其心)" 합니다. 그리고 "마음을 바로잡고자 하는 자(欲正其心者)"는 "먼저 자기 자신의 뜻을 진실하게 해야(先誠其意)" 합니다. 여기서 '성(誠)'이 굉장히 중요합니다. '성'을 다른 글자로 표현하면 '참 진(眞)' 자, '열매 실(實)' 자, 곧 진실(眞實)이라는 의미로 풀이할 수 있습니다. 흔히 "거짓말을 하지 마라"고 이야기할 때는 남을 속이지 말라는 뜻입니다. 그런데 《대학》에서는 나를 속이지 말라는 뜻으로 쓰입니다. 남은 속일 수 있어도 나 자신을 속일 수가 없거든요. 이 점을 특별히 강조하는 이유가 있는데, 그 표현이 나올 때 다시 말씀드리겠습니다.

그럼 "자기 자신의 뜻을 진실하게 하고자 하는 자(欲誠其意者)"는 뭘 해야 하느냐, "먼저 그 앎을 분명히 해야(先致其知)" 합니다. 어떤 일을 진실하게 하기 위해서는 무엇이 진실이고 무엇이 거짓인지를 알아야 하잖아요? 또 무엇이 선(善)이고 무엇이 불선(不善)인지를 알아야 합니다. 단지 선하겠다는 의지만 가지고 있다고 해서 되는 게 아닙니다. 우리는 도덕적으로 올바르게 살아가려고 하지만, 삶을 살아가면서 부닥치는 여러 문제들은 그때그때 다르게 다가옵니다. 지금까지 인류가 전혀 경험해보지 못한 도덕적인 문제가 어느 날 갑자기 나에게 닥칠 수도 있는 것입니다. 그럴 때는 어떻게 하는 것이 올바른 것인지 판단해야 하겠죠. 이때 필요한 것이 바로 앎을 극진히 하는 '치지(致知)'입니다. 그러면 앎을 극진히 하는 '치지'의 방법이 어디에 있느냐? 《대학》에서는 "앎을 극진히 하는 것은 사물의 이치를 궁구함에 있다(致知在格物)"고 했습니다. '치지'를 이루기 위한 방법이 '격물(格物)'에 달려 있다는 겁니다.

지금까지 열거한 '격물(格物)', '치지(致知)', '성의(誠意)', '정심(正心)', '수신(修身)', '제가(齊家)', '치국(治國)', '평천하(平天下)'가 이른바 팔조목(八條目)입니다. 그럼 이 중에서 가장 중요한 것이 뭐냐? 물론 목적은 '평천하'입니다. '평천하'가 목적이긴 한데, '평천하'를 하기 이전에 '치국'을 해야 하고, '치국'을 하려면 '제가'를 해야 하고, '제가'를 하려면 '수신'을 해야 합니다. 결국 '수신'으로부터 모든 게 비롯되는 것이죠. 사실 '가(家)'라고 하는 것은 개인(身)의 구성체죠? 마찬가지로 '국(國)'이라고 하는 것도 '가'의 구성체고 '천하'도 '국'의 구성체입니다. 그런데 '신(身)'만은 구성체가 아닙니다. 단독자입니다. 이 단독자가 바로 선을 행할 것이냐 악을 저지를 것이냐를 판단하는 도덕적 주체(主體)입니다. 이런 주체가 바로 서기 위해서는 뭐가 필요하냐? 바로 마음을 바로잡는 '정심'이 필요하고, '정심'을 하기 위해서는 뜻을 진실하게 하는 '성의'를 해야 하고, '성의'를 제대로 하기 위해서는 앎을 분명히 하는 '치지'가 필요하며, '치지'를 하기 위해서는 사물의 이치를 궁구하는 '격물'이 필요하다는 것입니다. 궁극적으로는 '격물'에서 모든 일이 시작되는 것이죠. 아주 논리정연합니다. 더 자세한 이야기는 다음 구절을 읽으면서 알아보겠습니다.

명덕(明德)을 밝히는 과정

사물의 이치가 자신에게 이른 뒤에 앎이 지극해지고, 앎이
지극해진 뒤에 뜻이 진실해지고, 뜻이 진실해진 이후에 마음
이 바르게 되고, 마음이 바르게 된 뒤에 몸이 닦여지고, 몸
이 닦인 뒤에 집안이 가지런해지고, 집안이 가지런해진 뒤에
나라가 다스려지고, 나라가 다스려진 뒤에 천하가 고르게 다
스려진다.

物格而后에 知至하고 知至而后에 意誠하고 意誠而后에 心正하고
心正而后에 身修하고 身修而后에 家齊하고 家齊而后에 國治하고
國治而后에 天下平이니라

팔조목에서는 격물이라고 했는데 여기서는 글자의 순서를 바꾸
어서 물격(物格)으로 쓰고 있습니다. '격물'은 사물에 나아간다, 사
물에 나아가서 사물의 이치를 궁구한다는 뜻인데, 이게 거꾸로 '물
격'으로 되면 사물의 이치가 나에게 이른다, 곧 사물의 이치를 내
가 이해한다는 뜻이 됩니다. 그러면 "사물의 이치가 무엇인지 알게
된 뒤에 앎이 지극해진다(物格而后知至)"는 뜻이 되겠죠. 결국 사물
의 이치를 이해하게 된 뒤에 무엇이 선인지 무엇이 불선인지 분명
히 알게 된다는 겁니다. 그래서 "앎이 지극해진 뒤에 뜻이 진실해
지고(知至而後意誠)", "뜻이 진실해진 뒤에 마음이 바로잡힌다(意誠而

後心正)"고 이야기한 것입니다. '정심(正心)'이라고 쓰면 '내가 마음을 바로잡는다'는 뜻이 되고, '심정(心正)'이라고 쓰면 마음이 바로 서게 된다는 뜻이 됩니다.

계속해서 "마음이 바로 선 뒤에 내 몸이 닦여진다(心正而後身修)"고 이야기합니다. '수(修)' 자는 말씀드린 것처럼 '닦는다'는 뜻이죠. 열심히 문질러서 닦는 걸 말하는데 본래 거울을 닦는다는 뜻을 취하여 마음을 닦는다는 뜻으로 쓴 것입니다. 거울이 깨끗해야 사물을 올바르게 비출 수 있는 것처럼 마음이 깨끗해야 사물을 올바르게 판단할 수 있다고 생각한 것입니다. 요즘의 유리 거울이야 날마다 닦지 않아도 잘 비춥니다만 고대(古代)의 거울은 청동으로 제작되었기 때문에 잠시라도 닦지 않고 내버려두면 시퍼렇게 녹이 슬어서 사물을 비출 수 없습니다. 그러니까 자신을 닦는다고 할 때의 이 '수' 자는 청동거울의 녹을 닦아서 사물을 제대로 비추게 하는 것처럼 사람의 마음에 긴 욕망의 때를 닦아내서 사물을 올바르게 판단한다는 뜻입니다.

우리가 결행해야 할 어떤 상황을 만났을 때 어떻게 행동하는 것이 좋을지 판단하기 위해서는 그 상황을 객관적으로 정확하게 이해하는 것이 필요합니다. 하지만 그보다 더 중요한 것은 나 자신의 사적인 욕망이 끼어들지 않게 하는 겁니다. 예를 들어 정부의 주요 기관을 어느 지역으로 옮기는 것이 좋을지 공적으로 따질 때, 만약 일을 처리하는 사람이 후보 지역 중 어느 한곳에 땅을 가지고 있다든지 하면 사심(私心)이 개입되겠죠. 그러니까 올바른 결정을 내리지 못하게 됩니다. 이런 사심의 개입을 차단하는 것이 바로 '수'라고 할 수 있습니다. 사사로운 욕망이 개입되지 않는다면 올바른 판단을 할 수 있겠죠?

이를테면 계몽주의 철학자 루소(Jean-Jacques Rousseau, 1712~1778)는 정치 공동체의 주요 사안을 결정할 때 '일반의지'에 따르는 것이 필요하다고 이야기했는데 이 일반의지라는 게 개인의 사사로운 욕망을 제거한 상태라고 이해할 수 있습니다. 왜냐하면 루소는 '일반의지'와 상대되는 개념으로 '특수의지'를 들었는데, 이 특수의지가 바로 사적 욕망을 가리키는 것이기 때문입니다. 루소는 "개인이 처해 있는 특수한 상황에서의 사적인 욕망을 제거하고 나면 일반의지가 거기서 나온다"라고 이야기했거든요. 여기서 사적인 욕망을 제거하는 개인의 노력이 '수'에 해당한다고 이해하시면 됩니다.

계속해서 "자신이 닦여진 뒤에 집안이 가지런해지고〔身修而后家齊〕", "집안이 가지런해진 뒤에 나라가 다스려지고〔家齊而后國治〕", "나라가 다스려진 뒤에 천하가 고르게 다스려진다〔國治而后天下平〕"라고 이야기하고 있죠. 앞서 '수' 자는 청동거울을 닦는 것이라고 말씀드렸고요, '가제(家齊)'의 '제(齊)' 자는 본래 어떤 사물을 가지런히 정돈한다는 뜻으로 쓰이는 글자입니다. '제'의 갑골문자는 '𝌀'로 표기되어 있는데 여러 개의 사물을 가지런히 정돈해둔 모양이죠.

그리고 가지런히 정돈한다는 것은 예법(禮法)에 꼭 맞게 행동한다는 뜻이기도 합니다. 예를 들어 상을 당했을 때 슬퍼하는 것도 절차가 규정되어 있습니다. 너무 지나치게 슬퍼하면 몸이 상하게 되니까 그렇기에 상례를 제정할 때 지나치게 슬퍼하지 않도록 슬퍼하는 정도를 적절하게 조절하도록 명문화해두었습니다. 이른바 수시곡(隋時哭)이니 백일졸곡(百日卒哭)이니 하는 규정이 그에 해당합니다. 그러니까 사랑하는 사람이 세상을 떠났는데도 슬퍼하지 않는다면 그것도 예에 어긋나는 것이지만, 지나치게 슬퍼해서 몸을 해쳐서도 안 되기 때문에 그런 슬픔의 개인차를 가지런하게 정돈하는 것(🍑)이 예(禮)라고 할 수 있습니다. 그래서 예로써 가지런히 한다는 의미로 '제례(齊禮)'라는 말을 씁니다. 물론 여기서는 제(齊) 자가 그런 세밀한 뜻보다는 가(家)의 구성원들을 차별하지 않고 가지런하게, 곧 공정하게 대한다는 뜻으로 쓰였습니다.

'치국(治國)'의 '치(治)'도 마찬가지입니다. '치'는 다스린다는 뜻이니까 '치국'이라고 하면 나라를 다스린다는 뜻이죠. 그런데 '치'라는 글자는 농토에 물을 골고루 대준다는 농사 용어이기도 합니다. 곧 농사를 잘 짓는 것이 '치'입니다. 백성으로 하여금 편안한 삶을 누리게 할 수 있는 것이 '치' 자의 의미인 것이죠.

말씀드린 것처럼 팔조목의 최종 목적은 '평천하'입니다. 여기서 '평(平)' 자는 사람의 인중(千)에다가 숨을 쉬는 모습(平)을 그린 글자입니다. 그래서 모든 사람들이 편안하게 숨 쉬는 상태를 뜻합니다. 그러니까 '평'도 공평(公平)하게 다스린다는 뜻입니다. 그런데 평은 공평의 수준이 가장 높은 단계입니다. 그러니까 평이 가능하기 위해서는 어느 '가(家)'에만 통하는 논리나 특정 '국(國)'에만 통용되는 논리를 넘어서야 합니다. 국가적 가치나 민족적 가치, 가족적 가치를 다 넘어서 있는 것이 '평'의 의미입니다. '수(修)', '제(齊)', '치(治)', '평(平)'은 모두 '고르게 다스린다'는 뜻인데, 다만 편평도(扁平度)의 차이가 있다고 생각하면 되겠습니다. 이를테면 거울도 편평도에 차이가 있습니다. 과학 실험용처럼 편평도가 뛰어난 거울에 얼굴을 비추어보면 더 잘 생겨 보이거든요. 그런 거울은 일반 거울보다 가치가 훨씬 높죠. 마찬가지로 집안을 다스리는 논리보다 나라를 다스리는 논리가 훨씬 더 공평해야 하고, 천하에 통하려면 가장 높은 수준의 공평도가 요구되는 겁니다. 지금의 세계 질서를 이야기할 때도 똑같은 논리로 말할 수 있습니다. 예를 들어 어떤 사안을 두고 한국, 미국, 중국, 일본 등이 각자 자국의 이익을 기준으로 대화한다면 '평'이 약해질 수밖에 없죠. 자국의 이익을 넘어서 모든 나라의 이익을 공평하게 보장할 수 있는 기준을 내세워서 대화해야 비로소 세계 평화(平和)가 가능하지 않겠습니까? 이처럼 《대학》의 원리는 오늘날 현실에서도 여전히 새겨볼 만한 가치를 담고 있습니다.

모든 일의 근본, 수신(修身)

천자에서 일반인에 이르기까지 한결같이 자신의 몸을 닦는 수신을 근본으로 삼는다. 그 근본이 어지러워졌는데 지말이 잘 다스려지는 경우는 없으며, 후하게 대해야 할 가까운 사람들을 박하게 대하면서 박하게 대하는 관계가 먼 사람들을 잘 대하는 경우는 아직 없다.

自天子로 以至於庶人히 壹是皆以修身爲本이니라 其本亂而末治
者否矣며 其所厚者薄이요 而其所薄者厚는 未之有也니라

이제 팔조목을 마무리하는 대목을 살펴보겠습니다. 한마디로
천하의 모든 사람은 수신을 근본으로 삼아야 한다는 이야기입니
다. 무엇이 근본이고 무엇이 지말인지는 앞서 삼강령을 풀이할 때
말씀드렸죠. 이 대목도 같은 맥락입니다만 보다 구체적입니다. 천자
(天子)는 천하를 다스리는 제왕입니다. 서인(庶人)은 일반 백성들로
서(庶) 자는 많다는 뜻입니다. 그러니까 서민, 또는 서인이라고 하면
중민, 중인이라는 뜻으로 흔한 사람들, 보통 사람을 가리킵니다. 천
자는 신분 사회에서 가장 높은 위치에 있는 사람이고, 서인은 일반
인들인데, "천자부터 시작해서 일반인에 이르기까지 한결같이 수
신을 근본으로 삼는다(自天子 以至於庶人 壹是皆以修身爲本)"라고 한 겁
니다. 그러니까 신분의 고하를 막론하고 '수신'이 근본이란 이야깁
니다. '평천하'든 '치국'이든 '제가'든 모든 일이 다 '수신'에서 비롯된
다는 거죠.
　　그리고 "근본이 어지러운데 지말이 잘 다스려지는 경우는 없다
(其本亂而末治者否矣)"라고 했습니다. 여기서 '부의(否矣)'는 없다는 뜻
인데, 여기서는 경험상 그런 경우를 찾을 수 없다는 뜻이 아니라 그
런 일은 애초에 논리적으로 성립하지 않을 뿐 아니라 윤리적으로

도 그래서는 안 된다는 뜻입니다. 마지막으로 "가까운 사람들을 박하게 대하면서, 먼 사람들을 잘 대하는 경우는 아직 없다(其所厚者薄 而其所薄者厚 未之有也)"라고 했습니다. 여기서 '후(厚)'는 두텁다는 의미입니다. 그러니까 '소후자(所厚者)'라고 하면 후하게 대해야 할 사람, 곧 나와 관계가 가까운 사람들입니다. 반대로 엷을 박(薄) 자를 쓴 '소박자(所薄者)'는 내가 박하게 대하는 사람, 곧 나와 관계가 먼 사람을 의미합니다. 관계의 친소를 두께로 표현한 것이 재미있습니다. 그리고 "미지유야(未之有也)"는 앞의 '부의(否矣)'와 대구를 이루는데 '미(未)'는 '아직 ~하지 않다'는 뜻이고, '지(之)'는 대명사죠. 그래서 "그런 경우는 아직 없다"는 뜻으로 '부의'와 마찬가지로 일어날 수도 없고 일어나서도 안 된다는 강한 부정을 나타냅니다.

그런데 이 대목을 나와 관계가 먼 사람을 사랑하지 말라는 뜻으로 이해해서는 안 됩니다. 오히려 관계가 먼 사람을 사랑하기 위해서는 먼저 관계가 가까운 사람을 사랑해야 한다는 뜻입니다. 그러니까 타자를 배려하고 사랑하기 위해서는 먼저 이웃을 사랑해야 하고 이웃을 사랑하기 위해서는 먼저 가족을 사랑해야 하는 것처럼, 천하와 국가를 평화롭게 다스리기 위해서는 먼저 나 자신의 인격을 고르게 수양한 뒤에 가능하다는 뜻입니다.

나에게 가장 가까운 대상은 당연히 나입니다. 그러니 가장 절실한 것이 나와의 관계를 조화롭게 맺는 것인데 그게 바로 '수신'입니다. '수신'이 근본(本)인 것이죠. 그리고 수신을 통해서 이룰 수 있는 건 무궁무진합니다. 집안을 가지런히 할 수 있고, 나라를 고르게

다스릴 수 있고, 천하를 평화롭게 다스릴 수 있습니다. 이른바 '제
가', '치국', '평천하'가 목적이긴 하지만, '수신'에 비하면 지말〔末〕이
됩니다. 그러니 근본〔本〕이 되어 있지 않은데 지말〔末〕이 될 수 없다
는 사실을 거듭 강조한 것입니다. 세계의 평화를 이루기 위해서는
먼저 나의 내면을 고르게 하는 수양이 전제되어야 한다는 거죠.

이런 점에서 《중용》이 '내가 곧 우주'라는 이해에 바탕을 둔 유
학의 자아 거대화 프로젝트라면, 《대학》은 '내가 곧 세계'라는 인식
에 바탕을 둔 유학의 세계 평화 프로젝트라고 할 수 있습니다. 그
때문에 삼강령 마지막에 천하의 모든 사람이 지극한 선에 가서 머
물게 한다는 '지어지선'을 둔 것입니다. 먼저 나의 덕을 밝히고〔明明
德〕, 다음으로 백성들로 하여금 스스로 덕을 밝히게 하고〔新民〕, 마
침내 온 천하 사람들로 하여금 덕을 밝히게 한다〔止於至善〕는 것은
결국 나의 도덕적 수양이 이 세계 전체와 연결된 문제라는 것을 자
각하는 데서 출발하는 것이지요.

여기까지가 《대학》의 경문(經文) 205자입니다. 중심 내용은 삼강
령과 팔조목이었죠. 이 205자를 놓고 수천 년 동안 수많은 주석이
나왔는데, 그중에서 가장 오래된 주석이 바로 경문과 함께 《대학》
이라는 한 권의 책에 엮어져 있는 '전 10장(傳 十章)'이라고 생각하시
면 됩니다. 이제 10개의 장(章)으로 이루어져 있는 전(傳)을 차례대
로 읽어보겠습니다.

전 1 장

내 안에 있는
초월의 길

극명덕(克明德), 감히 나의 덕을 밝히다

　말씀드린 것처럼 지금부터 읽게 될 전(傳)은 경문(經文) 205자에 대한 해설입니다. 전(傳)은 성인(聖人)의 말씀인 경(經)을 당대의 사람들이나 후세의 사람들에게 전하기 위해서 쉽게 풀이한 것입니다. 물론 전이 경보다 늘 쉬운 것은 아닙니다. 이를테면 《장자》의 경우는 《장자》의 원문보다 《장자》의 원문을 풀이한 곽상(郭象, 252?~312)의 주석이 오히려 더 어렵다는 이유로 '장자의 곽상이 아니라 곽상의 장자'라는 비판이 있을 정도입니다.

　그러나 대부분의 경우 경보다 전이 쉽습니다. 전은 어디까지나 경을 풀이하는 데 목적이 있으니까요. 그중 《대학》의 전은 경문의 압축된 내용을 이해하는 데 대단히 요긴합니다. 그리고 경을 설명하기 위해서 당시까지 전해지던 가장 중요한 문헌을 여러 차례 인용하고 있기 때문에 전을 깊이 이해하려면 상당한 독서가 요구됩니다. 특히 《시경》과 《서경》을 읽어두는 것이 좋습니다. 왜냐하면 전에서 가장 자주 등장하는 문헌이 《시경》과 《서경》이기 때문입니다.

　《대학》에서는 《시경》의 구절을 인용할 때, "시경에 이렇게 말했다"라는 의미로 "시운(詩云)"이라고 인용합니다. 그런데 《서경》의 내용을 인용할 때는 "서운(書云)"이나 "서왈(書曰)"이라는 식으로 인용하는 것이 아니라, 《서경》의 편명을 바로 이야기합니다. 예를 들면 1장에서 〈강고(康誥)〉를 비롯 세 편의 구절을 인용하고 있는데, 〈강고〉는 《서경》에 포함되어 있는 편명입니다. 1장의 본문부터 읽어보겠습니다.

> 《서경》〈강고〉에 이르길 "감히 자신의 밝은 덕을 밝힌다"고 했으며,
> 《서경》〈태갑〉에 이르길 "하늘의 밝은 명령을 돌아본다"고 했으며,
> 《서경》〈제전〉에 이르길 "감히 높은 덕을 밝힌다"라고 하였으니
> 모두 스스로 밝히는 것이다.

> 康誥曰 克明德이라하며
> 大甲曰 顧諟天之明命이라하며
> 帝典曰 克明峻德이라하니
> 皆自明也니라

〈강고〉의 구절이 맨 앞에 나오고 그다음에 〈태갑(太甲)〉의 구절이 나오죠? 〈태갑〉도 《서경》의 편명입니다. 그리고 〈제전(帝典)〉은 《서경》의 첫 번째 편인 〈요전(堯典)〉을 가리킵니다. 이런 식으로 〈강고〉, 〈태갑〉, 〈제전〉 세 편을 인용하면서 〈전1장〉을 시작하고 있습니다.

참고로 《서경》은 〈우서(虞書)〉, 〈하서(夏書)〉, 〈상서(商書)〉, 〈주서(周書)〉의 네 부분으로 나누어져 있는데 각 시대별로 중요한 일을 기록했다고 해서 '사대지서(四代之書)'라고 일컫습니다. 〈우서〉는 요임금의 당나라와 순임금의 우나라에 관한 기록을 수록했고, 〈하서〉는 우임금의 하나라에 관한 기록을, 〈상서〉는 탕임금의 상나라에 관한 기록을, 그리고 〈주서〉는 무왕의 주나라에 관한 기록을 수록하고 있습니다.

이제 〈강고〉에서 인용한 구절부터 읽어보겠습니다.

'강고왈(康誥曰)'은 "《서경》〈강고〉 편에 이렇게 말했다"라는 뜻입니다. 〈강고〉는 상(商)나라를 멸망시키고 주(周)나라를 세운 무왕이 아우였던 강숙에게 일러주는 말을 기록한 글로 주나라의 역사를 기록한 〈주서(周書)〉의 일부입니다. 그리고 '극명덕(克明德)'은 〈강고〉에는 '너의 크게 드러나신 아버지 문왕(文王)이 감히 덕을 밝히고 형벌을 삼가셨다(惟乃丕顯考文王 克明德愼罰)'는 내용 중에서 세 글자만 빼서 인용한 것입니다. 이런 경우를 두고 단장취의(斷章取義)라고 하는데 어떤 글 속에서 자신이 하고자 하는 말에 부합하는 구절만 빼서 자신의 주장을 펼치는 방식을 말합니다. 그러니까 《대학》의 전을 지은 이가 문왕을 칭송하는 〈강고〉의 여러 글 중에서 '극명덕' 세 글자를 뽑아서 경문을 풀이한 것입니다.

'명덕'은 〈경1장〉을 풀이할 때 말씀드린 것처럼 밝은 덕입니다. 밝은 덕이 어디에 있느냐? 두말할 것 없이 내 안에 있습니다. 그런데 그걸 얼마나 밝게 드러내느냐가 덕의 크기를 가늠하는 기준입니다. 이를테면 빛을 뜻하는 광(光) 자는 본디 '火' 자와 '人' 자가 합쳐진 글자로 사람의 빛, 곧 덕의 빛을 말합니다. 그러니까 〈경1장〉에서 명명덕이라고 한 것은 내 안에 있는 밝은 덕을 밝혀내서 빛나게 하는 것입니다. 그렇게 함으로써 자신을 넘어서는 겁니다. 앞서 '대학'이란 학문은 다른 학문과는 달리 자신을 넘어서는 학문이기에 '대(大)'라는 글자가 붙었다 그랬죠? 자신을 넘어서는 것은 초월(超越)을 뜻합니다. 그런데 《대학》에 따르면 초월의 길은 다른 데 있는 것이 아니라 자신 안에 있는 밝은 덕을 밝혀내는 데 있다는 것입니다. 이것이 《대학》의 가르침입니다.

초월이라고 하면 흔히 신(神)이나 천(天)을 가리킵니다. 곧 우리가 닿을 수 없는 외부에 있는 어떤 대상을 말하지요. 유학에서는 초월을 '천명(天命)'이라고 하는데 그것이 우리 안에 성으로 들어와 있다고 이야기하는 것이 《중용》이라면, '밝은 덕(명덕)'으로 들어와 있다고 이야기하는 것이 《대학》입니다. 물론 맹자가 성선이라고 이야기한 것도 같은 맥락입니다. 그러니 여기서 "극명덕"이라고 하면, "자기의 밝은 덕을 밝힌다"는 뜻입니다. 〈경1장〉에서는 덕(德) 자 앞에 명(明) 자를 붙여서 '명명덕(明明德)'이라고 했으니까, 이 대목도 〈경1장〉식으로 바꾸어 '극명명덕(克明明德)'이라고 생각하시면 됩니다.

그리고 이 대목의 실천적 맥락을 이해하기 위해서는 무엇보다 '극(克)' 자에 대한 깊은 이해가 따라야 합니다. 보통 '극' 자를 '능(能)'으로 풀이합니다. 그런데 '능' 자로만 풀이해서는 '극'의 의미를 완전하게 드러낼 수가 없습니다. '극' 자를 '감(敢)'이라는 글자로 풀이하면 '감히', '과감하게', '용감하게'라는 의미가 됩니다. 도덕적 결단에 이르는 용기를 표현한 것입니다.

칸트(Immanuel Kant, 1724~1804)의 저술 중에 〈계몽이란 무엇인가에 대한 답변(Beantwortung der Frage: Was ist Aufklärung?)〉라는 글이 있습니다. 이 글에서 칸트는 라틴어로 '사페레 아우데(Sapere Aude)'라는 말을 했는데, 'Aude'라는 말이 바로 '감히'라는 뜻입니다. 'Sapere'는 생각하다라는 뜻으로 칸트에게 있어 이성(理性)이라는 의미이며, 합치면 '감히 스스로 생각하다'라는 뜻이 됩니다. 영어로 하면 'Dare to think for yourself' 정도가 되겠죠.

"극명덕"의 '극'도 마찬가지입니다. '감히' 자신의 덕을 밝히는 거죠. 무슨 얘기냐 하면, 나에게 '명덕'이 있다는 사실을 자각하는 겁니다. 그리고 그 '명덕'을 밝히면 나도 성인(聖人)이 될 수 있다는 이야기입니다. 성인이 되는 것이 바로 초월입니다. 그래서 "극명덕"의 '극'은 그저 단순하게 '~을 할 줄 안다(能)'는 뜻이 아니라, '감히 자신의 내면에 있는 명덕을 자각하고 밝혀낸다'는 결행의 뜻이 됩니다.

도덕과 용기의 관계는 아주 가깝습니다. 우리가 어떤 도덕적 행위를 할 때는 용기가 반드시 필요하거든요. 맹자가 호연지기(浩然之氣)를 강조한 이유도 여기에 있습니다. 칸트도 같은 이야기를 했습니다. 계몽이란 미성숙한 존재가 성숙한 존재로 바뀌는 것인데, 성숙하기 위해서 필요한 게 뭐냐? '명덕'처럼 이미 자기 자신에게 있는 이성이 더 필요한 것이 아니라, 그것을 자각하고 행동으로 옮길 용기와 결단이 필요하다고 했습니다. 《대학》의 "극명덕"이라고 할

때의 '극'도 '용기와 결단'이라고 이해하시면 '극' 자의 의미를 제대로
파악하신 겁니다.

명덕(明德)의 자각, 돌아봄

두 번째 인용은 나에게 있는 명덕이 어디에서 왔는지 밝히는 내
용으로 출처는 본문에 나와 있는 것처럼 《서경》〈상서〉〈태갑〉 편입
니다. 〈태갑〉 편은 탕임금을 이어 임금의 자리에 오른 태갑을 이윤
(伊尹)이 훈계하는 내용인데, 탕임금은 하나라의 마지막 임금 걸(桀)
을 쳐부수고 상(商)나라를 세운 혁명군주입니다. 그리고 그를 보좌
했던 현인이 이윤이고요.

그런데 〈태갑〉 편에서 '하늘의 밝은 명령을 돌아본다(顧天之明
命)'고 한 주체는 탕임금입니다. 그러니까 탕임금이 그렇게 했다고
이윤이 말한 대목에서 단장취의한 것입니다. 이윤은 태갑에게 탕임
금이 하늘의 밝은 명령을 돌아본 것처럼 당신도 그렇게 해야 한다
고 권면(勸勉)한 것이죠. 물론 《대학》의 작자는 이 대목을 읽는 모든
사람이 그렇게 하기를 기대하면서 인용한 것이고요.

'태갑왈 고시천지명명(太甲曰 顧諟天之明命)'에서 '고(顧)'는 '돌아보
다'라는 뜻입니다. 그리고 '시(諟)'는 '이 시(是)' 자의 고자(古字)로 관사
(冠詞)에 해당하는데 우리말로 번역할 때는 굳이 필요하지 않습니
다. '이', '그', '저'와 같은 지시사는 영어나 한문에서는 자주 나오지

만 우리말에서는 없는 것이 자연스러울 때가 많죠. 그리고 '천지명명(天之明命)'에서의 '명명(明命)'은 하늘의 밝은 명령인데, 바로 이 '명명'이 명덕의 유래입니다.

결국 내 안에 있는 도덕적 능력인 '명덕'이라는 것은 본래 저 하늘의 밝은 명령에서 유래한 것이라는 겁니다. 《중용》의 첫 문장에는 "하늘이 명령한 것을 일러 성(性)이라고 한다(天命之謂性)"라고 한 대목이 나오는데, 이 대목을 이해할 수 있는 실마리입니다. 곧 《중용》에서 말한 '성'이 바로 '명덕'이고, '천명(天命)'이 바로 하늘의 밝은 명령(明命)이라고 이해할 수 있습니다.

그런데 이 인용구의 가장 중요한 뜻은 사실 '고(顧)', 한 글자에 있습니다. 〈강고〉의 인용구에서 가장 중요한 글자가 '극(克)'이었던 것과 마찬가지입니다. 그러니까 나에게 있는 밝은 명령의 유래가 초월적 존재인 하늘로부터 왔다는 것을 알기 위해서는 나를 돌아보는 '고'라는 자기 성찰이 따라야 합니다. 이런 성찰이 없으면 나에게 명덕이 있다 해도 자각할 수 없기 때문입니다.

그리고 나에게 있는 밝은 명령을 밝히면 결국 초월자인 천(天)과 대등한 존재가 될 수 있다는 지향이 깔려 있습니다. 이런 사유는 《대학》과 《중용》뿐만 아니라, 유학사상 전반을 관통하는 삶의 이상이라고 할 수 있습니다.

'명덕(明德)'은 내 안에 있는 것이고, '명명(明命)'은 하늘에서 내려오는 것이죠. 그런데 주자학자들은 하늘의 밝은 명령(天之明命)을 천리(天理)로 바꾸어서 이해합니다. 명(命) 자를 이(理) 자로 바꾼 셈인데 이는 인격적 요소의 탈색을 의도한 것으로 이해할 수 있습니다. 명령이라고 하면 아무래도 천(天)을 인격적 대상으로 생각하기 쉬운데, 리(理)라고 하면 그런 측면이 사라지지요.

그런데 천리(天理)라는 표현은 《논어》나 《맹자》를 비롯한 유가 문헌에는 잘 나오지 않는 표현입니다. 다만 《예기》 〈악기(樂記)〉 편에 두 차례 나오고 유교 문헌이 아닌 《장자》에 한 차례 나옵니다. 사실 천리라는 표현을 본격적으로 철학 개념으로 쓰기 시작한 것은 북송 시대부터입니다. 이를테면 정호(程顥, 1032~1085)나 정이 같은 학자들이 하늘에 있는 '이(理)'가 인간에게 부여된 것이 바로 '성(性)' 이라는 식으로 이해하기 시작하면서 성리학(性理學)이 성립됩니다. 이어서 남송의 주희가 이(理) 개념을 태극과 연결하면서 유학의 세계관을 체계화합니다. 이런 방식의 이해는 유학의 주요 개념이 사상사적으로 어떤 변화를 거치면서 전개되었는지 이해하는 데 도움이 됩니다.

감히 큰 덕(峻德)을 밝히다

'제전왈(帝典曰)'이라는 표현이 나오는데 여기의 '제(帝)'는 바로 요(堯)임금을 가리킵니다. 본래 유가의 성인 중에서 제(帝)에 해당하는 사람은 요제(堯帝)와 순제(舜帝) 두 임금입니다. 이를테면 《서경집전(書經集傳)》이라는, 《서경》의 주석서를 남긴 남송의 채침은 "이제

(二帝)와 삼왕(三王)이 천하를 다스린 대경과 대법이 모두 《서경》에 담겨 있다"고 했는데 이때의 이제는 바로 요제와 순제를 가리킵니다. 따라서 제전이라고 하면 〈요전(堯典)〉도 될 수 있고 〈순전(舜典)〉도 될 수 있지만 《대학》에서 인용한 이 구절이 《서경》의 〈요전〉에 나오니까 제전은 〈요전〉을 가리킨 것임을 알 수 있습니다. 〈요전〉은 요임금의 업적을 기록한 편명입니다.

그리고 인용한 구절은 '극명준덕(克明峻德)' 네 글자입니다. '극명'에 대해서는 앞서 말씀드렸습니다. 감히 밝혔다는 뜻입니다. 그럼 무엇을 밝혔느냐? '준덕(峻德)'을 밝혔다고 되어 있습니다. 명덕이 준덕으로 표현이 바뀌어졌습니다. '덕'에 대해서는 앞에서 말씀드렸기에 '준(峻)' 자의 뜻만 알아보겠습니다.

《서경》에서는 '준(峻)'이 사람 인(亻) 자가 옆에 붙은 '준걸 준(俊)' 자로 되어 있습니다. 이 '준(俊)' 자는 보통 뛰어난 사람, 훌륭한 사람을 의미합니다. 요즘 뛰어난 사람, 훌륭한 사람이라하면 어떤 사람을 가리킬까요? 육체적인 힘이 센 사람? 스포츠맨? 아니면 계산 능력이 뛰어난 사람? 기억력이 뛰어난 사람? 새로운 과학적 진리를 발견한 사람? 정치력이 뛰어난 사람? 아마 다양하게 뛰어난 사람이 있을 것입니다.

《서경》의 기록자는 덕이 높은 사람이 뛰어난 사람이라고 표현했습니다. 그래서 '준'이라고 하면 높은 덕을 가진 사람을 뜻합니다. 그런데 《대학》에서는 보시다시피 '준(俊)' 자가 '준(峻)'으로 표기되어 있습니다. 본래 뫼 산(山) 자가 붙은 '준(峻)' 자는 산이 높다는 의미이고, 물 수(氵) 자가 붙은 '준(浚)' 자는 깊은 물을 의미합니다. 그리고 말씀드린 바와 같이 사람 인(亻) 자가 붙은 '준(俊)' 자는 높은 사람이에요. 뭐가? 덕이 높다는 뜻입니다. 또 말 마(馬) 자가 붙어서 준(駿)이 되면 준마(駿馬), 곧 천리마를 가리킵니다. 그런데 《논어》에 보면 공자가 천리마를 가늠할 때 기준을 힘에 두는 것이 아니라 덕에 두고 있습니다. "천리마는 그 힘을 일컫는 것이 아니라 그 덕을 일컫는 것이다(驥不稱其力 稱其德也)"라고 했거든요. 따라서 준(駿) 자도 크고 높다는 뜻이 있다는 걸 알 수 있습니다. 결국 '준'이라는 음(音)에 높고 깊고 크다는 뜻이 있는 거죠. 그러니 《대학》에는 '준(峻)'으로 되어 있고 《서경》에선 '준(俊)'으로 되어 있지만, 결국 같은 의미를 지닌 글자임을 알 수 있습니다.

'산(山)'은 덕(德)을 상징합니다. 《논어》에도 '인자요산(仁者樂山)'이라는 말이 나오죠. "어진 사람은 산을 좋아한다"는 뜻입니다. '인(仁)'이 덕의 으뜸이잖아요? 그리고 '산'은 높은 사물이니까 높은 덕을 산에 견준 것입니다. 유학의 문헌에는 이런 비유가 자주 등장합니다.

흔히 《주역》에서 가장 좋은 괘(卦) 네 개를 들라고 하면, '태괘(泰卦)〔䷊〕', '정괘(鼎卦)〔䷱〕', '기제괘(旣濟卦)〔䷾〕', '겸괘(謙卦)〔䷎〕'를 꼽습니다. 이른바 사대길괘(四大吉卦)죠. 첫 번째, '태괘〔䷊〕'는 아래에 하늘〔☰〕이 있고 위에 땅〔☷〕이 있는 모양입니다. 본래 하늘은 위에 있고 땅은 아래에 있는데 태괘는 하늘과 땅이 뒤집혀 있으니까 얼핏 생각하면 흉하게 보입니다. 하지만 땅의 기운은 무거워서 위에서 아래로 내려오고 하늘은 양기로 가볍기 때문에 아래에서 위로 올라가 음과 양이 서로 만난다는 뜻입니다. 그래서 하늘과 땅이 서로 만나고 군주와 신하의 뜻이 부합하고, 남자와 여자가 서로 사귄다는 의미로 풀이합니다. 결국 상하의 관계가 편안한 모양이기 때문에 길하다고 보는 것이죠.

다음으로 '정괘(䷛)'는 아래에 바람(☴)이 있고 위에 불(☲)이 있는 겁니다. 그러니까 불 밑에 바람이 솔솔 불어 들어가고 불 위에 솥이 있어 음식을 조리해 먹는 모양입니다. 솥에 음식을 익혀 먹는 건 예나 지금이나 아주 좋은 일이죠.

그리고 《주역》에서는 홀수인 1, 3, 5, 7, 9는 '양(陽)〔—〕'의 숫자고 짝수인 2, 4, 6, 8, 10은 '음(陰)〔--〕'의 숫자인데, 64괘의 경우 하나의 괘를 이루는 육효(六爻)를 그릴 때 —, =, ≡ 이런 식으로 밑에서부터 위로 그려 올라갑니다. 따라서 첫 번째 자리는 양의 자리고 두 번째 자리는 음의 자리예요. 마찬가지로 세 번째는 양, 네 번째는 음, 다섯 번째는 양, 여섯 번째는 음의 자리입니다. 바로 이 순서와 자리에 맞게끔 그려진 괘(卦)가 '기제괘(䷾)'입니다. 그래서 '기제(既濟)'라는 명칭 자체가 이미 완성되었다, 성취했다는 뜻입니다. 목적을 이루었으니 길한 괘죠.

마지막으로 좋은 괘(卦)로 손꼽는 것이 아래에 산(☶)이 있고 위에 땅(☷)이 있는 '겸괘(䷠)'입니다. 땅 밑에 산이 있는 모양입니다. 물론 어떻게 땅 밑에 산이 있을 수 있느냐고 의심할 수 있죠. 또 만일 그런 게 있다면 그게 그냥 땅이지 어떻게 산이라 할 수 있느냐

고 따질 수 있습니다. 하지만 상상은 얼마든지 가능합니다. 《주역》
은 자유로운 상상의 결과물입니다. 앞서 산은 큰 덕을 상징한다고
말씀드렸죠. 어떤 사람이 큰 덕을 가지고 있는데, 밖으로 그것을 드
러내지 않는 겁니다. 큰 아름다움을 가지고 있는데도 나 잘났다는
식으로 드러내지 않는 거예요. 우리는 이런 태도를 '겸손(謙遜)'이라
고 일컫죠. 이와 같이 《논어》든 《주역》이든 '높은 산 깊은 물'이라고
할 때의 산은 늘 큰 덕을 상징한다는 사실을 이해하면 '준덕(峻德)'
의 뜻이 분명해집니다.

그리고 이 구절의 출처인 《서경》〈요전〉에는 "(요임금이) 감히 높
은 덕을 밝혀서 구족(九族)들이 서로 친하게 지내게 하시니 구족이
이미 화목해졌고, 백성이 자신의 명덕을 고루 밝힐 수 있게 인도하
니 백성이 자신들의 덕을 밝게 밝혀내어 검은 머리 백성이 아! 변
해서 이에 서로 화합하며 지냈다〔克明俊德 以親九族 九族旣睦 平章百姓
百姓昭明 黎民於變時雍〕"라고 기록하고 있습니다. 여기서 '구족'은 나를
기준으로 위로 4대(代), 아래로 4대를 말합니다. 그래서 나까지 합치
면 9대, 아홉 세대(世代)를 뜻합니다. 촌수로 따지면 8촌이 되고 이
범위 내의 사람이 일가를 이룹니다.

여민(黎民)은 검은 머리 백성이라는 뜻인데, 벼슬하지 않은 서민
을 가리키는 말입니다. 벼슬을 하면 관을 쓰기 때문에 검은 머리가
보이지 않고, 또 머리가 희게 되면 노인으로 우대받는데, 여민은 이
두 가지에 해당하지 않는 사람들, 서민을 가리킵니다. 그리고 '於'는
감탄사이기 때문에 '어'로 읽지 않고 '오'로 읽습니다. 여민오변시옹

(黎民於變時雍)은 "검은 머리 백성이 변해서 이에 서로 화합하며 지냈다"는 말인데, 요임금이 큰 덕을 밝히기 전에는 백성이 서로 화합하지 않고 싸웠는데 요임금이 큰 덕을 밝혀서 구족과 백성을 인도한 뒤에는 천하의 모든 사람들이 서로 화합하며 살게 되었다는 이야기입니다. 요임금이 큰 덕을 밝혀서 한 일이 구족과 백성이 서로 화합하며 살게 한 것이니까 덕의 역할이 무엇인지 알 수 있습니다. 서로 싸우던 사람들이 평화롭게 살게 되는 것을 우리는 문명이라고 부르죠.

근대 국가 형성에 철학적 기초를 제공한 홉스(Thomas Hobbes, 1588~1679)는 자연 상태에서는 모든 인간이 서로 싸운다고 가정했습니다. 이른바 '호모 호미니 루푸스(Homo Homini Lupus)'라는 라틴어는 '인간은 인간에게 늑대'라는 뜻인데, 흔히 '만인의 만인에 대한 투쟁'이라고 번역합니다. 그 때문에 홉스는 그런 상황을 타개하기 위해서는 하나의 강력한 정치권력이 필요하다고 주장했습니다. 작은 권력들이 더 큰 권력에 복종하게 되면 평화가 찾아온다는 거죠. 그런데 《서경》에 따르면 평화를 이루기 위해서 필요한 것은 커다란 권력이 아니라 커다란 덕이라 할 수 있습니다. 이것은 개인의 수양을 통해 천하를 평화롭게 다스린다는 《대학》의 맥락과 같습니다. 삼강령을 해설할 때 말씀드린 것처럼 《대학》은 '내가 곧 세계'라는 인식에 바탕한 유학의 세계 평화 프로젝트입니다.

덕은 '스스로' 밝히는 것〔自明〕이다

앞의 세 구를 풀이할 때 '극(克)' 자와 '고(顧)' 자가 중요하다고 말씀드렸는데 마지막 구 '모두 스스로 밝히는 것이다〔皆自明也〕'에서 가장 중요한 글자는 '자(自)' 자입니다. 앞서 요임금이 백성으로 하여금 덕을 밝히도록 했다는 것은 요임금이 자기가 가지고 있는 덕을 백성에게 나누어준 것이 아닙니다. 어디까지나 백성이 각자 자신이 가지고 있는 밝은 덕을 '스스로 밝히도록〔自明〕' 인도한 것이 요임금이었다는 거죠. 어떤 사람이 덕을 밝힌다는 것은 다른 사람이 덕을 가지고 와서 물건 주듯이 던져주는 것을 받는 것이 아니고, 자신의 내면에 있는 덕을 자각하고 그것을 실천하고 결단을 내릴 때 가능하다는 것입니다. 그래서 마지막 구 '개자명야(皆自明也)'는 〈강고〉, 〈태갑〉, 〈제전〉에 나오는 '명(明)' 자의 뜻을 모두 압축하고 있는 말입니다. 결국 도덕(道德)이나 수양(修養)의 문제는 남에게 요구하는 것이 아니라 내가 하는 것, 나 스스로 밝히는 것입니다. 《대학》에 나와 있는 이른바 '수기치인(修己治人)'의 학문이라는 것은 모두 나로부터 출발하는 거예요. 만약에 수양이나 도덕을 나에게 요구하지 않고 다른 사람에게 요구한다고 생각해보십시오. 엄청 피곤한 세상이 될 것입니다. 자기는 하지 않고 남에게 요구한다면 말입니다.

이른바 덕치(德治)라는 개념도 흔히 오해하는 것처럼 통치자가 자신의 덕을 수단으로 삼아 백성을 다스린다는 뜻이 아닙니다. 이를테면 통치자가 효제충신의 도리를 정해놓고 백성이 그 도리에 맞게 행동하면 상을 주어 칭찬하고 도리를 지키지 않으면 죄를 주어 처벌하는 식으로 강제하는 것이 아닙니다. 만약 그렇다면 차라리 법치가 낫겠지요. 법은 최소한의 도덕이라고 하죠. 그렇기 때문에 지키지 않으면 제재가 따릅니다. 그런데 만약 최소한의 도덕이 아니라 최고선에 해당하는 도덕적 명령을 지키지 않았다고 사람들을 처벌한다면 어떨까요? 아마 지옥이 따로 없을 겁니다. 저는 그런 세상에 살고 싶지 않습니다.

덕치란 백성으로 하여금 '스스로' 효제충신의 도리를 지키도록 인도하는 겁니다. 덕은 강제가 아니거든요. 그렇다고 '안 지키면 말고' 식은 아닙니다. 처벌이 없는 대신 수치심이 따르게 되죠. 《논어》에서 공자가 "행정 명령으로 다스리고 사법적 명령으로 가지런히 하면 백성이 피하려고만 하고 부끄러움이 없어지게 되고, 덕으로 다스리고 예로 가지런히 하면 백성이 부끄러움을 알게 되어 스스로 올바르게 된다[道之以政 齊之以刑 民免而無恥 道之以德 齊之以禮 有恥且格]"고 이야기한 것은 바로 정(政)과 형(刑)이라는 강제 대신 덕(德)과 예(禮)라는 자발적 동기를 통해 백성을 인도하게 되면 백성이 부끄러움을 알게 되어 스스로 덕을 밝히고 예를 지키게 된다는 뜻입니다. 법치와 덕치를 구분하는 기준은 강제냐 강제가 아니냐의 차이에 있는 것이죠. 〈전1장〉의 마지막 구는 바로 명덕을 밝히는 주체가 바로 자신임을 분명히 밝힌 것입니다.

전 2 장

세상을
새롭게 하려면

내가 새로워져야 세상이 새로워진다

이제 〈전2장〉을 읽어보겠습니다. 〈전1장〉에서 자신의 명덕을 스스로 밝히는 일이 얼마나 중요한지 이야기한 만큼 〈전2장〉에서는 어떻게 하면 명덕을 밝혀서 자신을 새롭게 할 수 있는지에 대해 이야기하고 있습니다. 글의 형식은 〈전1장〉과 마찬가지로 먼저 고전의 구절을 인용하고 나서《대학》의 작자가 인용구의 뜻을 포괄적으로 마무리하는 방식입니다. 다만 〈전1장〉에서는《서경》만 인용했는데 여기서는《서경》뿐 아니라,《시경》도 함께 인용하고 탕(湯)임금의 목욕통에 새겨진 글까지 인용하고 있습니다. 맨 처음에 나오는 대목이 탕임금의 목욕통에 새겨진 글인데 안타깝게도 현재 탕임금의 목욕통이 실물로 전해지지는 않습니다. 그러니 고대의 제왕이었던 탕임금이 자신의 목욕통에 뭐라고 써놨는지 알 수 있는 유일한 자료가 바로《대학》의 이 대목이라고 할 수 있습니다. 그럼 뭐라고 했는지 한번 볼까요?

탕임금의 목욕통에 새겨진 글에 "만약 참으로 날마다 나 자신을 새롭게 하면 나날이 새로워지고 또 내가 날로 새로워진다"라고 했으며,

《서경》〈강고〉에 이르길 "스스로 새로워지는 백성을 진작시
켜라" 했으며,
《시경》에 이르길 "주나라가 오래된 제후의 나라였으나, 주나
라가 그 천명을 받은 것은 오히려 새롭다"고 했다.
이 때문에 군자는 지극한 도리를 쓰지 않는 경우가 없다.

湯之盤銘曰 苟日新이어든 日日新하고 又日新이라하며
康誥曰 作新民이라하며
詩曰 周雖舊邦이나 其命維新이라하니
是故로 君子는 無所不用其極이니라.

어디서 많이 들어본 이야기라고요? 맞습니다. 흔히 이야기하는
'일신우일신(日新又日新)'이라는 말은 바로《대학》의 〈전2장〉에서 비
롯된 것입니다. 참으로 좋은 말이죠. 그럼 자세히 살펴보겠습니다.
'탕지반명(湯之盤銘)'은 탕임금의 목욕통에 새겨진 글이라는 뜻입
니다. '탕지반(湯之盤)'은 탕임금의 목욕통, 그리고 그 목욕통에 새겨
진 글이 '명(銘)'입니다. 흔히 '명문(銘文)'이라고 하면 금속으로 만들
어진 기물에 새겨진 글을 가리킵니다. 그러니까 청동기 따위의 금
속으로 만들어진 탕임금의 목욕통에 "구일신 일일신 우일신(苟日新
日日新 又日新)"이라는 아홉 글자가 새겨져 있는 거죠. '구(苟)'는 '만
약', '참으로'라는 뜻입니다. 그리고 '일신(日新)'은 '날로 새로워진다'
는 뜻입니다.

그런데 이 문장을 문법적으로 딱 떨어지게 이해하려면 쉽지 않습니다. 고대의 한문은 글자 수를 최대한 줄이기 위해 뜻을 전달하는 데 꼭 필요하지 않은 조사를 생략하기 일쑤입니다. 심지어 주어나 서술어, 목적어까지도 생략하는 경우가 많습니다. 이 문장도 그렇습니다. '구일신(苟日新)'은 "참으로 날로 새로워진다면"이라고 옮길 수 있는데, 주어나 목적어가 보이지 않습니다. 이런 경우는 앞 문장을 더듬어서 주어나 목적어를 찾아 넣어서 이해해야 합니다. 한번 찾아보시기 바랍니다.

앞의 〈전1장〉에서 가장 중요한 글자는 두 차례 나오는 '극(克)' 자와 한 차례 나오는 '고(顧)' 자라고 했죠? 그리고 마지막 구의 '자(自)' 자가 앞의 세 구를 마무리하는 글자라고 했습니다. 그러니까 '극'과 '고'의 주체가 누구인지 알 수 있는 실마리가 '자' 자에 있는 겁니다. '자' 자는 '스스로'라는 뜻이지만 이걸 주어나 목적어로 바꾸면 '나'가 되죠. 이 '나'를 가져와서 이 대목에 채워 넣으면 뜻이 분명해집니다. 자, 그렇다면 누가 누구를 새롭게 하는 걸까요? 바로 내가 나 자신을 새롭게 하는 것입니다. 그리고 새롭게 하는 것은 '명덕(明德)'을 밝혀나가는 과정을 가리킵니다. '명명덕(明明德)'이라고 할 때, 앞의 '명(明)'은 선명(鮮明)하다는 뜻이 있고, 선명하다는 말은 또 신선(新鮮)하다는 말과 연관됩니다. 그러니까 내가 나에게 있는 밝은 덕을 밝혀나가는 것이죠. 오늘 지금 내가 나 자신의 명덕을 밝혀서 새로워지는 겁니다. 어제 밝혔으니까 오늘은 말고가 아니라 날마다 나 자신을 새롭게 하는 겁니다.

이어지는 '일일신(日日新)'은 나날이 새로워진다는 뜻입니다. 여기서 '일일(日日)'은 하루하루, 그러니까 매일이라는 뜻입니다. 내가 나 자신을 새롭게 하면 나에게 다가오는 나날, 곧 객관 세계가 새로워진다는 말입니다. 자, 우리는 세상이 참 지루하고 진부하다고 느끼는 경우가 많죠? 그럴 때는 자신을 돌아보아야 합니다. 정말 세상이 진부한 건지, 아니면 내가 진부한 건지.

이를테면 우리가 흔히 어떤 일을 할 때 '초심(初心)을 잃지 않아야 한다'고 하죠. 공부를 예로 들면 처음에 공부를 시작할 때는 아주 새롭죠. 그런데 시간이 지나고 나면 더 이상 새롭지 않게 됩니다. 일종의 매너리즘(mannerism)에 빠져서 처음의 각오도 없어지고 긴장도 하지 않게 되어 다시 예전처럼 평범하게 지내게 되죠. 이렇게 되면 새로워지지 않습니다. 나날이 지루하게 되고 '일일신'은커녕, 나날이 구태(舊態)가 이어집니다. 《대학》의 이 대목은 바로 세상이 새롭지 않고 진부하다고 느낄 때, 혹시 정말 진부한 것은 세상이 아니라 내가 진부한 것은 아닌지 반성하게 해주는 대목입니다. 사람이 살아가면서 날마다 좋은 날만 있을 수는 없지만, 적어도 나자신을 새롭게 하면 '나날이 새로워진다'는 것이 어쩌면 '나날이 좋은 날(日日是好日)'이 될 수도 있는 겁니다. 이렇게 되면 어떻게 되느냐? 바로 마지막 구에 나오는 말처럼 '또 나 자신이 나날이 새로워지는(又日新) 것'입니다. 결국 나 자신, 나의 주관을 새롭게 하면 나에게 다가오는 객관 세계가 새로워지고, 객관 세계가 새로워지니까 내가 또 새로워지는 겁니다.

이런 걸 선순환(善循環)이라고 하죠. 우리는 보통 악순환(惡循環)이라는 말을 많이 쓰는데, 그날그날 대충 사니까 나에게 다가오는 나날이 지루하고 피곤하게 느껴지고 그러면 또 나 자신이 피곤하고 하는 식으로 안 좋은 상황이 반복되죠. 그러나 탕임금의 말대로 하면 악순환을 벗어나 선순환으로 갈 수 있습니다. 내가 나 자신을 새롭게 하니까 세상이 새로워지고, 세상이 새로워지니까 내가 또 새로워지고. 이런 식의 선순환이 계속 이어지면 날마다 좋은 날이 이어질 수 있겠죠. 물론 이 좋은 날[好日]이라고 하는 게 반드시 공리주의적인 의미에서 하는 말은 아닙니다. 공리주의가 도덕 개념으로 적당한지 아닌지 논쟁이 많습니다만, 거칠게 정의하자면 어떤 행위의 결과가 좋으면 도덕적 행위이고 그렇지 않으면 도덕이 아니라는 관점이 공리주의의 기본입니다. 그런데 유학의 경우 행위의 결과가 좋으냐 나쁘냐 하는 것은 그 행위가 도덕적인 것이냐 아니냐를 판단하는 기준이 될 수 없습니다. 결과가 나쁘더라도 도덕적일 수 있고, 결과가 좋더라도 부도덕일 수 있습니다. 마찬가지로 설사 내가 현실에서 어떤 어려움을 만나거나 곤경에 처한다 하더라도 좋은 날일 수 있는 겁니다. 이게 유가 윤리의 기본인데, 관련 주제가 나올 때 차차 말씀드리기로 하겠습니다.

그런데 이 대목에서 뜻밖의 이야깃거리가 있는데 바로 '반(盤)'이 무엇이냐는 것을 둘러싸고 일어난 논쟁입니다. '반'을 목욕통이라고 보지 않는 견해가 있거든요. 왜냐하면 '날마다[日日]'라는 말이 나오는데, 그렇다면 탕임금이 날마다 목욕을 했다는 말이냐, 그렇지는 않았을 것이라는 겁니다.《예기》에 보면 자식이 부모님을 모실 때 "닷새에 한 번씩 목욕을 시켜드린다(五日則燂湯請浴)"는 기록이 있으므로 옛사람들이 날마다 목욕을 했을 리는 없다고 주장하는 학자들이 있습니다. 그래서 '반'을 목욕통이 아니라, 세숫대야로 보아야 한다는 거죠.

이 논쟁은 송(宋)나라 때부터 있었습니다. 결론을 말씀드리면 목욕통이 맞습니다. 제가 오래 전 중국에 갔을 때 박물관에서 고대의 목욕통을 본 적이 있습니다. 물론 탕임금의 목욕통은 아니었고 전국시대 오(鳴)나라 왕 부차(夫差)의 목욕통이었습니다. 지금 형태를 정확하게 기억하지는 못하지만 위쪽에 용 조각이 세 개 붙어 있었고 옆면에 글자가 새겨져 있었는데 그것을 '감(鑑)'이라고 합니다. 이 '감'이 목욕통인데, 여기에 물을 가득 채워놓고 얼굴을 비춰봤기 때문에 일종의 거울 역할도 했어요. 그래서 거울 감(鑑) 자를 써서 이름을 붙인 것입니다.

목욕이라고 하는 게 몸을 깨끗하게 닦는 거잖아요? 그러니까 목욕을 한 뒤에는 제대로 씻겼는지 자신의 몸을 살펴보겠죠? 이처럼 몸을 씻을 때 자신을 돌아본다는 점에 착안해서 목욕할 때는 몸뿐 아니라 마음까지 깨끗하게 닦았는지 살펴보아야 한다는 거죠. 옷 깨끗한 게 몸 깨끗한 것만 못하고 몸 깨끗한 게 마음 깨끗한 것보다 못하죠. 그리고 탕임금이라고 할 때, '탕(湯)'이라는 글자도 목욕탕(沐浴湯)이라고 할 때의 글자와 같죠. 이런저런 이유로 탕임금은 목욕을 무척이나 좋아했던 모양입니다.

그리고 《논어》와 《중용》에는 '온고이지신(溫故而知新)'이라는 말이 나오는데, 흔히 "옛 것을 익히고 새것을 안다"는 의미로 이해하지만, 정확하게 풀이하면 "옛 것을 익혀서 나 자신을 새롭게 한다"는 뜻입니다. '온(溫)' 자는 본래 따뜻한 물로 목욕한다는 뜻입니다. '온'의 갑골문은 온(溫)인데, 이 글자는 사람(人)이 목욕통(皿) 안 또는 밖에서 목욕통 안의 물(氵)을 끼얹어 몸을 씻는 모습을 그린 글자입니다. 그리고 이 대목의 '신(新)' 자 또한 새로 목욕한다는 '신욕(新浴)'이라는 말이 있는 데서 알 수 있듯이 목욕을 해서 자신을 새롭게 한다는 뜻으로 보는 게 자연스럽습니다.

결국 "일일신 우일신"의 뜻도 날마다 목욕을 해서 내 몸을 깨끗하게 하는 것처럼, 날마다 내 마음의 때를 닦아서 나 자신을 깨끗하게 한다는 것입니다. 결국 덕을 드러내 밝히는 것, '명명덕'을 이루기 위해서는 날마다 자신을 새롭게 하는 꾸준한 노력이 있어야 한다고 말한 것이죠. 덕은 하루아침에 형성되지 않으니까요.

백성이 스스로 새로워지게 하다

탕임금의 목욕통에 새겨진 글은 자신을 새롭게 하는 내용이었는데, 이제 읽어볼 대목은 백성을 새롭게 하는 내용입니다. 《서경》〈강고〉 편에서 단 세 글자만 인용했습니다. '작신민(作新民)'이죠. '신민'은 삼강령의 두 번째 강령 '재신민(在新民)'에 이미 나왔지만 뜻이 조금 다릅니다. 두 번째 강령은 백성을 새롭게 한다는 뜻이었는데, 여기의 신민은 스스로 자신을 새롭게 하는 백성[自新之民]이라는 뜻입니다. 그리고 '작(作)'은 '진작(振作)시킨다, 일으켜 세운다, 도와준다'는 뜻입니다. '작'의 주체는 통치자입니다. 그러나 통치자가 강압이나 물리적인 힘으로 백성을 제압하는 것이 아닙니다. 이른바 덕치란 백성들이 스스로 잘못을 바로잡도록 인도하는 것입니다.

부정한 방법으로 노나라의 권력을 차지했던 계강자(季康子)가 공자에게 이렇게 물은 적이 있습니다. "무도한 자를 죽여서 백성이 올바른 길로 가게 하면 어떻겠습니까?" 그러자 공자는 이렇게 대답했습니다. "당신이 정치를 하면서 어찌 사람 죽이는 방법을 쓰려 하는가? 당신이 진정으로 선을 바라면 백성들도 따라서 선해질 것이다. 군자의 덕은 바람과 같고 소인의 덕은 풀과 같다. 풀 위로 바람이 불면 풀은 반드시 바람이 부는 방향으로 눕기 마련이다(子爲政 焉用殺 子欲善 而民善矣 君子之德風 小人之德草 草上之風 必偃)."

무도한 자를 처벌하면 백성이 두려워하는 것은 당연합니다. 아마 계강자는 그런 심리를 이용하여 백성을 다스리는 것이 효과적이라고 생각했던 모양입니다. 명령과 강제는 단기적으로 백성을 통제하는 데 매우 효과적인 수단이니까요. 이런 수단을 적극 활용하여 나라를 다스려야 한다고 주장한 쪽이 법가 사상가들입니다. 그들이 내세우는 법치는 물리적인 힘을 원천으로 강제력을 행사하는 것입니다.

하지만 공자는 강제력으로 나라를 다스리는 것은 한계가 있다고 보았습니다. 그래서 훌륭한 통치자는 덕으로 나라를 다스리는데 그것은 마치 북극성이 제자리에 가만히 있어도 뭇별들이 북극성을 싸고 도는 것과 같다고 했습니다.

맹자 또한 왕도론을 펼치면서 "무력으로 인을 가장하는 것은 패도이고, 덕으로 인을 베푸는 것은 왕도이다〔以力假仁者覇 以德行仁者王〕"라고 했습니다. 인을 가장한다는 말에서 패도(覇道) 또한 겉으로는 인을 내세운다는 사실을 알 수 있지만 기실은 가짜라는 게 맹자의 주장입니다. 그리고 왕도(王道)는 인을 행하는 정치라고 했습니다.

앞서 말씀드린 것처럼 덕으로 다스린다는 것은 통치자가 자신이 가지고 있는 덕을 물건처럼 나누어주는 것이 아닙니다. 백성이 스스로 자신이 가지고 있는 덕을 밝혀내게 하는 거죠. 그리고 통치자는 그런 백성을 '진작'시킨다는 게 이 대목의 뜻입니다. 이때 진작이라는 것은 권면, 권장(勸奬)하는 겁니다. 주희는 이 대목을 '고지무지(鼓之舞之)'라는 표현을 들어 풀이했는데, '고지무지'는 글자 그대로 북을 쳐서 춤을 추게 한다는 뜻입니다. 곧 형벌이 아닌 예악으로 다스리는 정치를 말합니다. 예악은 강제가 아니기 때문에 이 또한 백성을 권면하는 수단으로 쓰이는 것이지요.

이처럼 '권(勸)'은 자발적으로 참여하게 하는 건데, 사람들이 자발적으로 어떤 가치를 추구하게 하려면 사람들이 그렇게 하는 것이 가능하다고 생각할 수 있어야 합니다. 만약 불가능하다면 포기하겠죠. 예를 들어 덕이 나에게 없다고 생각하면 덕을 밝히는 일은 불가능합니다. 그러면 덕을 밝히라고 권면할 수가 없어요. 사람이라면 누구나 덕이 있다고 생각하니까 권장하는 겁니다. 그러니 '모든 인간의 본성은 선하다'는 인간에 대한 신뢰가 바탕에 있어야 이런 주장을 할 수 있습니다. 그렇다고 해서 가만히 앉아서 백성이 저절로 권면되기를 기다려서는 안 됩니다. 모든 인간의 본성이 선하다는 형이상학적 전제를 세웠다면 그런 전제를 현실화할 수 있는 조건을 만들어야 합니다. 이를테면 효제충신의 도리를 권면하는 일은 백성이 스스로 효제충신할 수 있는 현실적 조건을 만든 뒤에 가능합니다. 부모를 잘 모시고 형제간에 잘 지내게 하기 위해서는 우선 백성의 생업이 안정되어야 하니까요. 맹자가 일종의 토지 균분제인 정전제를 시행해야 한다고 주장한 것이나 항산(恒産)이 있어야 항심(恒心)이 유지될 수 있다고 강조한 것도 이런 현실적 조건이 만들어져야 덕으로 천하를 다스리는 왕도의 이념이 실현 가능하다고 판단했기 때문입니다.

다음에 이어지는 《시경》의 인용구는 통치자의 이 같은 노력이 나라를 새롭게 만든 역사적 사례를 들고 있습니다. 백성이 각자 자신을 새롭게 하도록 한 결과 마침내 새로운 나라를 세운 문왕의 이야기입니다.

나라를 새롭게 하려면

〈전2장〉의 마지막 인용구는《시경》〈대아(大雅)〉〈문왕(文王)〉편의 시구입니다. 원래의 시는 "문왕께서 위에 계시니 아, 하늘에서 밝게 빛난다[文王在上 於昭于天]"로 시작해서 "문왕을 본받을 지어다. 만방이 진작하여 믿으리니[儀刑文王 萬邦作孚]"로 끝납니다. 모두 228자에 이르는 긴 시인데, 그중에서 '주수구방 기명유신(周雖舊邦 其命維新)'의 여덟 자만을 인용하여 '新'의 뜻을 풀이하고 있습니다.

이 시의 작자는 문왕의 아들이자 무왕의 아우였던 주공(周公) 희단(姬旦)으로 전해지는데, 주공은 바로 무왕의 뒤를 이어 왕이 된 성왕의 숙부이면서 주나라의 문물제도를 완성한 인물로 유가의 성인이기도 합니다.

이 주공이, 주나라가 상(商)나라를 대신해서 천명을 받은 것은 모두 문왕의 덕택이라고 칭송하는 시가 〈문왕〉이라는 시의 내용입니다. 이 인용구에 나오는 '구방(舊邦)'이라는 말은 오래된 나라라는 뜻인데, 맥락을 알기 위해서는 중국 고대 왕조의 역사에 대한 이해가 필요합니다. 유가 문헌의 기록에 따르면 중국 최초의 왕조는 요(堯)임금이 세운 당(唐)나라입니다. 그리고 요임금은 순(舜)에게 임금 자리를 물려줬는데, 순임금이 다스렸던 나라가 우(虞)입니다. 순임금이 다시 우(禹)임금에게 임금 자리를 물려줬는데 우가 다스린 나라가 하(夏)나라입니다. 그리고 이때부터 부자상속으로 왕위가 전해졌는데 하나라의 마지막 임금이 걸(桀)왕입니다.《서경》의 기록에 따르면 걸왕이 폭정을 저질렀기 때문에 그를 쫓아내고 새로 상(商)나라를 세운 사람이 앞서 목욕통의 주인공으로 소개했던 탕(湯)임금입니다. 상나라는 나중에 은(殷)나라로 이름을 바꾸는데, 이 은나라의 마지막 임금이 탕임금의 후손인 주(紂)입니다. 그리고 역시 《서경》의 기록에 따르면 주왕 또한 걸왕과 마찬가지로 폭정을 저질렀기 때문에 무(武)왕이 그를 쳐부수고 새로 나라를 세웠는데 그게 바로 주(周)나라입니다. 그런데 주나라가 그때 처음 세워진 것은 아닙니다. 그전 문왕 때까지는 천자국인 은나라의 제후국으로 있었고 무왕이 천하를 차지하면서 주나라가 은나라를 멸망시키고 천자국이 된 겁니다. 따라서 여기서 오래된 나라, '구방(舊邦)'이라고 일컬은 것은 바로 문왕 때까지 오랫동안 제후국으로 있었기 때문에 그 사실을 지적한 것입니다.

'기명유신(其命維新)'에서 '기(其)'는 주나라를 가리킵니다. 그러니까 주나라가 명(命)을 받은 것은 새롭다는 뜻인데, 여기서 명은 천명(天命)을 가리킵니다. 유학의 고전에 자주 등장하는 천명이라는 말은 강조하는 방향에 따라 다양한 함의가 있습니다. 이를테면 논어에서 공자가 오십 세에 '지천명(知天命)'했다고 했을 때의 천명은 '하늘이 나에게 무엇을 하도록 명령했는지'를 가리킵니다. 곧 자기 삶의 목적을 찾는 물음에 답한 말입니다. 그리고 《중용》 1장에 나오는 '천명'은 인간 본성의 유래를 찾는 물음에 답한 말로 도덕의 근거를 밝힌 것입니다.

한편 이 대목의 천명은 '하늘이 덕 있는 자에게 명령하여 천자가 되게 한다(天命有德)'는 《서경》 이래의 정치적 천명사상을 이어받은 것입니다. 천명이 곧 통치의 정당성을 뒷받침하는 것이죠. 그런데 천명이 일정하지 않습니다(天命靡常). 무슨 뜻이냐 하면 어떤 통치자가 덕이 있기 때문에 그에게 천명이 주어졌다 하더라도 그 덕을 한결같이 지키지 못하면 천명이 다른 곳으로 떠난다고 봅니다. 그런 상황이 왔을 때 새로운 통치자가 나타나 천명을 바꾸는 것이 바로 혁명(革命)입니다.

《서경》에는 혁명이 두 차례 있었다고 기록하고 있습니다. 곧 하나라 우임금의 마지막 후손이었던 걸왕이 폭군이고 무도했기 때문에 탕임금이 혁명을 일으켜 상나라를 세웠다고 합니다. 그리고 상나라의 마지막 임금인 주왕이 무도했기 때문에 무왕이 혁명을 일으켜 주나라를 세웠다는 거죠. 그래서 주나라가 천명을 새롭게 받았다고 하면 주나라가 새롭게 천명을 받아서 상나라를 멸망시키고 새로운 나라를 세웠다는 뜻이 됩니다. 그런데 이 구절은 본래 《시경》의 〈문왕〉 편에 나오는 내용이므로 천명을 받은 주체를 문왕이라고 이해해야 합니다. 그러니까 이 시를 지은 주공이, 문왕 대에 이르러 천명을 새롭게 받았으니 성왕 당신도 의당 문왕을 본받아서 천명을 잘 지켜야 한다고 경계하는 말입니다.

그럼 문왕이 어떻게 해서 천명을 새롭게 받았는가를 알아야겠죠. 문왕은 본래 왕이 아니라 제후였고 당시의 왕은 천자국인 상나라의 주(紂)였습니다. 그런데 나중에 상나라를 멸망시키고 주나라를 세운 무왕이 자신의 아버지를 추존해서 문왕이라는 시호를 올린 겁니다. 문왕의 시호 '문'은 문덕(文德)을 가리킵니다. 문덕은 무력(武力)의 반대말이죠. 문왕은 일찍이 공자가 "천하의 삼분의 이를 차지하고 있으면서도 은나라를 섬겼다(三分天下 有其二 以服事殷)"고 칭송한 적이 있습니다. 문왕은 상대보다 강한 힘을 가지고 있었지만 무력을 쓰지 않고 폭군이었던 주(紂)에게 복종했던 것이죠. 그 때문에 공자가 "주나라의 덕은 지극하다 이를 만하다(周之德 其可謂至德也 已矣)"고 칭찬했던 겁니다. 그러니까 정확하게 따지면 문왕이 천명을 새롭게 받은 것이 아니라 어디까지나 '자신이 다스리는 백성을 새롭게 함으로써(新民)' 아들인 무왕 대에 이르러 새롭게 천명을 받게 했다는 것이죠. 그럼 문왕이 어떻게 백성을 새롭게 했는가? 이런 질문에 대한 대답이 《사기》〈주본기(周本紀)〉에 실려 있습니다.

〈주본기〉의 문왕에 대한 기록 중에 이런 내용이 있습니다. "서백(문왕)이 남몰래 선행을 많이 했기 때문에 제후들이 모두 그를 찾아 어려운 문제를 판결했다. 이때 마침 우나라 사람과 예나라 사람이 농토의 경계를 문제로 서로 다투었는데 결판이 나지 않았다. 그래서 올바른 판결을 구하기 위해 주나라로 갔다. 두 사람이 서백이 다스리는 주나라 지역에 들어갔더니, 그곳에 사는 사람들은 농사지을 때 밭두둑을 서로 양보하고 나이 많은 사람을 다 같이 공경했다. 우나라와 예나라 사람은 서백을 만나기도 전에 그런 모습을 보고 모두 부끄러워하면서 서로에게 이렇게 말했다. '우리가 다투는 일은 이곳 사람들이 모두 부끄러워하는 일이다. 그러니 어찌 문왕을 찾아가겠는가. 단지 욕을 얻을 뿐이다.' 그러고는 각자 돌아가

서로 양보했다〔西伯陰行善 諸侯皆來決平 於是虞芮之人有獄不能決 乃如周 入界 耕者皆讓畔 民俗皆讓長 虞芮之人未見西伯 皆慙 相謂曰 吾所爭 周人所恥 何往爲 祗取辱耳 遂還 俱讓而去〕." 이 고사가 이른바 우예쟁전(虞芮爭田), 또는 우예지송(虞芮之訟)입니다. 이 일을 전해들은 제후들은 "서백은 천명을 받은 군주다〔諸侯聞之曰 西伯蓋受命之君〕"라고 말했다고 합니다.

그러니까 문왕이 백성을 새롭게 했다는 것은 이런 식으로 백성이 스스로 자신을 새롭게 할 수 있도록 감화한 결과인 것이지요. 문왕의 예는 아니지만 비슷한 경우로 순임금을 들 수 있습니다. 《사기》〈오제본기(五帝本紀)〉에는 "순이 임금이 되기 전, 역산에서 밭갈 때에는 역산의 사람들이 밭두둑을 양보하였고, 뇌택에서 물고기를 잡을 때에는 사람들이 자리를 양보하였고 도자기를 구울 적에는 도공들이 찌그러진 그릇을 만들지 않았다〔舜耕歷山 歷山之人皆讓畔 漁雷澤 雷澤上人皆讓居 陶河濱 河濱器皆不苦窳〕"는 기록이 보입니다. 덕의 감화란 이런 것입니다. 순임금이 양보하는 모습을 보고 곁에 있던 사람들이 순임금을 따라 서로 양보한 결과 각자 자신을 새롭게 한 것입니다. 《대학》에서 인용한 내용은 아니지만 '신민(新民)'의 뜻을 이해하기에 적당한 고사라 하겠습니다.

그리고 이 대목에 나오는 '유신(維新)'이라는 말은 전통적으로는 '나라를 새롭게 한다'는 일정한 뜻으로 쓰였지만 근대에 이르러 새롭게 하는 대상이 무엇이냐에 따라 다양한 뜻으로 쓰이기 시작합니다. 예를 들어 일본의 경우 유신이라고 하면 '근대화를 상징하는 낱말'이기도 합니다. 이른바 메이지유신(明治維新)의 '유신'이 그런 뜻입니다.

그런가 하면 현대 중국의 철학자 펑유란(馮友蘭, 1895~1990)은 '구
방유신(舊邦維新: 오래된 나라를 새롭게 함)'이라는 말을 자주 썼습니다.
펑유란은 1982년 미국 컬럼비아대학교에서 명예박사학위를 받는
데, 그 자리에서 자신의 지난 60년 학문 역정을 정리하는 말로 바
로 이 대목 '주수구방 기명유신(周雖舊邦 其命維新)'의 여덟 글자를 인
용하기도 했습니다. 아마도 자신의 학문은 중국의 오랜 전통을 연
구한 것이지만 그것을 현대화하는 것이 자신의 사명이라는 뜻으로
한 말이겠지요. 특히 1980년대 당시 많은 수의 중국인들이 전통문
화를 부정하고 전면적인 서구화를 지향하는 분위기가 팽배했기 때
문에 더욱 그런 마음이 절실했을 것입니다.

한편 우리 현대사에서 '유신'은 정치적으로 지탄을 받는 용어이
기도 합니다. '유신'이라는 말이 '독재'라는 낱말과 나란히 붙어서 독
재의 상징으로 쓰이고 있죠. '나라를 새롭게 한다'는 본래의 좋은 뜻
을 독재정권이 장기집권을 위해 정치적으로 악용하면서 '유신'이라
는 말이 마치 '독재'를 가리키는 말처럼 왜곡된 것입니다. 마땅히 《대
학》과 《시경》의 본문에 근거해서 그 뜻을 바로잡아야 할 것입니다.

군자의 지극한 도리

이제 〈전2장〉의 마지막 부분을 읽겠습니다. "시고 군자 무소불

용기극(是故 君子 無所不用其極)"이라고 되어 있죠? "이 때문에 군자는 지극한 도리를 쓰지 않는 경우가 없다"는 뜻인데 〈전2장〉의 결론입니다. '군자(君子)'라는 말은 《대학》의 전 10개 장에서 모두 열다섯 차례나 등장합니다. 그러니까 한마디로 《대학》은 군자를 위한 학문이라고 할 수 있습니다. 군자의 '임금 군(君)' 자는 손으로 막대기를 잡고 있는 모양(尹)인 윤(尹) 자 아래에 '입 구(口)' 자가 놓여 있는 글자입니다. 손에 막대기를 잡고 입(口)으로 지시하는 것이 '군(君)' 자의 뜻입니다. 한자에서 손과 관련된 글자는 여러 가지 형태가 있습니다. 예를 들어 손톱을 강조한 글자가 '조(爪)' 자입니다. 그리고 허리를 굽혀 두 손으로 어떤 물건을 붙잡는 모양을 형상한 것이 '절구 구(臼)' 자입니다. 또 두 손을 맞잡은 모양을 그린 것이 '공(共)' 자입니다. '공' 자 아래에 마음 심(心) 자가 붙어 있는 '공(恭)'도 마찬가지입니다. 또 '오른 우(右)' 자에서 '입 구(口)' 자를 뺀 것과 '왼 좌(左)' 자에서 '장인 공(工)' 자를 뺀 부분은 각각 오른손과 왼손을 그린 것입니다. '벗 우(友)' 자에서는 '또 우(又)' 자와 나머지 부분도 손을 그린 것입니다.

다시 말하면 손에 막대기를 들고 이렇게 저렇게 지시하는 사람이 바로 '임금 군(君)' 자의 뜻입니다. 그래서 임금이라는 뜻으로 쓰이는 거죠. 그런데 이 글자는 단순히 임금이라는 뜻만 지니고 있는 것이 아니라 임금이 될 만한 사람, 그러니까 사람들에게 지시할 만한 훌륭한 품성을 지니고 있는 사람을 가리키기도 합니다. 그래서 상대를 높여서 부를 때 '군(君)'이라고 합니다. 어떤 사람의 가능성을 보고 훌륭한 사람이라고 호칭하는 거죠. 그리고 이 글자에 존칭으로 쓰이는 '아들 자(子)' 자를 붙인 것이 군자(君子)입니다. 그러니 군자는 훌륭한 지도자, 또는 훌륭한 지도자가 되기 위해 노력하는 사람입니다. 그럼 어떤 사람이 훌륭한 지도자일까요? 공동체를 위해 좋은 결정을 내리는 사람, 그가 훌륭한 지도자라 할 수 있을 것입니다. 그럼 좋은 결정을 내리기 위해서는 어떻게 해야 하는가? 이 질문에 대해《대학》의 저자는 "자신을 돌아볼 줄 알아야 한다"고 대답합니다. 앞으로 이 주제와 밀접한 내용이 나올 때 다시 말씀드리겠습니다.

군자의 뜻을 가장 잘 드러낸 사람은 두말할 것 없이 공자입니다.《논어》에는 군자라는 말이 모두 106차례나 등장합니다. 그런데 《논어》에 나오는 군자는 완성된 인격체가 아니라 과정 속에 있는 사람입니다. 유학에서 말하는 이상적인 인간은 성인(聖人)입니다. 그리고 성인이 되기 위해 노력하는 사람이 바로 '군자'인 것이지요.

이 대목은 그런 군자가 자신과 공동체를 위해 일할 때 어떻게 하는지 이야기하고 있는 결론입니다. '무소불용기극(無所不用其極)'은 "지극한 도리를 쓰지 않는 경우가 없다"는 뜻입니다. 여기서 '무소(無所)'는 '~하는 경우가 없다'는 말인데, '언제 어디서든, 나를 위해서든 다른 사람을 위해서든 한결같다'는 뜻을 함축하고 있습니다. '불용(不用)'은 쓰지 않는다는 뜻입니다. 그리고 '극(極)'은 다소 부정적 의미로 쓰일 때는 이 지경(地境)이라는 뜻이나 극단(極端)이라는 뜻으로 쓰이지만, 여기서는 최선(最善)을 뜻합니다. 그래서 "최선의 도리를 쓰지 않음이 없다(無所不用其極)"라고 풀이할 수 있습니다. 군자는 자기 자신을 수양할 때나 백성을 다스릴 때나 나라를 다스릴 때나 언제나 최선의 도리를 다한다는 의미입니다. '극'이라는 글자에서 "이만하면 되겠다"는 식이 아님을 알 수 있습니다. 이런 점에서 '극'은 《중용》의 중(中)과 같습니다. 《중용》에서 중(中)의 예를 들면서 순임금이 백성을 다스릴 때 "양단(兩端), 두 극단을 잘 다스려서 그중에서 가장 좋은 것(中)을 백성에게 썼다(執其兩端 用其中於民)"고 말합니다. 여기의 '중'이 바로 최선입니다. 《대학》의 '극'과 같은 뜻입니다. 그래서 "군자는 언제 어디서든 최선을 다하지 않음이 없다"는 뜻이 됩니다. 최선은 결국 모든 사람이 다 '지어지선', 지선의 경지에 가서 머무는 겁니다. 앞서 좋은 결정을 내리는 사람이 좋은 지도자라고 했지요? 《대학》의 작자는 모든 사람이 '지어지선'할 수 있게 인도하는 것이 가장 좋은 결정이라고 생각한 것입니다. 모든 사람에게 좋은 결정이 가장 좋은 결정이라는 것이죠.

이런 식의 사유는 18세기 서구 사회의 계몽주의 철학자들이 지녔던 태도와 흡사합니다. 그들은 스스로 세계주의자라고 생각하고 한 집안이나 한 지역의 이해를 넘어 인류의 이익을 높이려 했다는 점에서 《대학》의 평천하와 유사한 신념을 가졌던 것으로 보입니다. 피터 게이(Peter Gay, 1923~2015)라는 계몽주의 연구자가 쓴 《계몽주의의 기원(The Enlightenment: An Interpretation)》에 따르면 디드로(Denis Diderot, 1713~1784)는 이런 편지를 쓴 적이 있습니다. "친애하는 데이비드, 당신은 모든 민족에 속한 사람이오. 당신은 불행한 사람에게는 절대로 출생증명서를 보여 달라고 요구하지 않을 사람이지요. 당신처럼 나도 이 세계라는 큰 도시의 시민이라고 믿고 있지요." 빌란트(Christoph M. Wieland, 1733~1813) 또한 "진정한 세계주의자만이 훌륭한 시민이 될 수 있다. 그만이 우리에게 맡겨진 위대한 일을 해낼 수 있다. 그것은 인류를 계발하고 계몽하고 고상하게 만드는 임무다"라고 했고, 또 기번(Edward Gibbon, 1737~1794)은 "애국자는 자기 조국의 독점적인 이익과 영광을 생각하고 증진할 의무가 있다. 그러나 철학자는 자신의 관점을 더욱 넓히고, 유럽을 커다란 공화국으로 생각하여, 거기 사는 다양한 주민들이 거의 똑같은 수준으로 교양을 갖추게 만들어도 좋을 것이다"라고 했다. 아무리 봐도《대학》의 내용과 판박이입니다.

사실 17세기에 이미 예수회 선교사들이《대학》을 비롯한 유가의 주요 문헌을 번역하여 유럽에 소개합니다. 당연히 계몽주의 철학자들이 읽었겠지요.《관용론(Traité sur la tolérance)》으로 유명한 철학자 볼테르의 저술에는《논어》가 인용되어 있고, 루소의《에밀》에도《맹자》의 영향이 분명하게 보입니다. 자기 집안이나 한 나라의 이해를 넘어 온 천하 사람들이 다 지선(至善)의 경지, 최선(最善)의 경지에 나아가 머무르기를 바라는 사람을《대학》에서는 군자(君子)라 했습니다. 그렇다면 18세기 서구의 계몽사상가들 또한 전인류를 상대로 계몽을 주장했다는 점에서 '계몽군자(啓蒙君子)'라고 불러도 좋을 것입니다.

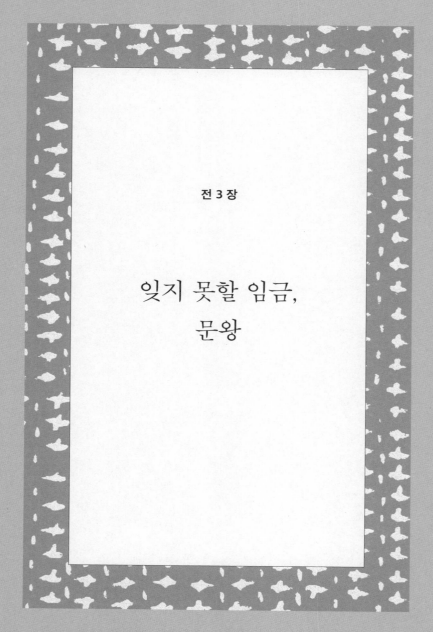

전 3 장

잊지 못할 임금,
문왕

마땅히 머물러야 할 곳은 어디인가?

〈전2장〉에서 군자가 지니는 한결같은 태도를 이야기하면서 마무리했는데 이제 〈전3장〉에서는 역사적으로 어떤 사람이 군자로 칭송받았는지 《시경》의 시구를 인용하면서 밝히고 있습니다. 원시의 출처를 기준으로 추정하면 상나라 탕임금과 주나라 무왕, 그리고 위(衛)나라 무공 등이 주인공으로 등장합니다만, 세 번째 인용시구에 '거룩하신 문왕〔穆穆文王〕'이라고 지칭한 표현에서 알 수 있듯이 이 장 전체의 주인공은 주나라 문왕이라고 할 수 있습니다. 그러니까 원시에서는 각기 다른 주인공을 칭송한 시구도 여기서는 일단 문왕을 칭송하기 위해 빌려온 표현으로 보아야 합니다. 왜냐하면 〈전3장〉의 주제는 어떤 왕이 세상을 떠난 뒤에도 백성들이 그를 그리워하여 잊지 못하는 내용인데 그에 합당한 구체적 덕행을 기술한 대목이 바로 문왕을 칭송하는 세 번째 시구에 드러나 있기 때문입니다.

문왕은 유학에서 '요·순·우·탕·문·무·주·공(堯舜禹湯文武周孔)'으로 나란히 일컬어질 만큼 성인(聖人)의 대표로 떠받들어지는 인물인데 인용된 시구의 내용에 따르면 문왕은 세상을 떠난 뒤에도 백성이 잊지 못합니다. 문왕은 어떻게 잊히지 않는 임금이 되었을까? 〈전3장〉을 읽으면서 그 이유를 찾아보겠습니다.

《시경》에 이르길 "천자가 다스리는 기내 천리의 땅, 백성이
가서 머물러야 할 곳이다"라 했다.

詩云 邦畿千里여 惟民所止라하니라.

《시경》에 이르길 "끊임없이 우짖는 꾀꼬리여, 언덕 모퉁이(깊
은 숲속)에 가서 머무는구나"라고 했는데, 공자께서는 이를 두
고 "머물 때에 마땅히 가서 머물러야 할 곳을 아니 사람이면
서 새만 못해서야 되겠는가"라 하셨다.

詩云 緡蠻黃鳥여 止于丘隅라하여늘 子曰 於止에 知其所止로소니
可以人而不如鳥乎아 하시니라.

《시경》에 이르길 "거룩하신 문왕이여. 아아, 끊임없이 자신의
덕을 밝혀서 경(敬)에 머무르셨다"라하니, 임금이 되어서는 인
(仁)에 머무셨고, 신하가 되어서는 경(敬)에 머무셨고, 자식이
되어서는 효(孝)에 머무셨고, 어버이가 되어서는 자(慈)에 머
무셨고, 나라 사람들과 사귈 때에는 신(信)에 머무셨다.

詩云 穆穆文王이여 於 緝熙敬止라하니 爲人君엔 止於仁하시고 爲

人臣엔 止於敬하시고 爲人子엔 止於孝하시고 爲人父엔 止於慈하시고 與國人交엔 止於信이러시다.

첫 번째 인용 시구는《시경》〈상송(商頌)〉〈현조(玄鳥)〉편의 구절입니다. 편명 '현조'는 '검은 새'라는 뜻인데 제비를 가리키고, 현조라는 시가 포함되어 있는 묶음 단위가 '상송'입니다.《시경》의 시를 전통적 방식으로 분류할 때 문체별로 나누면 '흥(興)', '부(賦)', '비(比)'의 세 장르가 있고, 쓰임새에 따라 나누면 '풍(風)', '아(雅)', '송(頌)'의 세 장르가 있습니다. 문체별 분류 중에서 '흥'과 '비'는 비유를 적극적으로 활용한 작품을 일컫습니다. 그러니까 다른 사물을 빌려와 비유하는 방식으로 시인이 이야기하고자 하는 정서를 표현하는 문체입니다. 이런 유형의 작품은 비유를 얼마나 적절하게 구사하느냐에 따라 시의 품격이 달라지죠. 이런 시의 장점은 비유나 암시를 통해 감히 하기 힘든 말을 할 수 있다는 것이겠죠. 그런데 '부'는 비유를 빌리지 않고 하고 싶은 이야기를 기술하는 방식의 작품을 가리킵니다. 빙빙 돌리지 않고 단도직입적으로 표현하는 겁니다.

그리고 시의 작자가 속한 신분, 또 시가 어떤 용도로 쓰였느냐에 따라 '풍', '아', '송'으로 나누기도 하는데, 이 경우 '풍'은 여러 나라의 민간에서 불린 민속가요를, '아'는 제후국이나 천자국에서 제례를 비롯한 중요 행사를 치를 때 연주되고 불린 음악에 딸린 시를, '송'은 문자 그대로 찬송가(讚頌歌)인데, 제후국이나 천자국의 선조들 중에서 훌륭한 인물을 칭송하는 내용의 시를 가리킵니다.

따라서 여기의 〈상송〉은 상나라 선조들의 업적을 찬송한 노랫말을 엮은 편이라고 생각하시면 됩니다. 그리고 여기서는 '현조'라는 시가 두 구만 짧게 인용되어 있어서 전체의 내용을 짐작하기 어렵지만, 원시는 상나라 시조의 탄생을 시작으로 탕임금을 칭송하는 내용에 이르기까지 무척 재미있는 이야기로 가득합니다. 약술하면 상제(上帝)가 제비를 시켜 상나라를 탄생하게 한 뒤 탕임금에 이르러 천하를 차지하게 되었다는 내용입니다.

《사기》〈은본기(殷本紀)〉에 따르면 은(상)나라의 시조는 설(契)이고 어머니는 간적(簡狄)입니다. 어느 날 간적이 목욕하러 갔다가 제비가 떨어뜨린 알(卵)을 삼킨 뒤 임신하여 설을 낳습니다. 설은 자라서 우(禹)를 도와 치수에 공을 세웠고 순임금 때 사도(司徒)가 되어 백성의 교육을 담당한 것으로 기록되어 있습니다. 이 설의 13세손인 탕이 걸왕을 쳐부수고 상나라가 천하를 다스리게 되었는데, 이 대목에서 인용한 구절은 바로 탕이 다스리는 지역이야말로 백성들이 마땅히 가서 머물러야 할 곳이라고 칭송하는 내용입니다.

방기천리(邦畿千里)라고 했는데 여기서 '방기(邦畿)'는 천자가 직접 다스리는 직할지인 기내(畿內)의 영토를 말하고, 천리(千里)는 그 넓이가 사방 천리라는 뜻입니다. 중국은 영토가 넓은 나라죠. 물론 탕임금이 다스리던 고대의 은(周)나라는 그리 넓지 않았습니다. 주나라 시대까지 내려온다 하더라도 장강(長江) 이북과 황하(黃河)유역을 중심으로 한족(漢族)이 통치하던 지역은 지금의 중국에 비하면 매우 좁았습니다. 하지만 아무리 좁게 잡아도 직접 통치가 쉽지 않을 만큼 넓은 지역입니다. 지금도 중국의 일부 지역을 여행할 때면 시간이 다르게 흐르는 것처럼 느껴질 때가 많습니다. 우리나라 지도에 익숙해 있다가, 중국 지도의 척도에 적응하기 위해서는 시간이 꽤 걸립니다. 저도 지도상으로는 몇 센티미터 안 되는 곳을 가려고 계획을 세웠는데, 정작 가보니 몇백 킬로미터가 되는 거리여서 당황했던 경우가 있습니다.

어쨌든 광대한 지역을 통치하려면 정치적으로도 특별한 방법이 필요합니다. 주나라 시대에 고안된 봉건제도 또한 그런 통치 방법 중 하나입니다. 이를테면 여기의 표현처럼 기내는 천자가 직접 통치하고 나머지 지역은 제후들에게 영토를 나누어주고 제후국을 세워서 대신 통치하게 하는 겁니다. 교통과 통신이 발달하지 않아서 직접 다스리는 것이 불가능했기 때문입니다. 명령이 한 번 전달되는 데 몇 달 걸리고, 다시 명령의 결과를 보고하는 데 또 몇 달 걸리니 통치가 될 리 없습니다. 예로 《주례(周禮)》에는 천자가 죽으면 장례 기간을 7개월로 한다고 기록하고 있는데, 주나라 바깥 사방의 이웃나라에서 조문 사절단이 모두 도착하려면 6개월 이상이 걸리기 때문이라고 했습니다. 이런 문제를 해결하기 위해서 혈연이 가까운 사람들에게 영토를 나누어주고 대신 다스리게 한 것이 봉건제도입니다.

아무튼 이 대목은 탕임금이 백성을 잘 다스렸기 때문에 그가 다스리는 지역이 백성이 머물기에 마땅한 곳이라는 뜻입니다. 하지만 말씀드린 것처럼 이 시구 또한 문왕을 칭송하기 위해 빌려온 구절이므로 문왕이 다스리는 지역이야말로 백성이 마땅히 가서 머물러야 할 곳이라는 뜻으로 이해해야 합니다. '민(民)'은 백성이고 '소지(所止)'의 '지(止)'는 바로 '지어지선(止於至善)'의 '지' 자와 같죠. 이때의 '지' 자는 그저 멈춘다는 뜻이 아니라 '가서 머문다'는 뜻이라고 말씀드렸습니다. 그러니까 백성이 마땅히 가서 머물러야 할 곳이 바로 문왕이 다스리는 그 나라, 곧 인정이 펼쳐지는 곳이라는 뜻입니다.

그리고 유민소지(惟民所止)의 '유(惟)'는 해석할 필요가 없는 허사로 구(句) 앞에 놓이는 일종의 어조사(語助辭)라고 보시면 됩니다. 이 글자가 《서경》에는 '惟', 《주역》에는 '唯', 《시경》에는 '維' 자로 각기 다르게 표기되어 있지만 모두 같은 역할을 하는 글자입니다. 그리고 이 인용구에는 '惟'로 되어 있습니다만 《시경》의 원시에는 '維'로 표기되어 있다는 사실도 참고로 알아두시기 바랍니다.

마땅히 가서 머물러야 할 곳, 인(仁)

다음의 시구는 《시경》〈소아(小雅)〉〈민만(緡蠻)〉 편에서 인용한 구절인데 여기서는 '민만'으로 표기되어 있지만 《시경》에는 '면만(綿蠻)'으로 되어 있습니다. 이처럼 고전에는 같은 내용의 글이 다른 글자로 표기되어 있는 경우가 많은데, 글자의 음이 비슷하면 통용해서 쓰는 경우도 있고, 임금이나 조상의 이름에 쓰이는 특정 글자를

피하기 위해 의도적으로 글자를 바꾸어 쓰는 피휘(避諱)인 경우도
있습니다. 물론 전승이 잘못되거나 베껴 쓰는 과정에 착오를 범한
경우도 있습니다. 여기서는 발음이 비슷하기 때문에 통용해 쓴 경
우로 보시면 됩니다.

이 시는 본래 지위가 낮은 신하가 대신들의 실정을 풍자하는 시
로 보는 게 일반적이지만, 여기서는 다른 시구와 마찬가지로 문왕
의 덕을 칭송하기 위해 빌려온 것입니다. 앞서 말씀드렸던 '극명덕'
의 예처럼 《대학》의 작자가 자신의 뜻을 표현하기 위해 단장취의한
것이죠.

시구를 그대로 풀이하면 "끊임없이 우짖는 꾀꼬리여, 언덕 모퉁
이에 가서 머무는구나"라는 뜻입니다. "시운 민만황조 지우구우(詩
云 緡蠻黃鳥 止于丘隅)"라고 되어 있습니다. '황조(黃鳥)'는 노란 새인데,
보통 꾀꼬리를 말합니다. 그리고 '민만'은 '새가 지저귀는 소리〔鳥聲〕'
로 풀이하는 주석이 많은데, 혹 새가 '민만민만'하고 우는 소리를
들어보신 적 있는지 모르겠습니다. 아마 없을 겁니다. 그래서 새 소
리를 표현한 의성어라기보다 새가 끊임없이 지저귀는 소리를 나타
내는 표현으로 보는 것이 더 적절합니다. '민만'이라는 두 글자 모
두 실 사(糸)가 포함되어 있다는 점도 눈여겨보시기 바랍니다. 새소
리가 끊임없이 이어진다는 것은 결국 새들이 많이 모인다는 뜻입니
다. 새들이 어디로 모이느냐? 새들이 서식하기 좋은 곳에 모이겠죠.
'구우(丘隅)'가 바로 새들이 서식하기 좋은 언덕 모퉁이입니다. 여기
서 '구(丘)'는 작은 산을 가리키고 '우(隅)'는 모퉁이로 구석진 곳, 숲

이 깊은 곳을 말합니다. 그러니까 많은 새들이 숲이 우거진 곳에 둥지를 틀고 머무는 모습을 시로 표현한 것입니다.

그리고 '자왈(子曰)'이라는 표현이 나오는데,《대학》뿐 아니라 어떤 고전이든 '자왈(子曰)' 또는 '자운(子云)'이라고 표기되어 있으면 "선생(子)께서 말씀하셨다"는 뜻으로, 이때의 선생은 공자를 가리킵니다. 정말 공자가 그런 말을 했는지 사실 여부와 상관없이 글을 기록한 사람은 공자가 그런 말을 했다고 간주한 것입니다. 이 경우도 마찬가지입니다. 공자가 아닐 경우에는 '맹자왈(孟子曰)', '노자왈(老子曰)', '장자왈(莊子曰)' 하는 식으로 '자(子)' 자 앞에 성이 표기되어 있습니다. 그럼 왜 그냥 '자왈'이 모두 공자의 말로 간주되었느냐면, 공자가 스승으로 불린 최초의 인물이었기 때문입니다.《논어》는 개인의 어록으로서는 최초의 문헌이죠. 그런데 공자보다 앞선 시대의 스승으로 노자가 있었다고 주장하는 학자도 있고, 실제 공자보다 선배인 노자라는 인물이 있었다고 추정할 만한 기록도 있습니다. 그러나 노자가 지었다고 전해지는 현존의《도덕경(道德經)》을 공자 이전에 성립된 문헌이라 보기는 어렵습니다. 만약 노자가 공자보다 앞선 인물이라면 '자왈'이라고 하는 표현은 "노자가 말했다"는 뜻이 되었을 것입니다.

그리고 이런 식으로 공자의 말을 빌려 시구를 풀이하는 방식은 《논어》나《맹자》에도 자주 보입니다. 요즘도 어떤 시를 비평할 때 권위있는 시인이나 비평가의 말을 빌려오는 경우가 많죠. 오래된 시화(詩話)의 한 형식이라 생각하시면 됩니다.

공자가 풀이한 내용을 읽어보면 "머물 때에 마땅히 가서 머물러야 할 곳을 아니 사람이면서 새만 못해서야 되겠는가"라고 했죠. 새도 자신이 마땅히 머물러야 할 곳을 찾아가서 머물 줄 아는데 사람이 자기가 머물러야 할 곳을 찾지 못해서는 안 된다는 뜻입니다. 역시 원시의 맥락과 상관없이 단장취의하여 교훈을 취한 것입니다. 이런 식의 풀이에서 공자가 자연 사물을 대하는 일관성을 엿볼 수 있습니다.

예컨대 굴원(屈原)의 〈어부사〉에는 굴원이 "온 세상이 다 흐린데 나 홀로 깨끗하고, 모든 사람이 다 취했는데 나 홀로 깨어 있어서 쫓겨났다〔擧世皆濁 我獨淸 衆人皆醉 我獨醒 是以見放〕"고 탄식하자, 어부가 굴원의 태도를 나무라면서 "창랑의 물이 맑으면 내 갓끈을 씻을 것이고, 창랑의 물이 흐리면 내 발을 씻으리라〔滄浪之水淸兮 可以濯吾纓 滄浪之水濁兮 可以濯吾足〕"라고 노래하는 대목이 있습니다. 어부는 창랑의 물이 맑으면 맑은 대로 흐리면 흐린 대로 그에 따라 자신의 태도를 결정하는 것이 마땅하다고 이야기한 것입니다. 그러니까 세상이 깨끗하면 깨끗하게 행동하고, 세상이 더러우면 함께 더러운 짓을 하면 되는 것이지 무엇 때문에 홀로 깨끗한 척, 잘난 척하느냐고 굴원의 태도를 풍자한 것이지요.

그런데 어부의 이 노랫말은 《맹자》에도 기록되어 있습니다. 《맹자》에는 어느 어린아이가 이 노래를 부르자, 공자가 듣고 제자들에게 "어린 제자들은 잘 들어두어라. 물이 맑으면 갓끈을 씻고 물이 흐리면 발을 씻으니 모두 물이 스스로 초래한 것이다〔小子聽之 淸斯

濁纓 濁斯濯足矣 自取之也)"라고 말합니다. 똑같은 노랫말이지만 받아들이는 관점이 전혀 다르죠. 어부의 경우는 창랑의 물을 세상에 견주어서 '세상이 깨끗하면 나도 깨끗하게, 세상이 더러우면 나도 더럽게'라는 뜻으로 이해했는데, 공자의 경우는 창랑의 물을 자신에 견주어서 '내가 깨끗하면 깨끗한 사람이 모이고 내가 더러우면 더러운 사람이 모여든다'고 이해한 것입니다.

《대학》의 이 인용구나 《맹자》에 인용된 대목을 보아도 매사에 성찰적인 유학의 특징이 보입니다. 새가 지저귀는 모습을 보아도, 흐르는 물을 보아도, 푸른 대나무를 보아도, 아름답게 핀 국화를 보아도 모두 올바른 행동을 하라는 교훈을 이끌어냅니다. 모든 자연 사물을 나의 도덕적 행위를 촉구하는 신호로 받아들이는 것이죠. 사실 새가 사람에게 교훈을 주기 위해 숲속에 둥지를 트는 것도 아니고, 물이 사람을 비추기 위해 존재하는 것도 아니지만 사람은 그런 존재를 보면서 자신을 돌아볼 줄 압니다. 군자냐 아니냐는 바로 그런 성찰을 하느냐 아니냐에 달려 있다고 하겠습니다.

이 시구도 마찬가지입니다. 원시는 새들이 깊은 숲에서 지저귀는 모습을 그리고 있는데, 공자는 새들이 깊은 숲에 머무는 것처럼 사람은 인정이 베풀어지는 곳에 가서 사는 것이 마땅하다고 풀이한 것입니다. 그런데 어떤 곳에 가서 머무는 행위는 단순히 공간을 선택하는 일일 뿐 아니라 추구하는 가치와 연관되어 있습니다.

이를테면 《논어》 〈이인(里仁)〉 편의 첫 번째 문장에 "마을에 어진 풍속이 있는 것이 아름답다(里仁爲美)"는 내용이 있습니다. 여기서 마을을 '이(里)'로 표기하고 있는데 '이'는 거리 단위이기도 합니다. 시대에 따라 다르지만 10리를 4킬로미터 정도로 환산할 수 있습니다. 그럼 1리는 400미터가 되겠죠. 그래서 여기서의 '이'는 사방 400미터쯤 되는 작은 마을을 가리킵니다. 주희의 풀이에 따르면 그런 마을에 '인(仁)'이 있는 것, 곧 어진풍속(仁厚之俗)이 있는 것이 아름답다는 뜻입니다.

그런데 '이인'의 '이'를 '거(居)'의 뜻으로 보고 이 구를 '인에 머무는 것(居仁)', 곧 인을 실천하는 것이 아름답다는 뜻으로 풀이하는 견해도 있습니다. 《맹자》에 '거인유의(居仁由義)'라고 해서 인을 사람이 마땅히 머물러야 할 편안한 집(人之安宅)으로 의(義)를 사람이 걸어가야 할 올바른 길(人之正路)에 비유한 대목이 있고 보면, 이런 풀이가 더 간명하긴 합니다. 하지만 그렇다고 해서 주희의 풀이를 버릴 필요는 없습니다.

어떤 한 사람이 인(仁)한 것은 물론 아름다운 일이지만, 어떤 공동체가 인하다면 더 아름답지 않겠습니까? 결국 '인'이라고 하는 게 다른 사람에 대한 배려거든요. 그러니까 온 마을 사람이 모두 타인을 환대하고 배려하는 풍속을 따라 살아가고 있다면 참으로 아름다운 일이지요. 그러니 모름지기 그런 곳을 골라 머물러야 합니다. 그래서 《논어》〈이인〉편에 이어서 이야기하기를 "사람이 그런 곳을 골라 어진 마을에 머물지 않는다면 어찌 지혜로울 수 있겠는가(擇不處仁 焉得知)"라고 한 것입니다. 이 말은 어느 곳에 어진 마을이 있는데 그 마을에 가서 살면 좋다는 뜻이라기보다 자기 마을의 풍속을 인하게 만들어야 한다는 말로 이해해야 할 것입니다. 18세기 조선의 실학자 이중환(李重煥, 1690~1756)이 쓴 지리서 《택리지(擇里志)》의 '택리(擇里)'는 바로 《논어》 〈이인〉 편의 문구에서 따온 겁니다. 그래서 '택리지'는 살아야 할 어진 마을을 고르는 방법을 기록한 책이란 뜻입니다.

차별하지 않았던 문왕의 덕행

이제 〈전3장〉의 주인공 문왕이 등장합니다. 《시경》 〈대아〉 〈문왕〉 편을 인용한 대목입니다. "거룩하신 문왕이여〔詩云 穆穆文王〕"라는 구는 문왕의 성대한 덕을 칭송한 표현입니다. '목목(穆穆)'은 주희의 주석에 따르면 '깊고 먼 뜻〔深遠之意〕'라고 되어 있으니 생각이 깊고 멀리까지 미친다는 뜻인데, 우리말로는 거룩하다는 뜻으로 이해하시면 됩니다. 이어서 "아! 끊임없이 자신의 덕을 밝혀 경(敬)에 가서 머무셨다〔於緝熙敬止〕"고 말합니다. '오(於)'는 어조사로 읽을 땐 '어'로 읽고, 감탄사로 읽을 땐 '오!'로 읽습니다. 여기서는 감탄사입니다. '집(緝)'은 '끊임없이 계속'이란 뜻입니다. 그리고 '희(熙)'는 주희가 풀이한 것처럼 밝게 빛난다〔光明〕는 뜻인데, 원래 빛을 뜻하는 광(光) 자는 불 화(火) 자 밑에 사람 인(人) 자가 있는 모양입니다.

경복궁 정문 이름이 광화문(光化門)이죠? '화(化)'는 교화하다, 다스린다는 뜻입니다. 그럼 무얼 가지고 다스리는가? 빛으로 다스린다는 뜻입니다. 그런데 이 빛은 사람에게서 나오는 빛을 가리킵니다. 사람에게서 무슨 빛이 나오는가? 덕지광(德之光), 곧 덕의 빛이 나옵니다. 그러니까 광화문은 덕의 빛으로 다스리는 문이라는 뜻입니다. 그렇다면 광화문만 그럴까요? 창덕궁 정문은 돈화문(敦化門)이죠. '돈화'는 《중용》의 '대덕돈화(大德敦化)'에서 따온 말입니다. 큰 덕으로 다스리는 문이라는 뜻인 거죠. '대덕(大德)'은 어떤 특정 사람만 교화하고 아름답게 여기는 것이 아니라, 모든 사람을 다 두텁게 교화한다는 뜻입니다. 그리고 덕수궁의 정문 이름은 인화문(仁化門)이죠. '인(仁)'은 덕의 으뜸이잖아요. 그러니까 조선의 궁궐은 전부 큰 덕으로 다스린다는 뜻이 담겨 있는 셈입니다. 조선이라는 나라는 문치(文治), 문덕(文德)을 가지고 천하를 다스린다는 유학의 이념으로 세워진 나라이니까요. 덕으로 다스리니까 경복궁을 비롯한 궁궐의 담장을 그렇게 야트막하게 세워놓은 겁니다.

빛을 밝힌다는 뜻은 곧 덕을 밝히는 겁니다. 빛을 뜻하는 광(光)자의 의미를 자세히 알아보았는데, 이 대목에 나오는 '희(熙)' 자도 같은 뜻으로 덕을 밝게 빛낸다는 뜻입니다. 그럼 문왕이 무슨 덕을 어떻게 밝혔단 말인가? '경지(敬止)'라는 표현에서 알 수 있듯이 문왕은 경(敬)이라는 덕을 밝혔습니다. 그리고 그 경이 구체적으로 어떤 조목으로 표현되고 있는지 이어지는 대목에서 알 수 있습니다.

다음에는 문왕이 왜 잊히지 않는 임금이 되었는지 짐작할 수 있는 내용이 이어집니다. 먼저 문왕이 임금으로서 어떻게 행동했는지 기술되어 있습니다. 문왕이 천자는 아니었지만 서백(西伯)이었으니 한 지역의 통치자였습니다. 이 장에서는 통치자로서 문왕의 행위를 "남의 임금이 되어서는 인에 가서 머무셨다〔爲人君 止於仁〕"라고 표현했습니다. '인(仁)'이 뭡니까? 공자가 '애인(愛人)'이라고 대답한 것처럼 사람을 사랑하는 것이 인입니다. 그런데 이 사랑을 확장하면 정치적인 덕목이 됩니다. 유학은 기본적으로 정치 지향적이죠. 《대학》의 경우에도 마찬가지입니다. 〈경1장〉에 기술된 내용을 돌이켜보면, 명명덕을 시작으로 지어지선에 이르고, 수신을 가장 중요한 덕목으로 강조하지만 목적은 평천하에 있죠. 지어지선은 천하의 모든 사람들이 지선에 가서 머물게 하는 것이고, 평천하는 천하를 고르게 다스리는 것이죠. 이런 걸 정치라고 합니다. 마찬가지로 사람을 사랑하는 인 또한 개인적 차원에 머물면 인심(仁心)에 그치지만 천하의 모든 사람에게 미쳐 가면 정치적인 덕목인 인정(仁政)이 되는 것입니다. 인정은 모든 백성을 사랑하는 것이죠. 차별 없이 백성을 사랑하는 것이 인정입니다.

그러니까 개인의 인은 인심이지만 통치자의 인은 인정으로 나타나는 겁니다. 그래서 맹자도 "사람은 누구나 남에게 차마하지 못하는 마음을 가지고 있다. 선왕은 남에게 차마하지 못하는 마음을 가지고 남에게 차마하지 못하는 정치를 베풀었다〔人皆有不忍人之心 先王有不忍人之心 斯有不忍人之政矣〕"고 한 것입니다. 그럼 인정의 구체적인 내용은 무엇이냐?《맹자》에 따르면 "문왕이 인정을 베풀 때 네 부류의 사람을 우선했다〔文王發政施仁 必先斯四者〕"고 합니다. 이른바 환과고독(鰥寡孤獨), 곧 '홀아비, 과부, 고아, 혼자 사는 노인'을 먼저 돌보았다는 것입니다. 약자부터 먼저 보살피는 것이죠. 차별 없는 사랑이라면 강자든 약자든 똑같이 돌보아야지 왜 약자를 먼저 보살피는 것이 차별 없는 사랑이냐? 생각해보십시오. 어떤 공동체에서 약자가 보살핌을 받는다면 강자가 보살핌을 못 받을 리가 있겠습니까? 약자가 보살핌을 받는 세상이 바로 차별 없는 세상입니다.

심지어 《맹자》에는 《시경》을 인용해서 "부자들은 괜찮지만 이 외로운 사람들이 불쌍하다〔哿矣富人 哀此煢獨〕"라고 하면서 아예 '부자들은 걱정할 필요가 없다'고까지 이야기하고 있습니다. 사실 흉년이 들어 굶주리는 시절이 되면 부자들도 힘들겠죠. 하지만 부자들과 가난한 이들의 고민은 층위가 다릅니다. 부자들은 '무엇을 먹을 것이냐'를 두고 고민하지만, 가난한 사람들은 '먹느냐 굶느냐'는 문제가 고민거리가 되는 거죠. 이걸 같은 수준의 고민으로 볼 수는 없겠지요. 그래서 '부자들은 괜찮지만'이라고 표현한 것입니다. 모든 사람을 차별하지 않는다는 말은 '약자를 차별하지 않는다'는 말과 같습니다.

이어서 "남의 신하가 되어서는 경(敬)에 머무르셨다〔爲人臣 止於敬〕"라고 기술하고 있습니다. 여기의 '경'은 앞에 나온 '오집희경지(於緝熙敬止)'의 경보다 범위가 좁은 개념으로 '신하로서 임금의 일을 공경했다'는 뜻입니다. 문왕은 성이 희(姬)이고 이름이 창(昌)인데 본래 왕이 아니라 천자였던 은나라 주(紂)왕의 신하였죠. 그리고 역사적으로 사실인지 아닌지 논란거리이기는 합니다만, 《논어》에 전해지는 기록에 따르면 천하의 3분의 2를 차지하고 있었는데도 주왕을 정벌하지 않고 복종했다(三分天下 有其二 以服事殷)고 합니다. 그래서 공자가 주나라의 덕이 성대하다고 높이 평가한 것입니다. 무력을 가지고 있지만 무력을 쓰지 않고 덕으로 다스렸다는 거죠.

계속해서 "자식이 되어서는 효(孝)에 가서 머무셨고(爲人子 止於孝)", "어버이가 되어서는 자(慈)에 가서 머무셨고(爲人父 止於慈)", "나라 사람들과 사귈 때에는 신(信)에 가서 머무셨다(與國人交 止於信)"라고 기술하고 있습니다. '효'는 부모에 대한 자식의 사랑이고, '자'는 자식에 대한 어버이의 사랑이고, '신'은 벗으로 사귀는 사람 간의 신뢰(信賴), 믿음을 뜻하죠. 한 사람이 어떤 이의 자식이면서 또 어떤 이의 어버이이기 때문에 이렇게 표현한 것입니다. 물론 어떤 사람의 친구이면서, 연장자이면서, 제자이기도 하죠. 여기서는 군신, 부자, 붕우라는 세 종류의 인간관계를 기준으로 말했지만 열 가지 백 가지가 될 수도 있습니다. 공동체 내에서 한 사람의 역할은 한정된 영역에 머물지 않습니다. 그때그때 달라지죠.

이 대목은 유학의 인간관계론을 이해하는 데 중요한 시사를 줍니다. 예를 들어 《논어》〈안연(顏淵)〉 편에는 '군군 신신 부부 자자(君君 臣臣 父父 子子)'라는 내용이 나옵니다. 제나라 경공이 공자에게 정치하는 도리에 대해 묻자 공자가 대답한 말이죠. 이 말을 글자 그대로 풀이하면 "임금은 임금다워야 하고, 신하는 신하다워야 하고, 어버이는 어버이다워야 하고, 자식은 자식다워야 한다"는 뜻입니다. 그런데 이 대목을 "임금은 임금이고 신하는 신하고 어버이는 어버이고 자식은 자식이다"라는 식으로 읽어서 한번 정해진 명분(명분)은 절대 바꿀 수 없다는 식으로 이해해서 비판하는 경우가 많습니다. 이를테면 프랑스의 정신분석학자 슬라보예 지젝(Slavoj Žižek, 1949~)도 이 대목을 그런 식으로 인용하면서 공자야말로 멍청이의 원조라는 식으로 이야기한 적이 있습니다. 지젝의 설명에 따르면, 이런 식으로 어떤 사회에 한 사람의 역할을 고정시켜놓고 문제가 생겼을 때 사람들이 각자 자신의 역할에 충실하면 문제가 해결되리라고 생각하는데, 사실은 그렇지 않다는 겁니다. 그러니까 지젝은 이 대목을 "임금은 임금대로 신하는 신하대로 어버이는 어버이대로 자식은 자식대로 각자 자신의 역할에 충실하면 된다"는 맥락으로 읽은 것입니다. 그렇게 보면 멍청한 이야기가 맞습니다. 멍청하게 읽으면 멍청한 공자가 나오는 거죠.

하지만 《논어》의 이 대목은 "임금이 되어서는 임금다워야 하고, 신하가 되어서는 신하다워야 하고, 어버이가 되어서는 어버이다워야 하고, 자식이 되어서는 자식다워야 한다"는 의미로 보아야 정확합니다. 군군(君君)에서 앞의 군(君) 자는 임금으로서의 존재를 가리키는 것이고 뒤의 군(君) 자는 임금으로 마땅히 실천해야 할 덕목을 가리킵니다. 신신(臣臣), 부부(父父), 자자(子子)의 경우도 마찬가지입니다. 왜 그렇게 해석해야 하느냐 하면 이어지는 제나라 경공의 말이 "임금이 되어서 임금답지 못하고 신하가 되어서 신하답지 못하고 어버이가 되어서 어버이답지 못하다면(君不君 臣不臣 父不父 子不子)"이라는 표현이 나오는데 아닐 불(不) 자는 구문상 용언을 부정하는 역할을 하기 때문에 불군(不君), 불부(不父), 부자(不子)의 군(君),

117

부(父), 자(子)는 모두 임금답다, 신하답다, 어버이답다, 자식답다는 뜻으로 이해해야 정확합니다. 따라서 군불군(君不君)은 임금이 되어서 임금답게 행동하지 못했다는 뜻입니다. 군불군이 그런 뜻이라면 군군(君君)도 당연히 임금이 되어서는 임금다워야 한다는 뜻으로 이해해야겠죠.

그럼 임금이 되어서는 뭘 하느냐? '인(仁)'을 실천하는 거죠. 신하가 되어서는 뭘 하느냐? '경(敬)'을 실천하는 거죠. 마찬가지로 어버이가 되어서는 '자(慈)'를 실천하는 거고 자식이 되어서는 '효(孝)'를 실천하는 겁니다. 말씀드린 것처럼 한 사람은 어떤 이의 자식이면서 동시에 어버이이고, 연장자이면서 제자이기도 합니다. 한 사람이 경우에 따라서 임금, 신하, 어버이, 자식 등과 같이 다양한 처지가 될 수 있습니다. 결국 내가 임금이라면, 신하라면, 어버이라면, 자식이라면 어떤 도리를 다해야 하는지를 말하고 있는 대목입니다. 〈전 3장〉의 이 시구에서는 다양한 관계에서 모두 올바른 도리를 실천한 인물로 문왕을 든 것이고요. 이런 맥락을 알고 《논어》에 나오는 '군군 신신 부부 자자(君君 臣臣 父父 子子)'를 읽으면 "임금이 되어서는 임금다워야 하고, 신하가 되어서는 신하다워야 하고, 어버이가 되어서는 어버이다워야 하고, 자식이 되어서는 자식다워야 한다"는 뜻으로 이해할 수 있습니다.

그리고 문왕이 임금이 되어서 실천한 덕목이 '인'인데, 바로 이 점이 문왕이 세상을 떠난 뒤에도 백성이 그를 잊지 못하게 된 까닭입니다. 〈전3장〉의 나머지 부분은 바로 그런 점을 자세히 이야기하고 있습니다.

군자의 절차탁마

《시경》에 이르길 "저 기수 물가를 바라보니 푸른 대나무가 무성하구나! 문채가 찬란한 군자여. 끊어낸 듯하고 갈아낸 듯하며 쪼아낸 듯하고 갈아낸 듯하다. 엄밀하고 굳세며 빛나고 점잖으니 문채가 찬란한 군자여. 끝내 잊을 수가 없노라" 하니, 끊어낸 듯 갈아낸 듯하다는 것은 배움을 말함이오, 쪼아낸 듯 갈아낸 듯하다는 것은 스스로를 닦음이오, 엄밀하고 굳세다는 것은 두려워함이오, 빛나고 점잖다는 것은 위엄과 의젓함이오, 문채가 찬란한 군자여 끝내 잊을 수가 없다는 것은 훌륭한 덕과 지극한 선을 백성이 잊을 수 없음을 말한 것이다.

詩云 瞻彼淇澳한대 菉竹猗猗로다 有斐君子여 如切如磋하며 如琢如磨로다 瑟兮僩兮며 赫兮喧兮니 有斐君子여 終不可諠兮라하니 如切如磋者는 道學也요 如琢如磨者는 自修也요 瑟兮僩兮者 恂慄也요 赫兮喧兮者는 威儀也요 有斐君子終不可諠兮者는 道盛德至善을 民之不能忘也니라
이 대목은 《시경》〈위풍(衛風)〉〈기욱(淇澳)〉 편을 인용하고 있는

데, 원문에 어려운 글자가 많이 나오고 비유가 쉽지 않지만 풀이가 자세하기 때문에 속뜻을 이해하는 데 큰 어려움은 없습니다. 특히 이 시의 대의를 담고 있는 '절차탁마(切磋琢磨)'라는 말은 모르시는 분이 없을 겁니다. 《논어》에도 자공이 공자에게 여쭈면서 이 대목을 거론하는 이야기가 실려 있죠. 인용한 맥락은 약간 다르지만 학문과 수양을 강조하는 '절차탁마'의 뜻은 다를 것이 없습니다.

첨피기욱(詩云 瞻彼淇澳)의 '첨(瞻)'은 바라본다는 의미고, '기(淇)'는 물 이름입니다. 기수(淇水)죠. 욱(澳)은 물가라는 뜻이고요. 녹죽의의(菉竹猗猗)의 '녹죽(菉竹)'은 푸른 대나무이고, '의의(猗猗)'는 무성하게 자란 모양입니다. 그런데 간혹 '녹(菉)' 자가 '푸를 녹(綠)'이 아니라고 주석하는 학자들이 있습니다. 대표적인 경우가 명말청초의 유학자 왕부지(王夫之)인데 '녹(菉)'은 왕추나물이고 죽(竹)은 죽엽채라고 풀이합니다.

이어서 백성들이 문왕을 칭송하는 이유 또한 문왕이 백성으로 하여금 그의 동산에 들어가서 나물도 캐고 땔나무도 할 수 있게 했다는 데서 찾고 있습니다. 그러니까 문왕 덕택에 백성들이 이익을 함께 나눌 수 있었기 때문에 잊지 못다는 것이죠. 그 때문에 뒤에 《대학》의 작자가 결론으로 이야기하는 성덕(盛德)과 지선(至善)의 구체적인 내용은 문왕이 푸른 대나무처럼 멋진 모습을 하고 있었기 때문이 아니라, 백성이 삶을 이어갈 수 있게 경제적인 도움을 주었기 때문이라는 겁니다. 이런 견해는 "문왕의 동산 사방 칠십 리 안에 땔나무하는 사람들과 토끼 잡는 사람들이 들어갈 수 있었다.

그래서 백성들은 문왕의 동산이 좁다고 여겼다"고 한 맹자의 이야기와 통하기 때문에 상당한 근거가 있습니다.

다만 대부분의 유학자들은 그렇게 읽지 않고 '녹죽(菉竹)'을 푸른 대나무로 풀이했습니다. 그리고 푸른 대나무의 비유로 이해하더라도 왕부지가 이야기한 맥락과 어긋나는 것은 아니기 때문에 일단은 왕부지의 견해를 접어두고 전통적인 풀이를 따라 읽어보겠습니다. 그러니까 이 대목은 "저 기수 물가를 바라보니 푸른 대나무가 무성하구나!"라며 기수 물가의 아름다운 풍광을 찬미하면서 독자의 감흥을 일으키는 구절입니다. 이어서 군자의 아름다운 모습을 "문채가 찬란한 군자여(有斐君子)"라는 말로 칭송합니다. '비(斐)'는 문채가 빛난다는 뜻으로 덕이 겉으로 드러나는 모습을 표현한 글자입니다. 이어서 '여절여차 여탁여마(如切如磋 如琢如磨)'라는 말이 나오는데 말씀드린 '절차탁마'라는 성어의 어원입니다.

'절(切)'과 '차(磋)'는 본래 짐승의 뼈(骨)나 뿔(角)을 다듬어서 바늘 따위의 도구를 만들 때 쓰는 용어입니다. 이를테면 바늘을 만든다든지 송곳을 만든다든지 하는 겁니다. 일단 짐승의 뼈나 뿔을 끊어낸 다음 줄 따위로 반짝일 때까지 가는 것이 바로 '절차(切磋)'입니다. 그리고 '탁마(琢磨)'는 옥(玉)이나 돌(石) 따위를 다듬을 때 처음에 자연석에서 쪼아낸 다음에 그것을 모래 따위로 연마하는 거죠. 이 역시 표면이 반짝일 때까지 매끄럽게 다듬는 것입니다. 그래서 '절차탁마'라하면 군자가 학문과 수양을 끊임없이 해나가는 모습을 비유하는 말로 자리 잡게 된 것인데 모두 '반짝반짝 빛나게 한다'는 뜻임을 기억해두시기 바랍니다.

다음에 '슬혜한혜(瑟兮僩兮)'가 나오는데 '슬(瑟)' 자는 원래 거문고나 비파 따위의 악기를 가리키는 글자입니다만 여기서는 악기의 줄을 조율한다는 뜻으로 쓰였습니다. 연주하려면 악기가 잘 조율되어 있어야 하겠죠? 모든 현이 음의 높낮이에 맞춰서 조율이 정확하게 되어 있어야 음악을 정상적으로 연주할 수 있습니다. 그래서 악기의 현이나 건반 따위를 조율하는 것처럼 자신의 행동을 법도에 꼭 맞게 하는 모습을 '슬(瑟)'이라고 표현한 겁니다. 그리고 '한(僩)'은 굳세다는 뜻으로 씩씩한 모습을 표현한 글자입니다. 따라서 '슬혜한혜'는 "엄밀하고 굳센 모습이여"라고 법도에 맞는 군자의 행동을 보고 감탄하는 표현입니다. '혜(兮)'는 일정한 뜻 없이 글자의 수를 맞추는 역할 정도로 모두 어조사로 쓰였습니다.

그리고 '혁혜훤혜(赫兮喧兮)'의 '혁(赫)'은 빛나다, '훤(喧)'은 점잖다는 뜻으로 군자의 모습이 빛나고 점잖다는 표현입니다. 그리고 '유비군자 종불가훤혜(有斐君子 終不可諠兮)'가 이어지는데, '종(終)'은 끝내, '훤(諠)'은 잊는다는 뜻이죠. 그러니 "문채가 찬란한 군자여 끝내 잊을 수 없다(有斐君子 終不可諠兮)"는 뜻입니다. 어떤 사람을 대상으로 칭송하는 표현인데, 바로 문왕의 문채가 찬란함을 칭송한 것입니다. 여기까지가 《시경》에서 인용한 시구입니다.

그리고 비로소 《시경》의 시구를 풀이하고 있는데, 여기서 《대학》의 작자가 시를 인용한 본뜻을 찾을 수 있습니다. 먼저 '여절여차자 도학야(如切如磋者 道學也)'라고 하며 '절차(切磋)'의 비유를 풀이하고 있습니다. '도학(道學)'의 도(道)는 말한다는 뜻으로 '절(切)'과 '차(磋)'의 비유는 학문(學問)을 말한다고 풀이하고 있습니다. 그러니까 군자인 문왕이 끊임없이 학문에 매진하는 모습을 비유한 것입니다. 이어서 '탁마'의 비유를 '여탁여마자 자수야(如琢如磨者 自修也)'라고 풀이했습니다. '탁(琢)'과 '마(磨)'는 스스로 닦는 것, 수양(修養)을 뜻한다는 겁니다. '학(學)'은 다른 사람에게 배우는 것이고 '수(修)'는 다른 사람에게서 배운 것을 닦는 것입니다. 배우는 데 얼마나 공을 들이고 또 그 배운 것을 얼마나 스스로 닦아서 수양하는지 잘 보여주는 대목입니다. 이 또한 어떤 사물을 모습을 보면 학문과 수양을 생각하는 유가의 전형적인 비유입니다.

'학'이나 '수'와 유사한 개념으로 '각(覺)'과 '도(道)'가 있습니다. 하지만 '도'나 '각'의 세계는 반드시 성취한다는 보장이 없습니다. 어떤 사람은 깨달음을 얻고 어떤 사람은 그렇지 못해요. 그러나 '학'과 '수'는 노력한 사람, '절차탁마'한 사람을 절대 배신하지 않습니다. '청출어람(靑出於藍)'이라는 말이 있죠.《순자》〈권학(勸學)〉편에 나오는 "청취지어람이청어람(靑取之於藍而靑於藍)"이라는 말에서 따온 말입니다. '람(藍)'은 쪽풀인데, 쪽은 색깔이 그린(green)이죠. 그리고 '청(靑)'은 블루(blue)입니다. 그린보다 블루가 더 푸릅니다. 그래서 "푸른색은 쪽에서 나왔지만, 쪽보다 푸르다"는 것이 '청취지어람이청어람'이란 말의 뜻입니다. 그래서 제자가 스승보다 낫다는 의미로 쓰이기도 합니다. 왜냐하면 스승이 제자를 가르치고(또는 제자가 스승에게서 배우고)〔學〕 제자가 그 가르침을 제대로 닦았다면〔修〕 반드시 스승보다 낫게 되어 있기 때문입니다. 그렇기에 '학'과 '수'는 절대 여러분을 배신하지 않습니다. 이 대목에서 유학에서 '학'과 '수'를 얼마나, 그리고 왜 중시하는지 엿볼 수 있습니다.

이어서 "'여절여차'는 학문을 말한 것이고 '여탁여마'는 스스로 닦는 것이다(如切如磋者 道學也 如琢如磨者 自修也)"라고 풀이했는데, '차(磋)'와 '마(磨)'는 모두 '수(修)'와 뜻이 통하는 글자죠. '수' 자는 장식한다는 뜻으로 쓰이지만 본디 청동거울을 닦는 데서 뜻을 취한 글자라고 거듭 말씀드렸습니다. 《설문해자》를 주해한 단옥재(段玉裁, 1735~1815) 또한 "때를 제거하지 않으면 수(修)라 할 수 없다(不去其塵垢 不可謂之修)"고 풀이하고 있는데 물건이든 사람이든 아름답게 장식하기 전에 바탕을 깨끗하게 닦는 일을 수 자로 표현한 것임을 알 수 있습니다. 결국 거울에 사물이 잘 비치도록 닦는 것처럼 끊임없이 자신을 닦고 또 닦는 것, 그게 바로 '절차탁마'입니다. 누가 그렇게 했느냐? 바로 문왕이 그렇게 했다는 것이 이 대목의 속뜻입니다.

다음으로 '슬(瑟)'과 '한(僩)'을 두려워하는 것(恂慄)이라고 풀이하고 있습니다. '슬'은 악기의 현을 조율하는 것처럼 자신의 행동을 엄밀하게 하는 것이고 '한'은 굳세다는 뜻이라고 말씀드렸지요? 왜 이렇게 할까요? 《대학》의 풀이에 따르면 두려워하기(恂慄) 때문입니다. 음악을 연주할 때 악기를 제대로 조율하지 않은 상태라면 제대로 연주할 수 없겠죠. 그걸 두려워하는 것처럼 자신을 닦지 않고 움직이면 올바르게 행동할 수 없을 것이라고 두려워하는 겁니다. 우리가 올바르게 행동하기 위해서는 굳센 정신과 용기, 결단이 필요합니다. 그렇지 않으면 꺾이기 쉽죠. 그래서 "빛나고 점잖다는 것은 위엄과 의젓함이다(赫兮喧兮者 威儀也)"라는 풀이가 이어집니다. '혁(赫)'은 빛난다는 뜻이죠. 붉을 적(赤) 자 두 개가 붙어있어 환하게 빛난다는 뜻입니다. 왜 빛나느냐면 '절차탁마'를 했기 때문에 빛나는 거예요. 그리고 '훤(喧)'은 점잖은 모습입니다. 그래서 문왕의 빛나고 점잖음을 말한 것입니다.

마지막으로 "문채가 찬란한 군자여 끝내 잊을 수가 없다는 것은 훌륭한 덕과 지극한 선을 백성이 잊을 수 없음을 말한 것이다〔有斐君子終不可諠兮者 道盛德至善 民之不能忘也〕"라고 했는데, 여기서 '도(道)'는 말한다는 뜻으로 쓰인 글자이고, '성덕(盛德)'은 훌륭한 덕을 가진 성군(聖君)을 말하고 '지선(至善)'은 지극한 선(善)을 실천한 사람을 가리키는 말로 여기서는 문왕을 두고 한 말입니다. 그리고 그런 사람을 백성이 잊을 수가 없는 겁니다〔民之不能忘也〕. '불망(不忘)'은 잊히지 않는 겁니다. 그러니까 백성에게 문왕이 잊지 않는 임금이 된 까닭은 바로 '성덕지선(盛德至善)'을 가진 사람이었기 때문입니다. 문왕이 어떻게 했기에? 앞서 기술한 것처럼 임금이 되어서는 인(仁)에 머물렀다고 했죠. 여기서 '인'은 정치적 의미로 백성을 사랑하는 인정(仁政)을 말합니다. 문왕이 백성을 사랑하는 정치를 펼쳤기 때문에 세상을 떠났는데도 백성이 그를 잊지 못하는 겁니다.

잊지 않는다는 것이 어떤 의미일까요? 인간은 유한한 존재입니다. 죽으면 끝나니까요. 이런 두려움에서 벗어나기 위해 절대자에 귀의하기도 하고 사후 세계를 상상하기도 합니다. 아시다시피 유학에서는 그런 절대자나 내세를 이야기하지 않습니다. 죽으면 '무(無)'입니다. 그런데 죽은 사람이 존재할 수 있는 유일한 방법이 있습니다. 산 사람의 기억 속에서 잊히지(忘) 않는 거죠. 제례(祭禮)를 인정하는 것도 그런 까닭에서 형성된 정서입니다. 조상신이 사라지지 않고 어느 곳에 머물러 있는 것이 아니라 살아 있는 사람의 추모하는 마음에 기억으로 존재하는 것이죠. 돌아가신 조상을 추모하는 것도 후손의 기억 속에 조상이 잊히지 않고 존재하는 겁니다. 조상의 귀신이 이 세계 어딘가에 따로 존재하고 있다가 제삿날이 되면 나타나는 것이 아닙니다. 그런 식으로 제례를 설명하는 것은 유학의 세계관과 맞지 않습니다.

어진 사람이 오래 사는 이유

《시경》에 이르길 "아! 이전의 왕을 잊지 못하겠다!"라고 하니 군자는 어진 사람을 어진 사람으로 존경하며 어버이를 어버이로 사랑하고, 소인은 즐거움을 즐거움으로, 이로움을 이로움으로 누리니 이 때문에 그가 세상을 떠난 뒤에도 잊지 못하는 것이다.

詩云 於戱(嗚呼)라 前王不忘이라하니 君子는 賢其賢而親其親하고 小人은 樂其樂而利其利하나니 此以沒世不忘也니라.

〈전3장〉의 마지막 대목에서는 《시경》〈주송(周頌)〉〈열문(烈文)〉편의 시구를 인용하고 있는데 이 또한 문왕이 남긴 은택을 칭송하는 내용입니다. '어희(於戲)'라는 표현이 나오는데 감탄사로 '오호(嗚呼)'라고 읽습니다. 〈열문〉편의 원시에는 '於乎'로 표기되어 있는데 역시 '오호'로 읽습니다. 여기서는 이전의 왕, 문왕을 잊지 못한다고 하면서 후세 사람들이 어떻게 문왕이 남긴 유산을 지키고 있는지 이야기하고 있습니다. 그리고 군자(君子)와 소인(小人)을 나누어 말하고 있는데, 흔히 '군자'라고 하면 인격이 훌륭한 사람을 가리키고, '소인'이라하면 자기 이익만 챙기는 편협한 사람이라는 뜻으로 쓰이지만, 여기서는 그런 뜻이 아닙니다. '군자'는 통치자 집단이고, '소인'은 일반 백성입니다. 그래서 주희는 군자는 훗날의 현자와 훗날의 왕을 말하고 소인은 훗날의 백성을 말한다(君子謂其後賢後王 小人謂後民也)고 주해한 것입니다. 그러니까 문왕의 훌륭한 정치로 인해 군자는 군자대로 소인은 소인대로 각자의 삶을 누릴 수 있게 되었다는 거죠.

그럼 각자의 삶을 어떻게 누렸을까요? 먼저 군자는 '현기현 친기친(賢其賢 親其親)'하면서 문왕이 남겨준 유산을 누렸다고 이야기합니다. '현(賢)'은 덕이 훌륭한 사람, 어진 사람을 가리킵니다. 그리고 그런 사람을 존경한다는 뜻으로도 쓰이는 글자입니다. 그래서 '현기현(賢其賢)'이라고 하면 "어진 사람을 어진 사람으로 존경한다"는 뜻이 됩니다. 마찬가지로 '친(親)'은 어버이를 가리키면서 동시에 어버이로 사랑한다는 뜻입니다. 그러니 '친기친(親其親)'은 "어버이를

127

어버이로 사랑한다"는 뜻입니다. 그러니까 문왕이 어진 사람을 존경했기 때문에 후세의 군자들이 그를 본받아 문왕이 세상을 떠난 뒤에도 어진 사람을 존경했고, 문왕이 어버이를 어버이로 사랑했기 때문에 후세의 군자들이 어버이를 사랑했다는 뜻입니다. 이것이 군자가 문왕이 남기고 간 유산을 누렸다는 겁니다. 그럼 소인들은 어떻게 누리느냐? 소인들은 나라를 다스리는 통치자 집단이 아니라 일반 백성이기 때문에 문왕이 즐기도록 해준 그 즐거움을 누립니다. 소인은 문왕이 즐겁게 해준 그것을 즐기고(樂其樂) 문왕이 백성을 이롭게 해준 것을 이로움으로 누리는 겁니다(利其利).

사마천의 《사기》〈열전(列傳)〉의 맨 마지막 편인 〈화식열전(貨殖列傳)〉은 이익을 추구해서 부를 이룬 인물들을 기록하고 있습니다. 여기서 사마천은 "군자는 부유해지면 덕을 베풀고 소인은 부유해지면 하고 싶은 일을 한다(君子富 好行其德 小人富 以適其力)"고 했습니다. 맥락이 약간 다르기는 하지만 대의는 비슷합니다. 《대학》의 이 대목은 문왕이 살아 있을 때 베풀었던 인정의 결과가 그가 세상을 떠난 뒤에도 백성들에게 미쳤다는 것을 말하고 있습니다. "임금이 되어서는 인에 머물렀다(爲人君 止於仁)"는 것은 결국 즐거움이나 이익을 백성과 함께 했다는 뜻입니다. 이런 정치를 맹자는 '여민동락(與民同樂)'이라는 말로 표현했습니다. 백성과 함께 즐긴다는 뜻입니다. 즐거움이나 이로움이 있을 때 통치자가 독차지하는 것이 아니라, 백성과 함께 한다는 거죠. 맹자는 또 "낙이천하 우이천하(樂以天下 憂以天下)"라는 말을 했는데, 천하로써 즐기고, 천하로써 근심한다는 뜻입니다. 그러니까 인정에 뜻을 둔 통치자는 온 천하 사람들이 다 즐기고 난 뒤에 맨 마지막으로 즐기고, 천하 사람들이 근심하기 이전에 미리 근심하는 것입니다. 범중엄의 〈악양루기(岳陽樓記)〉에도 쓴 "선천하지우이우 후천하지락이락(先天下之憂而憂 後天下之樂而樂)"이라는 표현이 있는데 맹자의 말을 부연한 것입니다. 줄여서 '선우후락(先憂後樂)'이라고도 하는데. 근심은 맨 먼저 하고 즐거움은 맨 나중에 누리는 것, 이것이 바로 유학에서 이상으로 여기는 성인(聖人)의 정치입니다.

그리고 이 대목은 《논어》에 나오는 '인자수(仁者壽)'라는 말의 속뜻을 이해하는 데도 도움이 됩니다. '수(壽)'는 오래 사는 거죠. 목숨이 긴 겁니다. 그러니 '인자수'는 어진 사람은 오래 산다는 말입니다. 그런데 어떤 사람이 훌륭하다고 해서 육체적으로 반드시 오래 산다고 할 수 있느냐? 그렇지는 않죠. 이를테면 《동의보감(東醫寶鑑)》〈서문〉에도 "건강한 삶을 누리기 위해서는 먼저 수양을 해야 한다"는 말이 나옵니다. 타당한 이야기입니다. 그러니까 육체적으로 건강을 유지하기 위해서는 병에 걸려 약을 처방하기 이전에, 일단 욕심을 줄이고 자신을 절제하는 수양이 필요하죠. 하지만 그렇게 수양한다고 해서 반드시 오래 사는 것도 아니고, 그렇게 하지 못했다고 해서 꼭 일찍 죽는 것도 아닙니다. 개인의 수명과 수양의 관계는 비례하지 않거든요.

그렇기에 《논어》에서 "어진 사람이 오래 산다"고 말한 것을 육체적으로 오래 산다고 이해하면 납득이 안 됩니다. 그런데 《대학》

의 이 대목에 따르면 '인자(仁者)'는 문왕처럼 인정을 펼친 임금을 가리킵니다. 그러니까 문왕처럼 인정을 펼친 사람이 사람들에게 잊히지 않고 오래 산다는 뜻으로 이해할 수 있습니다. 물론 문왕은 97세까지 수를 누렸다고 하니 육체적으로도 오래 살았다고 할 수 있지만, 여기서 오래 살았다는 것은 육체적인 수명을 가리킨 것이 아니라 죽고 난 뒤에도 사람들에게 잊히지 않고 오래 살았다는 뜻입니다.

《대학》뿐 아니라 《도덕경》에도 '수(壽)'를 이런 의미로 풀이한 대목이 있습니다. 바로 '사이불망자수(死而不亡者壽)'라고 한 구절인데요, 여기서 '망(亡)' 자는 '잊을 망(忘)' 자와 같은 뜻입니다. 그래서 '사이불망자수'는 "죽어서도 잊히지 않는 것이 오래 사는 것이다"라는 의미가 됩니다. '인자수'의 또 다른 표현이라 할 수 있습니다.

결국 〈전3장〉의 속뜻은 문왕이 백성을 사랑하는 훌륭한 정치를 베풀었기 때문에 그가 세상을 떠난 뒤에도 백성들이 문왕을 잊지 못하고 계속 기억한다는 겁니다. 어떤 사람의 삶이 죽은 뒤에도 계속 이어지는 것이죠. 우리가 꼭 문왕처럼 거창하게 온 천하의 백성을 사랑하지는 않더라도, 다른 사람을 지금보다 더 배려하고 사랑한다면 소중한 사람들의 마음에 오랫동안 살아남을 수 있겠죠.

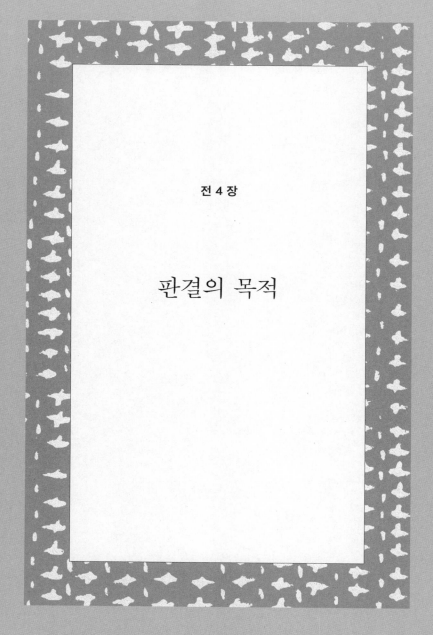

전 4 장

판결의 목적

감옥의 역할은 감옥이 비어 있을 때
가장 잘 수행된다

　지금까지 학(學)과 수(修)를 이야기하면서 근본의 중요성을 강조
했는데, 실제 현실에서 무엇이 근본이고 무엇이 지말인지 예를 들
어 이야기하고 있는 대목이 바로 〈전4장〉입니다. 이 장에서는 공자
의 말씀을 인용하고 《대학》의 작자가 풀이하는 식으로 기술되어
있습니다. 《논어》〈안연〉 편에도 같은 내용이 실려 있는데, 《논어》
에는 이 대목 바로 앞에 판결에 대해 논평한 이야기가 실려 있습니
다. "편언(片言)으로 옥사를 판결할 수 있는 사람은 유(由)일 것이다
〔片言可以折獄者 其由也與〕"라고 한 대목인데, 편언은 반 마디 말이고
유는 자로의 이름입니다. 그러니까 자로가 옥사를 판결하면 사람들
이 그의 말이 끝나기도 전에 승복한다는 뜻입니다.
　만약 공자가 판관이 되었다면 어떻게 판결을 내릴까요? 〈전4장〉
의 인용문 가운데 그 답이 있습니다.

　공자가 말씀하시기를 "송사를 듣고 판결을 내리는 것은 나도
다른 사람과 같지만, 반드시 백성으로 하여금 송사가 없도록
하겠다" 하시니, 진실하지 않은 자가 그 말을 다 하지 못하는

것은 백성의 뜻을 크게 두렵게 하기 때문이니 이를 일컬어
근본을 안다고 한다.

子曰 聽訟이 吾猶人也나 必也使無訟乎인저 하시니 無情者 不得
盡其辭는 大畏民志니 此謂知本이니라

'자왈(子曰)' 두 글자로 시작하고 있는데, 중국 고전에서 '자왈(子
曰)' 또는 '자운(子云)'이라고 표기되어 있으면 실제로 공자가 그런 말
을 했건 안 했건 상관없이 공자가 말했다는 뜻으로 보아야 한다고
앞서 말씀드렸지요. 이 대목은 《논어》〈안연〉 편에도 수록되어 있
기도 합니다.

　송사의 판결과 관련된 이야기를 하면서 공자는 '청송오유인(聽
訟吾猶人)'이라고 말합니다. '청송(聽訟)'은 송사를 듣는 것입니다. 송
사를 듣고 판결을 내리는 거죠. '청(聽)'은 그냥 듣고 마는 것이 아니
라, 판결을 내린다는 의미까지 포함합니다. 예로 '청정(聽政)'이라고
할 때의 '청(聽)'은 나라의 정사를 듣는 데 그치지 않고 정치를 담당
한다는 뜻으로 쓰이는 것과 마찬가지입니다. 그리고 '송(訟)'도 특이
한 글자입니다. 말이라는 뜻을 가진 '언(言)' 자와 드러낸다는 뜻을
가진 '공(公)' 자가 합쳐진 글자로 말로 다투는 것을 의미합니다. 다
투는 것에도 여러 가지가 있죠? 이를테면, '쟁(爭)'도 다툰다는 뜻의
글자인데, 이 경우에는 한 쪽은 손톱을 세운 모양(爪)이고 또 다른
한 쪽은 손에 막대기를 잡고(尹) 서로 다투는 모양을 그린 글자입

니다. 손과 손으로 다투는 거죠. 그리고 '싸울 투(鬪)' 자도 두 손을
서로 마주잡고 힘을 겨루는 모습을 그린 '투(鬥)'에서 파생한 글자입
니다. 곧 '투'와 '쟁'은 물리적인 힘으로 다투는 것이죠. 또 '어지러울
란(亂)' 자도 위의 손톱(爪)과 아래의 손(又)이 가운데 어떤 중요한
물건을 두고 서로 다투는 모습(亂)입니다. 그런데 '송(訟)'이라고 하는
건 일단 말로 다투는 겁니다. 논리 싸움인 거죠. 이럴 때는 편견 없
이 잘 듣고 판결해줄 사람이 필요한데, 공자는 어떻게 했을까요?

공자는 "다른 사람과 같다(聽訟 吾猶人也)"라고 말합니다. 공자이
기 때문에 솔로몬 왕이나 판관 포청천처럼 뭔가 특별히 지혜롭고
정의로운 판결을 기대했던 사람이라면 "다른 사람과 다를 바가 없
다"는 공자의 이야기가 실망스러울 수도 있을 겁니다. 물론 "내가
다른 사람만큼 할 수 있다(吾猶人也)"라고 적극적인 뜻으로 풀이하
는 것도 가능합니다. 하지만 어떻게 풀이하든 여기의 맥락은 송사
를 듣고 판결을 내리는 것은 나도 다른 사람과 똑같다, 곧 더 나
은 게 없다는 뜻임은 분명합니다. 그러나 이어서 공자 자신의 뜻은
반드시 여기에 있다고 힘주어 말합니다. "반드시 백성으로 하여금
송사 자체가 없게 해야 할 것이다(必也使無訟乎)." 이미 다툼이 생기
고 난 뒤에 그 송사를 듣고 마땅하게 판결하는 것은 다른 사람과
다를 바가 없지만, 송사 이전에 백성들이 다투는 일이 일어나지 않
도록 하는 것이 자신의 역할이고 그게 더 중요하다고 이야기한 것
이죠.

앞서 예로 든 자로의 판결에 사람들이 승복한 이유가 어디에 있

을까요? 판결이 공정했기 때문이겠죠. 그러니까 일단 송사가 일어 난 뒤라면 최선은 공정한 판결일 수밖에 없습니다. 그러나 공자가 지향하는 건 그런 송사가 애초에 없기를 바라는 것입니다. 송사를 듣고 공정하게 판결하는 일은 굉장히 중요합니다. 하지만 아무리 공정하게 판결하더라도 승자와 패자가 있기 마련이고 두 사람 간의 화해를 이루기는 어렵습니다.

공자가 말한 사무송(使無訟)은 애초에 송사가 일어나지 않게 함 으로써 백성들이 서로 사랑하게 하는 것입니다. 그런 예를 어디서 찾을 수 있을까요? 바로 〈전2장〉에서 예로 들었던 우예지송(虞芮之 訟)의 경우처럼 송사의 당사자들이 문왕의 인정을 목격하고 서로 양보하는 데 이른 경우를 들 수 있습니다. 백성들이 서로 친애하면 서 살게 되겠죠. 그러니 문왕은 우나라 사람과 예나라 사람의 송사 를 판결하지 않았지만 공자가 말한 '송사를 일으키지 않게 한(使無 訟) 명판관, 곧 판결하지 않는 판관에 해당하는 인물이라고 할 수 있습니다.

조선 시대에도 송사가 일어나지 않게 하는 것을 이상으로 여겼 습니다. 전라남도 순천 낙안읍성에 가면 옛 관아가 복원되어 있습 니다. 그중 고을 원이 백성들의 송사를 판결하던 곳이 동헌인데 현 판에는 사무당(使無堂)이라는 글귀가 써져 있습니다. 바로 《대학》의 이 대목에서 건물 명칭을 취한 것입니다. 기록을 보면 낙안읍성뿐 아니라 다른 곳의 동헌도 사무당이라는 명칭으로 부른 경우가 많 이 있습니다. 고을의 원이 불편부당하게 고을을 다스리면 송사가 사라지겠죠.

이처럼 이미 일어난 송사를 없었던 일로 되돌리게 하는 판결이 야말로 명판결이라 할 수 있습니다. 서양의 작품에서 그런 인물을 찾자면 18세기 독일 작가 레싱(G. E. Lessing, 1729~1781)이 지은 희곡 《현자 나탄(Nathan der Weise)》에 등장하는 재판관을 들 수 있습니다. 《현자 나탄》에서 나탄의 이야기에 등장하는 세 명의 아들은 아버지로부터 똑같은 모양의 반지를 물려받습니다. 반지는 후계자의 권리를 상징합니다. 세 아들은 각기 자기 반지가 진짜라고 주장하며 다툽니다. 송사를 담당한 재판관은 다른 두 형제로부터 사랑받는 사람이 진짜 반지를 얻은 것이라고 판결합니다. 만약 그런 사람이 없다면 세 반지 모두 가짜가 틀림없다는 결론과 함께요. 형제와 다투는 자는 형제의 사랑을 받을 수 없겠죠. 자신의 반지가 진짜임을 입증하려면 다른 형제를 사랑해야 합니다. 세 아들이 서로 사랑하지 않으면 이길 수 없도록 판결한 것입니다.

송사를 판결할 때 누가 옳고 누가 그른지 올바르게 판단하는 것은 대단히 중요합니다. 하지만 그보다 더 중요한 것은 백성이 서로 친애하게 하는 데 있습니다. 그렇게 하면 모두 승자가 될 테니까요.

〈경1장〉의 '친민(親民)'도 같은 맥락에서 강조한 것입니다. 물론 앞서 풀이할 때는 백성이 서로 친애하도록 한다는 뜻인 '친민'으로 읽지 않고, 주희의 풀이를 따라 백성을 새롭게 한다는 뜻인 '신민(新民)'으로 읽었습니다. 그러나 '신민'으로 풀이해도 다를 것이 없습니다. 백성들이 각자 자신의 덕을 밝혀내도록 하는 것이 '신민'이고,

그 덕이란 게 바로 다른 사람에 대한 사랑이니까요. 인의예지를 사덕(四德)이라하는데 첫 번째 덕목인 인이 사랑이죠. 따라서 자신의 덕을 밝히는 사람은 다른 이와 서로 친애하는 관계가 되기 위해 노력할 것이고 그런 관계를 맺는 사람은 송사를 일으키지 않겠지요.

친애의 가치는 이에 그치지 않습니다. 그리스의 아리스토텔레스도 친애하는 사람들 사이에는 정의가 필요하지 않지만, 정의로운 사람들에게는 친애가 필요하다고 할 정도로 친애의 가치를 높이 평가했습니다. 왜 친애하는 사람들 사이에는 정의가 필요하지 않을까요? 우리가 친애하는 사람을 대할 때 차별하거나 불공정하게 대하나요? 그렇지 않죠. 그러니까 친애하는 사람 사이에 정의가 필요하지 않은 이유는 이미 정의롭기 때문입니다.

물론 그렇다고 해서 공자가 송사나 형벌의 기능을 무시하지는 않았습니다. 《논어》에 "형벌이 적중하지 못하면 백성들이 손발 둘 곳이 없게 된다(刑罰不中 則民無所錯(措)手足)"고 말한 기록이 있는 걸 보면 공자 또한 형벌의 적중이나 정의로운 판결을 대단히 중시했다는 사실을 알 수 있습니다. 형벌이라는 것이 있기는 있되, 실제 쓰이지 않는 것이 최상의 상태라고 보는 거죠. 형벌과 감옥은 필요합니다. 그러나 감옥이 가득 차 있을 때보다 텅텅 비어 있을 때가 감옥이 가장 잘 쓰이는 상태인 것처럼 형벌도 집행되지 않을 때 형벌의 기능이 가장 잘 발휘된 것이라고 할 수 있습니다. 마찬가지로 송사를 판결하기 이전에 송사가 일어나지 않도록 하는 것이 가장 좋은 판결이라고 할 수 있습니다. 공자가 추구한 이상적인 정치는 바로 이런 사회를 만드는 것입니다. 그런데 이렇게 하기 위해서는 먼저 전제되어야 할 조건이 있는데, 마지막 구절에서 그 문제를 이야기하고 있습니다.

"진실하지 않은 자가 그 말을 다 하지 못하는 것은 백성의 뜻을 크게 두렵게 하기 때문이니 이를 일컬어 근본을 안다고 한다(無情者 不得盡其辭 大畏民志 此謂知本)"라고 했습니다. 여기서 무정(無情)은 실정(實情)이 없다는 뜻입니다. 그러니까 무정자(無情者)라는 것은 거짓을 일삼는 자, 진실하지 않은 자, 부정직한 자를 가리키고, 그런 자로 하여금 말을 다 하지 못하게 하는 것은 나라를 다스리는 성인을 가리킵니다. 그리고 그런 자들이 감히 말을 다 하지 못하는 까닭은 성인의 그들의 마음을 두렵게 하기 때문입니다. 거짓을 일삼는 자, 부정직한 자들이 말을 다 할 수 있는 까닭이 어디에 있을까요? 세상에서 그런 거짓이 통하기 때문입니다.

《논어》에는 "정직한 사람을 등용해서 굽은 자 위에 두면 백성이 복종하고 굽은 자를 등용해서 정직한 자 위에 두면 백성이 복종하지 않는다(擧直錯(措)諸枉 則民服 擧枉錯(措)諸直 則民不服)"라고 한 대목이 있습니다. '직(直)'자와 '왕(枉)'자가 나오는데, 곧은 것을 '직', 굽은 것을 '왕'이라고 하고 똑바로 서있는 것을 '정(正)', 기운 것을 '사(邪)'라고 합니다. 그래서 직과 정, 왕과 사는 의미가 서로 통합니다. '직(直)'자는 본래 곧은 나무를 뜻합니다. 지금의 직(直) 자에는 아래 부분이 'ㄴ' 모양으로 그려져 있지만, 고문(古文)의 직자에는 'ㄴ'이 나무를 뜻하는 '木' 자로 표기되어 있습니다. 그래서 정직한 사람을 가리킨 직(直) 자는 '곧은 나무 판'을 뜻하고, 부정직한 사람을 가리킨 왕(枉) 자는 '구불구불 휘어진 나무판'을 뜻합니다. 이런 말이 생긴 까닭은 옛 목수들이 굽은 나무판을 곧게 펴려면 곧은 나무판을 그 위에 올려놓으면 된다는 사실을 알았기 때문입니다.

세상에는 정직한 사람도 있고 부정직한 사람도 있기 마련입니다. 그런데 같은 사람인데도 어떤 때는 정직하게 행동하고 어떤 때는 부정직하게 행동합니다. 왜 그럴까요? 정직이 통하는 세상에서는 정직하게 행동하고 그렇지 않은 세상에서는 부정직하게 행동하기 쉽거든요. 공자는 이런 점을 잘 알고 있었기 때문에 정직한 사람을 위에 두어야 한다고 말한 겁니다. 반대로 정직한 사람을 아래에 두고 굽은 자를 위에 올려놓으면 '무정자'들, 곧 거짓을 일삼는 사람들이 할 말을 욕심껏 다 하게 됩니다. 그렇게 되면 송사가 자주 일어나겠죠. 날마다 재판이 일어나 백성이 서로 싸우게 되는 겁니다. 이런 문제를 근본적으로 해결하는 방법이 바로 정직한 사람을 부정직한 사람 위에 두는 겁니다.

또 한 가지 놓쳐서는 안 될 중요한 맥락이 있습니다. 우리는 흔히 정직한 사람은 함께하고 부정직한 사람은 버려야 한다고 생각하기 쉬운데, 공자는 그렇게 말하지 않습니다. 그러니까 "정직한 사람은 등용하고 굽은 자들은 버려야 한다"고 이야기하지 않고, "정직한 사람을 위에 두면 굽은 자를 바르게 할 수 있다(擧直錯諸枉 能使枉者直)"라고 말합니다. 마치 굽은 나무들이 있을 때 그 위에 곧은 나무들을 올려놓으면 시간이 흐른 후 밑에 있던 굽은 나무들이 곧게 펴지는 것처럼 말입니다. 공자는 이런 사실을 아마도 목수에게 배웠을 겁니다.

언젠가 식목일 특집으로 제작한 영상물을 본 적이 있습니다. 우리나라 소나무들은 대체로 구불구불한 것들이 많죠. 그래서 저는 우리나라 소나무 종자가 원래 굽은 종자라서 그런가보다 생각했는데, 산림청 수목 전문가의 이야기에 따르면 그렇지 않다고 합니다. 곧게 자라는 소나무도 많은데, 주변에 굽은 소나무만 보이는 까닭은 곧은 나무를 모두 베어버렸기 때문이라고 합니다. 사람도 마찬가지죠. 곧은 사람을 다 배제해버리면 굽은 사람들만 남는 거죠. 그렇게 되면 그 사회는 굽은 방식만 통하는 겁니다. 위에 있는 사람이 굽어 있다면 굽은 방식이 통하는 거니까 똑같은 사람인데도 굽은 방식으로 가는 거죠. 그렇게 되면 걷잡을 수가 없어요. 부정과 비리가 만연하겠죠. 그런데 정직한 사람이 위에 있으면 그런 자들이 두려움을 느끼게 됩니다. 결국 부정직해서는 살기 어렵다는 사실을 알고, 정직이 최선의 정책이라는 걸 깨닫게 되겠죠. 이것이 바로 굽은 자를 바르게 하는 방법입니다.

그래서 "이를 일컬어 근본을 안다고 한다[此謂知本]"라고 한 것입니다. 말씀드린 대로 송사의 근본은 공정하게 판결하는 데 있는 것이 아니라 송사가 일어나지 않게 하는 것입니다. 그렇게 하기 위해서는 거짓을 일삼는 자들이 횡행하지 못하게 해야 하는 거죠. 그리고 정직한 사람을 우대하면 거짓을 일삼는 자들은 저절로 사라지는 데, 사실은 부정직하게 행동했던 사람이 정직하게 바뀌는 겁니다.

그럼 지금은 어떻게 할까요? 이 시대는 주권재민(主權在民)의 민주주의 시대니까 유권자가 정치적 권리를 행사할 때 정직을 기준으로 선발한다면 부정직한 자들이 권력을 얻는 일이 없어지고 송사도 줄어들 것입니다.

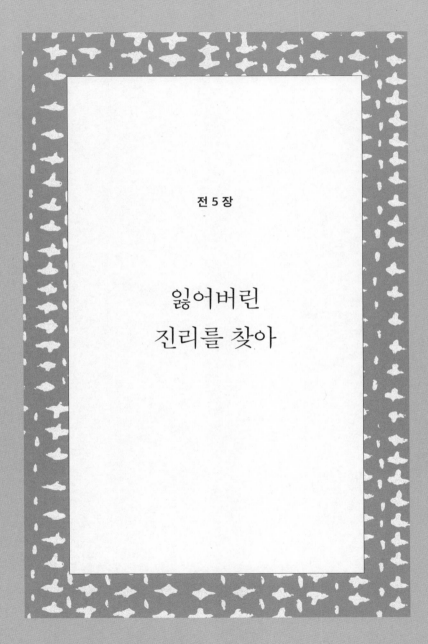

전 5 장

잃어버린
진리를 찾아

이어서 문제의 〈전5장〉을 살펴보겠습니다. 〈전5장〉은 남아 있는 여섯 글자의 내용으로 미루어보면 〈경1장〉 팔조목에서 마지막으로 강조했던 격물치지에 관한 해석일 텐데, 본문은 전해지지 않고 '차위지지지야(此謂知之至也)'라는 여섯 글자만 남아 있는 상태입니다. '차위지지지야'는 "이를 일러 앎이 지극해진다고 한다"는 뜻인데, 주희가 "이 구절 앞에 따로 빠진 문장이 있었을 것이다. 이 대목은 단지 결어일 뿐이다(此句之上 別有闕文 此特其結語耳)"라고 풀이한 것처럼 앞에 있었을 본문이 전해지지 않고 마무리하는 말만 남아 있습니다. 주희는 "아마도 격물치지의 뜻을 풀이한 것 같은데 지금은 없어졌다(蓋釋格物致知之義而今亡矣)"라고 풀이한 다음 자신이 〈전5장〉을 보충해 넣었습니다. 이 글이 이른바 〈보망장(補亡章)〉인데 망실된 〈전5장〉의 내용을 보충한 글이라는 뜻입니다. 앞뒤의 풀이를 제외하면 보충한 내용은 모두 128자입니다. 이 글은 비록 본래의 《대학》에 없는 내용이지만 이후 철학사에서 유학의 인식론을 대표하는 글로 간주되었습니다. 그 때문에 《대학》의 본문과 같은 방식으로 풀이하겠습니다.

이른바 '앎을 극진히 하는 것은 사물에 나아가 이치를 궁구하는 데에 있다'는 것은 나의 앎을 극진히 하고자 한다면 사물에 나아가 그 이치를 궁구하는 데에 있음을 말한 것이다. 인심(人心)의 영명함은 앎이 갖추어지지 아니함이 없고 천하의 사물은 이치가 있지 아니함이 없지만 이치에 나아가 궁구하지 않음이 있기 때문에 그 앎이 극진하지 못함이 있게 되는 것이다. 이 때문에 대학에서 처음 가르칠 때에 반드시 배우는 이로 하여금 천하의 모든 사물에 나아가 이미 알고 있는 이치를 따라 더욱 궁구하여 그 궁극에 이르기를 바라지 않음이 없게 한 것이니 힘쓰기를 오래하여 하루아침에 활연관통(豁然貫通)하기에 이르면 모든 사물의 겉과 안, 세밀한 것과 거친 것이 이르지 않음이 없게 되고, 내 마음의 전체와 대용(大用)이 밝혀지지 않음이 없게 될 것이니, 이것을 일러 격물(物格)이라하고 이것을 일러 앎이 지극해졌다고 한다.

所謂致知在格物者는 言 欲致吾之知인댄 在卽物而窮其理也라 蓋人心之靈이 莫不有知요 而天下之物이 莫不有理언마는 惟於理에 有未窮이라 故로 其知有不盡也니 是以로 大學始敎에 必使學者로 卽凡天下之物하여 莫不因其已知之理而益窮之하여 以求至乎其極하나니 至於用力之久하여 而一旦에 豁然貫通焉이면 則衆物之表裏精粗가 無不到하고 而吾心之全體大用이 無不明矣리니 此謂物格이며 此謂知之至也니라

주희는 '소위치지재격물자(所謂致知在格物者)'라는 표현으로 〈경1

장)의 격물치지에 대해 보충 설명을 시작하고, '차위지지지야'라는 말로 마무리 짓습니다. 첫 대목의 뜻은 이른바 '앎을 극진히 하는 것은 사물에 나아가 이치를 궁구하는 데에 있다'는 뜻인데, 경문을 풀이한 전문의 형식을 그대로 따온 것입니다. 사실《대학》의 전문에서 하필 5장이 망실된 것은 참으로 아쉬운 일입니다.〈경1장〉의 팔조목에서 살펴보았듯이《대학》의 최종 목적은 평천하(平天下)인데 이 목적을 이루기 위해서는 먼저 치국(治國)을 해야 합니다. 또 치국을 하기 위해서는 제가(齊家)부터 해야 하고, 제가를 하기 위해서는 수신(修身)을 해야 하고, 수신을 하기 위해서는 정심(正心)을 해야 하고, 정심을 하기 위해서는 성의(誠意)를 해야 하고, 성의를 하기 위해서는 치지(致知)를 해야 하고, 치지는 격물(格物)에 달려 있다고 했지요.

《대학》의 이상을 수신과 평천하라 할 때 수신은 '내면을 수양하는 것'이고 평천하는 '외부 세계와 평화로운 관계를 이루는 것'입니다. 그리고 평천하의 근본이 수신에 있다고 했습니다. 그런데 평천하의 근본이 되는 수신이라는 목적을 이루기 위해서 정심, 성의, 치지가 필요한데 마지막 조목에 해당하는 치지와 격물에 대한 내용이 망실된 겁니다. 그러니까〈경1장〉팔조목에서 수신을 이루기 위해 여러 단계의 수양이 필요하고 궁극적으로는 사물에 대한 올바른 이해가 필요하다고 강조한 셈인데, 바로 어떻게 해야 사물을 올바르게 이해할 수 있는지에 대한 구체적인 방법을 기술한 내용, 인식론이 빠져 있는 겁니다.

사실 지식보다 실천을 강조하는 경향이 농후한 유가 문헌의 특성상 사물에 대한 올바른 이해에 도달하는 방법을 이야기하는 인식론은 매우 드물게 보이는 편입니다. 이를테면《논어》에는 '일이관지(一以貫之: 하나로 꿰뚫는다는 뜻)'라든지 '거우삼반(擧隅三反: 한 모퉁이를 일러주면 세 모퉁이를 스스로 알아야 한다는 뜻)', '지례 지명 지언(知禮 知命 知言: 예를 알아야 올바른 자리에 설 수 있고, 천명을 알아야 군자가 될 수 있고, 말을 이해해야 사람을 알 수 있다는 뜻)', '온고지신(溫故知新: 옛것을 알아야 자신을 새롭게 할 수 있다는 뜻)', '박문약례(博文約禮: 문을 널리 익히고 예로 요약해야 수양을 이룰 수 있다는 뜻)' 등의 방법이 보이고,《맹자》에는 '구고좌치(求故坐致: 연고를 찾는다면 천 년간의 동짓날을 앉아서 계산할 수 있다는 뜻)'나 '견례지정 문악지덕(見禮知政 聞樂知德: 예를 살펴보면 정치의 득실을 알 수 있고, 음악을 들어보면 덕의 크기를 알 수 있다는 뜻)' 따위가 보입니다만, 이런 구절은 짧기도 하거니와 논리적 접근보다 직관과 통찰을 중시하기 때문에 구체적인 인식론을 구성하기 어렵습니다. 그 때문에 존재와 앎의 문제를 깊이 고민한 노장철학이나 불교의 치밀한 인식론과 견줄 때 유학의 인식론은 빈약하기 짝이 없습니다.

주희는 철학자이면서 동시에 고전문헌학자입니다. 바로 앞선 시대였던 북송에 이르기까지 철학계는 노장과 불교의 시대였다고 할 수 있습니다. 이런 시대적 상황에서 주희는 유학의 부흥을 위해 유학의 고전을 재해석하는 방법을 선택했습니다. 그러니까 주제와 문제의식은 노장과 불교에서 빌려오고 내용은 유학의 텍스트로 채우는 방식으로 유학의 체계를 다시 세웁니다.《대학》과《중용》을 가장 중요한 고전으로 주목한 이유도 이 같은 시대적 맥락에 따른 것입니다. 그런데 불교의 인식이론에 대항하기 위해 선택한 《대학》에는 불행히도 〈격물치지장〉이 전해지지 않고 사라져버렸습니다. 고전학자로서 주희는 이 장을 복원하는 데 필생의 노력을 기울입니다. 〈보망장〉의 탄생은 상대적으로 열세에 놓여 있는 유학의 인식론을 보충하려는 주희의 의도에서 비롯된 것이기도 합니다. '보망(補亡)'이라는 말은 '없어진 것을 보충했다'는 뜻이지만 사실은 새로 쓴 것입니다. 본래의 《대학》이라고 볼 수 없다는 뜻입니다. 하지만 그렇다고 해서 다른 장보다 중요도가 낮은 것은 아닙니다. 앞서 말씀드린 대로 이후의 철학사에 끼친 영향을 기준으로 평가하면 〈보망장〉은 본문과 거의 같은 정도의 비중을 차지한다고 할 수 있습니다.

〈보망장〉은 고전을 새로 쓴 셈인데 이런 식의 새로 쓰기는 서양의 경우에도 찾아볼 수 있습니다. 이를테면 아리스토텔레스의 《오르가논(Organon)》을 베이컨이 《노붐 오르가논(Novum Organon)》으로 새로 썼죠. 물론 베이컨은 아리스토텔레스의 논리학을 비판하면서 새로 쓴 것이지만 주희는 본래 있었던 것으로 추정되는 진리 탐구 방법, 그러니까 '잃어버린 진리 탐구 방법'을 복원하기 위해 다시 쓴 것이라는 점에서 차이가 있습니다. 첫 문장부터 살펴보겠습니다.

주희는 〈경1장〉에 나오는 '치지재격물(致知在格物)'이라는 조목을 들어 〈보망장〉을 시작하면서 치지라는 목적을 이루기 위해서는 '즉물궁리(卽物窮理)'해야 한다고 풀이합니다.

중간에 '욕치오지지(欲致吾之知)'라는 표현이 나오는데 '욕(欲)'은 바란다는 뜻이고 '치(致)'는 극진히 한다는 뜻입니다. 그리고 '오지지 (吾之知)'는 나의 앎입니다. 그러니까 번역하면 "나의 앎을 극진히 하기를 바란다면"이 됩니다. 여기서 주희가 '앎(知)'이라고 한 건 대상을 정확하게 인식하는 데서 그치는 것이 아니라 실천을 전제로 무엇이 선(善)이고 무엇이 불선(不善)인지 분명히 아는 것을 가리킵니다. 주희는 맹자가 이야기한 사단(四端) 중 옳고 그름을 가리는 마음인 시비지심(是非之心)을 주해할 때도, "'시(是)'라고 하는 것은 어떤 일이 선함을 알아서 옳다고 여기는 것이고 '비(非)'라고 하는 건 어떤 일이 악함을 알아서 그르다고 여기는 것이다[是知其善而以爲是也 非知其惡而以爲非也]"라고 풀이했습니다. 여기의 '지(知)'도 마찬가지입니다. 나의 앎을 극진히 한다는 것은 무엇이 선이고 무엇이 악인지 분명히 알아서 올바르게 실천할 수 있는 조건을 갖추는 것이 목적인데, 그 목적을 이루는 방법이 바로 '즉물궁리(卽物窮理)'입니다.

따라서 이 대목 '재즉물이궁기리야(在卽物而窮其理也)'야말로 주희 인식론을 대표하는 명제라 할 수 있습니다. '재(在)'는 ~에 있다, ~에 달려 있다는 뜻이고, '즉(卽)'은 나아간다는 뜻입니다. 즉위(卽位)라고 하면 임금 자리에 나아간다는 뜻인 것처럼요. 그런데 여기서는 뒤에 '물(物)' 자가 붙어서 '즉물(卽物)'이니까 물에 나아가서 그 물에 있는 이치를 궁구한다는(窮其理也) 뜻입니다. 여기의 '물'은 사(事)와 물(物)을 모두 가리키는데, 앞서 〈경1장〉을 풀이할 때 말씀드린 것처럼 물은 물건(物件)이고 사는 사건(事件)이지만 이 둘은 늘 동시에 존재합니다. 무슨 뜻이냐 하면 어버이, 형, 동생, 동네 어른은 나에게 모두 대상으로서의 물로 존재하지만 어버이와 나 사이, 형과 나 사이, 동생과 나 사이, 동네 어른과 나 사이의 관계는 사에 해당합니다. 그 사이에 나아가서 이치를 궁구하는 것이 '즉물궁리'입니다. 어버이와 나 사이의 관계에서 나는 어떤 도리를 실천해야 하는가를 궁구하면, 어버이에게 효를 실천하고, 형제에게는 우애(友愛)를 실천하고, 어른에게는 제(悌)를 실천해야 한다는 인식에 도달하겠죠. 결국 여기서의 이(理)는 효제충신의 도리 따위가 되는 겁니다.

　이어서 주희는 인식하는 주체를 나로, 대상을 천하의 사사물물로 나누어서 "사람은 누구나 영명한 마음을 가지고 있고 천하의 모든 사물에는 이치가 담겨 있다(蓋人心之靈 莫不有知 而天下之物 莫不有理)"고 이야기합니다. 먼저 앞 구절 '인심지령 막불유지(人心之靈 莫不有知)'를 살펴보겠습니다. '인심지령(人心之靈)'은 문자 그대로 풀이하면 인심의 영명함인데, 사람이라면 누구나 지니고 있는 영명한 마음을 가리키고, '막불유지(莫不有知)'는 지각이 있지 아니함이 없다는 뜻입니다. 주희는 심(心)을 풀이할 때 곧잘 허령불매(虛靈不昧)나 허령지각(虛靈知覺) 같은 표현을 씁니다. 그러니까 사람의 마음은 비록 그 자체로는 텅 비어 있지만 사물을 지각할 수 있는 능력이 갖추어져 있다는 건데 여기의 영(靈) 자도 같은 뜻입니다. 이처럼 주체의 인식능력을 전제한 다음 주희는 대상으로서의 세계를 "천하의 사사물물에는 이치가 있지 않음이 없다(天下之物 莫不有理)"고 정리합니다.

　결국 모든 사람은 영명한 마음이라는 지각능력을 가진 주체이고 천하의 사사물물에는 이치가 있는 대상인데 이 둘이 만나면 자연스럽게 이치를 터득하게 된다는 뜻입니다. 그런데도 천하의 일이 나에게 분명히 이해되지 않는 까닭이 뭐냐, 바로 "오직 이치를 궁구하지 않았기 때문(惟於理有未窮)"이라는 겁니다. 이것이 바로 주자학의 인식론인 격물궁리(格物窮理)인데 인식이론이면서 동시에 수양론이라고 해야 할 것입니다.

이어서 주희는 이런 이유에서 대학에서 처음 가르칠 때에 배우는 이들에게 즉물궁리하도록 한 것이라고 풀이합니다. 여기서 중요한 것은 그 방법으로 "이미 알고 있는 이치를 따라 더욱 궁구하여 그 궁극에 이르게 한다(因其已知之理而益窮之 以求至乎其極)"고 이야기한 부분입니다. 아직 알지 못하는 사물(事物)을 알기 위해서는 이미 알고 있는 사물을 근거로 삼아야 한다고 이야기한 셈입니다. 말씀드린 것처럼 사물은 물리와 사리가 다 포함됩니다. 물리는 공간을 차지하고 있는 특정 대상의 이치를 말하고 사리는 그런 대상과 마주하는 나의 구체적인 행위 법칙에 해당하는 도리라고 할 수 있습니다. 그러니까 아직 알지 못하는 물리를 이해하기 위해 이미 알고 있는 물리를 통해서 접근하는 것처럼 사리 또한 이미 알고 있는 도리를 통해서 아직 알지 못하는 도리를 하나하나 알아나가는 것입니다.

그런데 이런 방법을 거쳐 모든 도리를 깨우치는 경지에 이르기 위해서는 반드시 오랜 시간에 걸친 수행이 필요합니다. 그래서 주희는 "힘쓰기를 오래하여 어느 날 아침에 활연관통하기에 이른다"

고 말합니다. 여기서 활연관통은 활연대오(豁然大悟)와 마찬가지로 모든 사물의 이치를 환하게 꿰뚫는 겁니다. 주희가 강조한 즉물궁리는 사물의 겉모습만 이해하는 데 그치는 것이 아니라 사물의 본질을 꿰뚫어 보는 이 같은 통찰에 이르는 것이 목적입니다. 그런데 이런 통찰은 어느 날 갑자기 찾아오는 것처럼 보이지만 사실은 오랫동안 힘쓴 결과가 조금씩 쌓여서 마침내 이르게 된다는 것입니다. 마지막으로 주희는 이런 통찰에 이르게 되면 마침내 "모든 사물의 겉과 안, 세밀한 것과 거친 것이 이르지 않음이 없게 되고, 내 마음의 전체와 대용(大用)이 밝혀지지 않음이 없게 될 것"이라고 마무리합니다.

결국 주희는 '즉물이궁기리(卽物而窮其理)'를《대학》에서 말하는 인식이론으로 정리한 것입니다. 천하의 사사물물에 나아가서 그 이치를 궁구하는 것, 이것이 유학에서 가장 중요한 인식이론이면서 동시에 수양론이라는 것입니다.

그런데 명대의 왕수인은 양명학을 개창하면서 주희의 이 견해에 반대합니다. 처음에 왕수인은 주희의 이 견해에 따라 사물을 궁구했지만 실패합니다. 왕수인은 주희의 견해가 타당한지 시험해보기 위해 친구 한 명과 함께 대나무를 대상으로 이치를 궁구하기 시작합니다. 하지만 사흘 만에 친구는 지쳐서 도망가버립니다. 그리고 왕수인은 이레까지 버팁니다만 대나무의 이치는커녕 눈에 헛것이 보이는 정신착란이 일어나 포기하고 맙니다.

그런 일이 있고 나서 왕수인은 어떻게 천하의 사사물물에 다 나아가서 이치를 하나하나 일일이 궁구하느냐, 그런 일은 불가능하며 따라서 주희의 즉물궁리는 올바른 학문 방법이 아니라고 비판합니다. 나아가 사람의 마음에는 맹자가 말한 것처럼 생각하지 않고서도 알 수 있는 지혜인 '양지(良知)'와 배우지 않고서도 할 수 있는 '양능(良能)'이 있기 때문에 그것을 따르면 도(道)에 나아갈 수 있다고 주장합니다. 저는 왕수인이 주희의 즉물궁리를 오해했다고 생각합니다. 왜냐하면 주희가 강조한 즉물궁리는 왕수인처럼 칠 일 밤낮 동안 먹지도 자지도 않고 사물의 이치를 궁구하라는 이야기가 아니라 일상을 그대로 유지하면서 마주하는 일들을 경건하게 대하라는 뜻으로 이해해야 하기 때문입니다. 하지만 여기서는 더 이상 자세한 이야기는 하지 않고 다른 기회를 기다리겠습니다. 주자학과 양명학은 둘 다 유학의 지성사에서 굉장히 중요한 비중을 차지하는 사상이기 때문에 간단하게 정리하기가 어렵기 때문입니다.

아무튼 이 대목에서 주희가 '어느 날 아침에 활연관통한다(一旦豁然貫通)'고 표현했지만 더 중요한 맥락은 앞에 놓여 있는 '힘쓰기를 오래한다(用力之久)'는 표현입니다. 사실 어느 날 갑자기 도리를 모두 깨우치는 방법은 없습니다. 우리가 옷을 지어 입으려면 한 땀 한 땀 정성들여 바느질을 하는 수밖에 없습니다. 그래야 옷을 완성할 수 있죠. 인간관계도 마찬가지입니다. 하루하루 신뢰가 쌓여야 사랑이든 우정이든 완성될 수 있는 겁니다. 다만 우리가 사는 현대 자본사회에서는 돈이라는 손쉬운 수단이 있기 때문에 도리를 깨우치기가 오히려 더 어렵습니다. 옷이야 돈으로 살 수 있다 치더라도 사랑이나 신뢰는 돈으로 살 수 있는 것이 아니죠. 본래 사랑은 오직 사랑하고만 교환할 수 있고 신뢰는 오직 신뢰하고만 교환할 수 있는 겁니다. 그런데 돈이 전능화되면 모든 걸 돈으로 교환하려 들죠. 우리가 사는 자본주의 사회의 민낯입니다. 이런 시대에는 주희나 왕양명이 다시 태어나도 활연관통하기 어렵지 않을까 싶습니다.

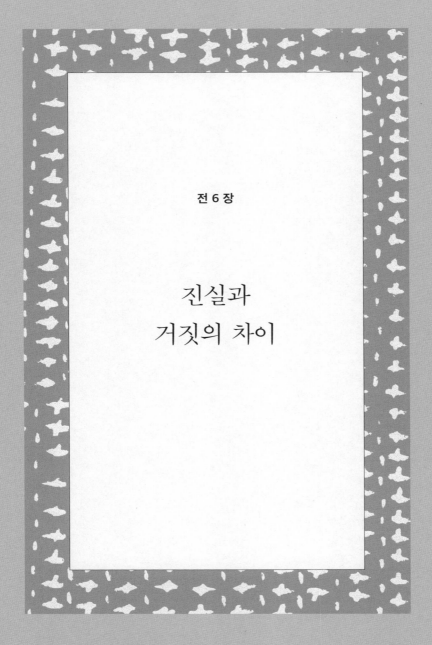

전 6 장

진실과
거짓의 차이

유학 윤리의 정점, 신독(愼獨), 자신을 속이지 말라

진실과 거짓에 관한 이야기만큼 오래된 철학적 주제도 드물 겁니다. 그만큼 무엇이 진실이고 무엇이 거짓인지 밝히는 일이 쉽지 않기 때문이겠죠. 이번에 살펴볼 〈전6장〉의 주제가 바로 진실과 거짓입니다. 이 장은 《대학》의 전(傳)에서 특별히 중요한 대목입니다. 이른바 〈성의장(誠意章)〉이라고 합니다. 여기 나오는 자기 수양 방법이 바로 '신독'으로, '신독'은 유학 윤리의 정점을 장식하는 말이기도 합니다. 《논어》를 보면 공자가 자신의 삶을 회고하면서 나이 70에 '종심소욕불유구(從心所慾不踰矩)'를 이루었다고 했습니다. 여기서 '종심(從心)'은 마음대로라는 뜻이고, '소욕(所欲)'은 하고 싶은 대로라는 뜻입니다. '구(矩)'는 '법 구(矩)' 자니까 일종의 도덕법칙(道德法則)에 해당하는 말입니다. 도덕법칙은 주관적인 동정심이나 어떤 경향성을 이야기하는 것이 아니라 일종의 객관적인 척도처럼 엄밀한 기준이 있는 법칙입니다. 그러니까 이 말은 공자가 나이 70에 이르러서는 '마음대로', '하고 싶은 대로' 행동했는데도 도덕법칙을 어기지 않았다는 뜻입니다. 보통사람들이 마음대로, 하고 싶은 대로 하면 어떻게 될까요? 아마 불유구(不踰矩)가 아니라 반드시 도덕법칙을 어기는 필유구(必踰矩)가 될 겁니다. 그렇다면 마음대로 하거나 하고 싶은 대로 행동해서는 안 되겠죠. 그런데 공자는 70세가 되고 나서는 마음대로, 하고 싶은 대로 행동해도 저절로 도덕법칙을 어기지 않게 되었다는 겁니다. 어떻게 그럴 수 있었을까요?

바로 그런 경지에 이르는 수양 방법이 '신독(愼獨)'입니다. '신독'을 문자 그대로 풀이하면 홀로 있을 때 삼간다는 뜻입니다. 흔히 다른 사람과 함께 있을 때는 올바르게 행동하는 사람도 혼자 있게 되면 해서는 안 되는 일을 저지르는 경우가 많겠죠. 하지만 혼자 있을 때 올바르게 행동하는 사람은 다른 사람과 함께 있을 때도 똑같이 올바르게 행동할 것이 틀림없습니다. 여기서 '독'은 단순히 나 혼자 있다는 뜻일 뿐 아니라 타인의 시선을 의식하지 않는다는 뜻으로 자신의 행위에 대한 보상이나 처벌을 염두에 두지 않는 조건에 놓인 것을 말합니다.

흔히 도덕적 행위의 기준을 찾을 때 타인을 중심에 놓고 생각하는 경향이 있습니다. 이른바 배려, 동정, 연민, 공감 따위의 선의는 모두 타인을 전제할 때만 성립합니다. 이런 도덕 감정은 타인을 대상화하거나 수단화하지 않는다는 점에서 바람직하지만, 타인을 늘 의식한다는 점에서 한계가 있습니다. 이처럼 도덕의 근거를 내면이 아닌 바깥에서 찾게 되면 외부의 상황에 따라 도덕의 기준이 달라질 수 있기 때문에 일관성이 결여되기 쉽습니다. 그런데 '신독'이라는 수양 방법은 타인의 시선이나 외부의 상황을 의식하지 않고 오직 나 자신과의 만남을 통해서 형성된다는 점에서 그런 문제를 최소화할 수 있는 장점이 있습니다.

이른바 뜻을 진실하게 하라는 것은 스스로를 속이지 말라는
것이니, 마치 나쁜 냄새를 싫어하고 아름다운 색을 좋아하는
것처럼 하는 것, 이를 일러 스스로 만족스러워하는 것이라
한다. 그 때문에 군자는 반드시 홀로 있을 때를 삼간다.

所謂誠其意者는 毋自欺也니 如惡惡臭하며 如好好色이 此之謂自
謙(慊)이니 故로 君子는 必愼其獨也니라

'무자기(毋自欺)'라는 표현이 나오는데 '무(毋)'는 하지 말라는 금
지사이고 '자기(自欺)'는 스스로 속인다는 뜻이니까 글자 그대로 자
신을 속이지 말라는 뜻입니다. 흔히 거짓말하지 말라고 할 때는 남
을 속이지 말라는 뜻으로 씁니다. 하지만《대학》의 〈성의장〉에서는
자신을 속이지 말라고 강조합니다. 사실 우리가 남을 속일 수는 있
습니다. 나쁜 의도로 속이는 것은 물론이고 좋은 의도로도 남을 속
일 수 있어요. 상대의 마음을 헤아려 상처를 주지 않으려는 좋은
의도로 거짓말하는 경우도 있습니다. 그런데 자기 자신을 속일 수
있나요? 좋은 의도든 나쁜 의도든 자신을 속일 수는 없습니다. 나
는 나의 진심을 알고 있기 때문이지요. 그렇다면 자신을 속이지 말
라는 말은 어떤 뜻일까요? 이어지는 대목 '여오악취 여호호색(如惡
惡臭 如好好色)'이라는 비유에서 실마리를 찾을 수 있습니다.
　여오악취(如惡惡臭)에서 앞에 있는 '오(惡)'는 미워하다, 싫어하다
는 동사로 쓰였기 때문에 '오'로 읽고, 뒤에 있는 '악(惡)'은 나쁘다

는 뜻으로 취(臭)를 수식하는 형용사로 쓰였기 때문에 '악'으로 읽습니다. '악취(惡臭)'는 나쁜 냄새죠. 그러니까 나쁜 냄새를 싫어하는 것처럼 한다는 뜻입니다. 또 "여호호색(如好好色)"이라는 비유가 나오는데 '호(好)'는 좋아한다는 뜻이고, '호색(好色)'은 아름다운 색깔, 혹은 여색(女色)을 말합니다. 그러니까 이 대목은 주희가 풀이한 것처럼 "악을 미워할 때는 마치 나쁜 냄새를 싫어하는 것처럼 하고 선을 좋아할 때는 마치 아름다운 색깔을 좋아하는 것처럼 하라[惡惡則如惡惡臭 好善則如好好色]"는 뜻입니다. 사람은 누구나 악취를 싫어하고 호색을 좋아하기 마련입니다. 그 때문에 악취를 싫어하는 것처럼 어떤 행위를 싫어하거나 호색을 좋아하는 것처럼 좋아하게 되면, 억지로 마지못해 타인의 시선 때문에 싫어하거나 좋아하는 것이 아니라 내가 참으로 싫어하고 좋아하기에 어떤 행동을 하기도 하고 하지 않기도 하는 겁니다. 결국 행위의 진실성이 어디에 근거하고 있느냐의 문제입니다. 진실성에는 두 가지가 있죠. 다른 사람의 신뢰를 얻기 위해 마지못해 진실한 경우가 있고 타인과는 상관없이 오직 나 자신의 욕구, 내면의 목소리를 기준으로 하는 진실성이 있습니다. 이에 따르면 옳고 그름을 판단하는 주체는 외부의 타인이 아니라 오직 나 자신의 내면입니다. 이 내면의 목소리를 따르는 것이 바로《대학》에서 말하는 진실성 곧 성의(誠意)입니다.

이어서 "이것을 스스로 만족스러워한다고 하는 것이다[此之謂自謙(慊)]"라는 대목에 자겸(自謙)이라는 표현이 나오지요? 자겸은 내면의 명령을 따르면 타인이 만족스러워하는 것이 아니라 내가 '스스로' 만족스러워하게 된다는 뜻입니다. 여기서 '겸(謙)' 자가 재밌습니다. 원문에는 겸손하다는 뜻의 '겸' 자가 써져있는데, 주희가 '쾌(快)'와 '족(足)'으로 풀이한 것처럼 여기서는 만족스러워한다는 뜻으로 쓰였습니다. 글자로 쓰면 마음 심(忄) 자가 옆에 있는 '겸' 자가 됩니다. '겸'은 스스로 흡족해 하다, 만족하다는 뜻입니다. 그런데 옆에 입 구(口) 자가 붙어 있는 겸(嗛) 자도 있어요. 겸(嗛)은 입 속에 어떤 물건을 머금고 있는 상태를 가리키는 글자입니다. 입 속에 머금고 있는 물건이 좋은 것이라면 기분이 좋을 것이고, 나쁜 것이라면 기분도 나쁘겠죠. 그래서 어떤 경우에는 만족한다는 뜻이 되고, 어떤 경우에는 싫어한다는 뜻으로 쓰입니다. 마음 심(忄) 자가 있는 '겸(慊)' 자도 마찬가지예요. 마음에 나쁜 생각을 품고 있으면 기분이 안 좋고, 좋은 생각을 품고 있으면 기분이 좋겠죠. 그게 이 '겸(慊)' 자의 뜻입니다. 말씀드린 것처럼 여기서는 내면의 목소리를 따라 행동했기 때문에 스스로 만족한다는 뜻으로 쓰였습니다. 그리고 그런 상태를 표현한 것이 바로 신독입니다. 그래서 "군자는 반드시 홀로 있을 때를 삼간다(君子 必愼其獨也)"고 마무리한 것입니다.

우리는 어떤 사람이 어떤 행위를 하면 그 행위가 올바르냐 아니냐를 판단하죠. 그런 판단의 기준은 두 가지가 있습니다. 우선 행위의 결과를 보는 겁니다. 결과가 좋으면 그 사람의 행위를 올바른 것으로 판단하고 결과가 나쁘면 올바르지 않은 행위라고 판단하는 겁니다. 그런데 유학에서는 도덕적 판단을 내릴 때 결과만 중시하지 않고 왜 그런 행동을 했는지, 곧 동기를 더 중시합니다. 예를 들어 맹자의 경우 의로운 행위의 결과가 나의 죽음을 초래할 수도 있다고 이야기합니다. 또 우연히 행한 어떤 일이 의리에 부합되었다고 하더라도 그것을 의로운 행위로 인정하지 않습니다. 이런 경우는 일상에서 자주 일어납니다. 때로 좋은 의도로 행동했는데 결과가 나쁘게 나올 수 있고, 또 꼭 나쁜 의도는 아니라 하더라도 우연히 좋은 결과가 따를 수도 있지요.

예를 들어 어떤 사람이 올바른 행위를 했는데 사람들의 칭찬을 받기 위해서 했다고 칩시다. 물론 칭찬을 받기 위해서 옳은 일을 한 것도 나름 괜찮습니다. 하지만 옳은 일을 한 동기가 칭찬 따위의 보상을 바라고 한 일이라면 지속성이 떨어집니다. 보상이 기대되기 어려운 상황이라면 옳은 일을 하지 않을 수도 있을 테니까요. 반대로 어떤 경우에는 칭찬이 아니라, 징벌이 두려워서 올바른 행동을 억지로 할 수도 있습니다. 이럴 경우에는 칭찬을 받기 위해서 한 사람보다는 도덕 수준이 떨어집니다. 자신에게 돌아올 불이익을 피하기 위해서 한 경우니까요. 만약 불이익이라는 징벌이 주어지지 않는다면 올바른 행동을 기대하기 어려워집니다. 《대학》에서는 이처럼 보상을 바라거나 불이익을 피하기 위해 올바른 행동을 하는 이들은 모두 소인으로 간주합니다.

그러나 여기의 '신독'은 오직 나 혼자 있는 상태를 가정한 것이니 칭찬이나 징벌이라는 조건이 전혀 없는 상태입니다. 이런 경우에는 오직 나와의 약속을 지키기 위해서 올바른 행동을 하는 것일 뿐입니다. 유학에서는 이런 조건에서 올바르게 행위하는 것이 도덕에 부합한다고 규정합니다. 그러니까 행위에 어떤 다른 목적이나 이유가 없고 그 행위 자체가 올바르기 때문에 하는 겁니다. 행위에 대한 보상이나 징벌과는 아무런 상관없이, 또 타인의 칭찬이나 비난과는 아무런 상관없이 올바르게 행동하는 것, 이것이 바로 '신독'입니다. 네덜란드의 철학자 스피노자(Baruch de Spinoza, 1632~1677)는 "지극한 복(福)은 덕의 보상(報償)이 아니라 덕 그 자체이다"라고 했는데 이 말 또한 신독을 이해하는 데 참고할 만합니다.

군자와 소인의 차이

이어서 소인과 군자가 선행을 하는 동기가 어떻게 다른지 이야기하는 대목을 살펴보겠습니다.

소인은 평소 한가로이 머물 적에 나쁜 일을 저지르되 하지 못하는 일이 없다가, 군자를 만나게 되면 자신의 불선을 감추고 선을 드러내려 한다. 그러나 사람들이 나를 보는 것이 마치 폐와 간을 들여다보듯 하니 무슨 이로움이 있겠는가. 이것을 일러 마음속에 진실함이 있으면 밖으로 드러난다고 한다. 그 때문에 군자는 홀로 있을 때를 삼간다.

小人閒居에 爲不善하되 無所不至하다가 見君子而后에 厭(암)然揜

其不善하고 而著其善하나니 人之視己 如見其肺肝然이니 則何益
矣리오 此謂 誠於中이면 形於外라 故로 君子는 必愼其獨也니라

이 대목은 소인이 홀로 있을 때 온갖 악행을 다 저지르다가 군
자를 만나게 되면 자신의 악행을 감추고 선행을 드러내려 한다는
뜻입니다. '한거(閒居)'는 한가로이 머문다는 뜻인데 여기서는 홀로
머물 때를 가리킵니다. 그리고 암연(厭然)은 부끄러워하면서 감추는
모양입니다. 신독을 하지 않는 소인의 모습을 표현한 것인데 여기서
의 소인은 군자와 상대되는 말로 악인과 비슷한 말이라고 생각하시
면 됩니다. 그러니까 소인도 늘 악행을 저지르는 것은 아니고, 남들
이 보고 있을 때는 선행을 하는 척하다가 아무도 보지 않는 상황
이 되면 못하는 일이 없을 정도로 악행을 저지른다는 겁니다. 그러
다가 군자를 만나면 자신의 악행을 감추고 선행을 드러내려고 한
다는 것이죠.

하지만 이런 식의 진정성 없는 행위는 금방 드러난다는 것이 이
어지는 대목의 내용입니다. '여견기폐간연(如見其肺肝然)'은 마치 폐나
간까지 다 들여다보듯이 환하게 보인다는 뜻입니다. '견기폐간(見
其肺肝)'은 본래 의사들이 병을 치료할 때 쓰는 말입니다. 사마천의
《사기》 중에 〈편작창공열전(扁鵲倉公列傳)〉이 있는데, 여기 보면 명의
(名醫) 편작(扁鵲)은 담 반대편에 있는 사람까지 다 볼 수 있었다고
합니다. 그런 안력(眼力)을 갖고 사람의 몸을 살피니까 오장육부(五
臟六腑)에 어떤 병이 있는지 다 보였다고 합니다. 이처럼 사람의 장

부를 밖에서 환하게 살펴본다는 뜻인데, 여기서는 사람의 폐나 간을 들여다보는 것처럼 어떤 사람의 마음에 선이 있는지 불선이 있는지를 다 볼 수 있다는 겁니다. 물론 실제로 사람의 마음을 들여다볼 수 있는 건 아니고 내면에 있는 선이나 악이 밖으로 저절로 드러난다는 것을 비유한 표현입니다.

'성어중(誠於中) 형어외(形於外)'가 바로 이 뜻입니다. 어떤 사람의 마음에 진실한 것이 있으면 그것이 반드시 밖으로 드러나는 것처럼 어떤 사람이 마음에 나쁜 뜻을 품고 있으면 결국 밖으로 드러나게 마련이라는 뜻입니다.

나 스스로에게 엄격함

이번에는 증자의 말을 인용하여 신독을 풀이하고 있습니다.

증자가 이렇게 말했다. "열 개의 눈이 보는 바이며 열 개의 손이 가리키는 바이니, 참으로 엄격하구나"

曾子曰 十目所視며 十手所指니 其嚴乎인저

열 개의 눈과 열 개의 손이 나오는 재미있는 비유입니다. 증자는 공자의 제자 증삼(曾參)입니다. 앞서 말씀드렸지만 주희는 《대

학》의 전을 구술한 사람이 증삼이라고 추정했지요. 여기서 '십목소
시(十目所視)'와 '십수소지(十手所指)'라는 표현이 나오는데 열 개의 눈
이 보고 있고 열 개의 손이 가리키고 있다는 뜻입니다. 십목(十目)과
십수(十手)라고 할 때 십(十)은 단순히 산술적인 의미로 많다는 뜻에
그치지 않고 완전(完全)을 의미하는 숫자입니다. 내가 하는 행위를
완전하게 보고 있는 어떤 사람을 가리키는데 그게 누구일까요? 바
로 앞에 '무자기(毋自欺)'라는 표현에서 나왔듯이 나를 가리킵니다.
내가 어떤 행동을 하는지 나는 분명하게 알고 있죠. 절대 나를 피
할 수 없습니다. 그래서 엄격하다고 말한 겁니다. 엄격하기 때문에
홀로 있을 때에도 절대 옳지 못한 행위를 하지 않는 겁니다. 타인이
보고 있기 때문이 아니라 나 자신이 나를 보고 있기 때문에 하지
않는 것이 바로 '신독'입니다.

　그런데 지금 우리가 사는 사회에 신독을 적용하면 어떻게 될까
요? 현대사회는 개인주의를 근간으로 형성되었습니다. 개인주의란
개인의 행위를 결정할 때 오직 자신만이 주체가 될 수 있습니다. 이
런 시대에 개인들에게 올바른 행위를 하라고 촉구하려면 중세적인
방식으로는 불가능합니다. 이를테면 중세의 경우 신(神)의 권위에
의지하여 개인의 선행을 촉구했습니다. 신이 한 사람의 출생에서부
터 죽음에 이르기까지 모든 것을 보고 있습니다. 따라서 신의 징벌
이나 심판이 개인의 행위를 결정합니다. 그런데 지금은 중세가 아
니잖아요. 개인들은 더 이상 신의 징벌이나 심판에 따라 자신의 행
위를 결정하지 않습니다. 이런 상황에서 어떻게 해야 사람들로 하

여금 올바른 행동을 하는 것이 좋다고 이야기할 수 있을까요?

우리 사회가 선택한 것은 신독을 비유한 '십목'이나 '십수'처럼 자기 자신과의 대화가 아니라 폐쇄회로TV(CCTV)인 것 같습니다. 제가 오늘 집에서 나와 학교까지 오면서 셀 수 없을 정도로 많은 수의 감시 카메라를 봤습니다. 현관을 나서 엘리베이터를 타자마자 CCTV가 보였는데 엘리베이터에서 내리자마자 또 있더군요. 동네 놀이터를 지나면서, 거리에서, 지하철 입출구와 차량 안에서, 학교 복도에서…… 어떤 신문 기사에 따르면 19초마다 한 번씩 찍힌다고 하더군요. 이 정도면 모든 일상이 감시당하고 있다고 해도 지나친 말이 아닌 것 같습니다. 그러니 지금 우리는 신독처럼 내가 지켜보고 내가 가리키는 상황이 아니라, 카메라가 감시하고 있는 그런 상황에 놓여 있다고 해야 할 겁니다. 어떤 이들은 그렇게 해서 올바른 행동을 하는 것이나 자신과의 약속 때문에 올바른 행동을 하는 것이나 다를 것이 없다고 합니다. 물론 범죄 발생률 따위의 통계자료를 기준으로 판단한다면 차이가 없다고 할 수 있겠죠. 하지만 그것은 단순한 숫자에 지나지 않습니다. 만약 개인의 올바른 행위가 자신의 결정에 따른 것이 아니라 외부의 감시 때문이라면 인간이 참으로 초라해지지 않겠습니까? 우리가 살고 있는 이 시대에 《대학》에서 말하는 '신독'의 가치가 아름답게 보이는 이유는 바로 이런 데 있는 것이 아닐까 싶습니다.

신독의 가치

    이어서 신독의 아름다움을 어떻게 표현하고 있는지 살펴보겠습니다.

    부는 집을 윤택하게 하고 덕은 내 몸을 아름답게 한다. (덕이 내 마음에 충만하게 되면) 마음이 넓어지고 몸이 반듯하게 펴진다. 그래서 군자는 반드시 자기 자신의 뜻을 진실하게 한다.

    富潤屋이요 德潤身이라 心廣體胖하나니 故로 君子는 必誠其意니라

    멋진 표현입니다. '부윤옥(富潤屋)'은 부(富)가 집을 윤택하게 한다는 뜻입니다. '부(富)'는 좋은 거죠. 요즘 식으로 이야기하면 돈이 많은 겁니다. 이게 많으면 뭐가 좋으냐. 집을 멋지게 꾸밀 수 있습니다. 대리석으로 바닥을 깔 수도 있고 값비싼 자재로 인테리어를 꾸밀 수 있죠. '윤(潤)'은 적셔주다, 매끄럽게 하다는 뜻인데 여기서는 멋지게 꾸민다는 뜻으로 쓰였습니다. 그럼 '부'가 아닌 '덕'은 어떤 점에서 좋을까요? '덕'은 '부'와 상대가 되는 말이죠. '덕'이라고 하는 건 뭐를 아름답게 해주느냐. '덕윤신(德潤身)'은 덕이 내 몸, 곧 나 자신을 아름답게 꾸며준다는 겁니다. 그러니까 내 몸을 아주 패셔너블하게 만들어주는 것이 덕입니다. 옷을 지어 입는 일에 비유한 셈인데 아름다운 옷을 입으려면 한 땀 한 땀 바느질을 해서 지

어 입을 수밖에 없는데, 그런 노동을 생략하고 옷만 바라면 되겠습니까? 그런데 지금처럼 시장경제 체제에서는 시장에 가서 옷을 사서 입으면 그만이기 때문에 한 땀 한 땀 바느질을 하는 오랜 시간이 생략되기 마련이죠. 그런데 우리 몸을 윤택하게 하는 것은 바로 한 땀 한 땀 기워가는 과정이 없으면 이해할 수가 없는 것입니다. '덕'이란 게 바로 그와 같은 것입니다. 덕은 하루 아침에 생기는 것이 아니라 긴 시간 수양해야 형성되는 거죠. 그런 '덕'이 나 자신을 아름답게 꾸며준다는 뜻이 '덕윤신'이라는 구절의 속뜻입니다. 바꾸어 말하면 부를 쌓으면 집을 아름답게 꾸밀 수는 있지만 내 몸을 아름답게 해줄 수는 없다는 거죠. 내 몸을 아름답게 해주는 것은 바로 내 안에 있는 '덕'이라는 겁니다.

이어서 '덕'이 내 마음에 충만하게 되면 '심광체반(心廣體胖)'하게 된다고 이야기합니다. '심광체반'은 마음이 넓어지고 몸이 반듯하게 펴진다는 뜻인데, 사람이 덕을 갖추게 되면 태도가 당당하고 떳떳해져서 두려워하거나 비굴해지지 않는다는 말입니다. 이런 사람을 맹자 방식으로 이야기하면 '대장부(大丈夫)'라고 할 수 있습니다.《맹자》〈등문공(滕文公)〉에 보면 '천하에서 가장 넓은 거처에 살며 천하에서 가장 올바른 자리에 서서 천하에서 가장 큰 길을 가는 사람〔居天下之廣居 立天下之正位 行天下之大道〕'이 바로 대장부라고 했거든요. 바로 자기 자신의 뜻을 진실하게 하는 성의(誠意)라는 과정을 통해서 대장부에 이르는 길, 이것이 유학에서 말하는 '신독'의 극치라고 할 수 있습니다. 나 자신과의 약속을 지키는 것보다 강한 도덕적

결단은 없다는 것이죠. 마지막 구에서 '필성기의(必誠其意)'라는 말
로 성의를 재차 강조한 맥락이 여기에 있다 하겠습니다.

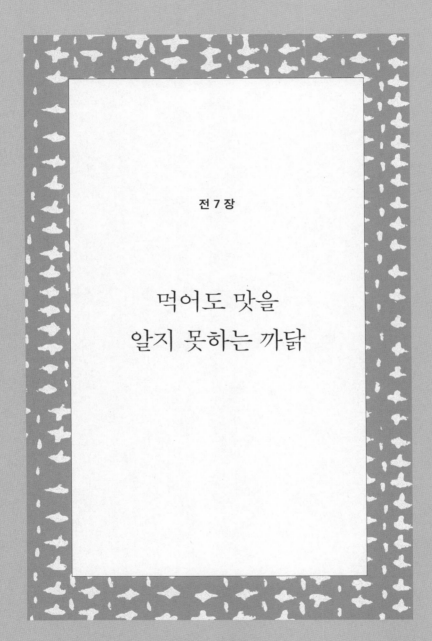

전 7 장

먹어도 맛을
알지 못하는 까닭

내 감정의 주인은 누구인가? 수신의 방법, 정심(正心)

이번에는 《대학》의 〈전7장〉, 바로 자기 자신의 마음을 바로잡는 〈정심장(正心章)〉을 읽겠습니다. 〈경1장〉에 이런 대목이 나왔던 걸 기억하실 겁니다. "천자에서 일반인에 이르기까지 한결같이 자신의 몸을 닦는 수신을 근본으로 삼는다(自天子 以至於庶人 壹是皆以修身爲本)." '수신'의 중요성을 강조한 문장인데 나 자신을 가리키는 '신(身)'이 천하의 근본이라고 이야기하고 있습니다. 말씀드린 것처럼 나 자신으로부터 가(家)에 이르고, 국(國)에 이르고, 천하(天下)에 이르는 이상을 추구하는 것이 《대학》의 방대한 스케일입니다. 그런데 "자기 자신을 닦고자 했던 이는 먼저 그 마음을 바로잡았다(欲修其身者 先正其心)"고 한 데서 알 수 있는 것처럼 자신을 올바르게 수양하기 위해서 맨 먼저 나 자신의 마음을 바로 세워야 합니다. 〈전7장〉은 바로 어떻게 해야 자신을 바로 세울 수 있는지 이야기하고 있습니다.

이른바 자신을 수양하는 것이 자기 마음을 바로잡는 데 있다 함은, 마음에 분노하는 바가 있으면 올바름을 얻지 못하며 두려워하는 바가 있으면 올바름을 얻지 못하며 좋아하는

175

바가 있으면 올바름을 얻지 못하며 걱정하는 바가 있으면 올바름을 얻지 못하기 때문이다.

所謂修身이 在正其心者는 身(心)有所忿懥면 則不得其正하며 有所恐懼면 則不得其正하며 有所好樂(요)면 則不得其正하며 有所憂患이면 則不得其正이니라

이 장에서는 분노, 두려움, 기호, 우환이 우리의 몸과 마음을 어떻게 무너뜨리는지 이야기하고 있습니다. 그중 분노가 가장 먼저 나옵니다. 마음을 바로 세우는 데 가장 먼저 경계해야 할 것이 분노라고 생각한 것입니다. 사실 화가 나 있는 상태에서 어떤 판단을 내렸다가 일을 그르쳐서 후회해본 경험은 누구나 있기 마련입니다.

'신유소분치(身有所忿懥)'는 몸에 분노하는 바가 있다는 뜻인데 '분(忿)'과 '치(懥)'는 모두 성낸다는 뜻입니다. 그런데 주희는 여기의 '몸 신(身)' 자를 '마음 심(心)' 자로 바꿔야 한다고 풀이했습니다. 일단 타당한 풀이입니다. 왜냐하면 지금 이 대목은 '정심(正心)'에 관해 이야기하고 있거든요. 그러니까 우리의 마음이 어떤 경우에 올바름을 잃게 되느냐, 바로 분노하는 감정이 생기면 올바른 마음을 잃어버리게 된다는 뜻입니다. 그러니까 '몸 신' 자를 '마음 심' 자로 바꿔야 문의가 통합니다. 고대로부터 전해지는 《대학》의 판본에는 '몸 신' 자로 되어 있지만, 〈정심장〉의 맥락을 기준으로 판단하면 '마음 심' 자로 바꾸는 게 맞습니다.

그런데 다산 정약용은 '몸 신(身)' 자를 그대로 두는 것이 옳다고 주장했습니다. 몸(身) 안에 마음(心)이 포함되어 있기 때문에 그렇게 읽어야 수신을 강조하는 《대학》의 본뜻에 어울린다는 논리입니다. 주희처럼 심(心)으로 고치게 되면 수신의 범위가 좁아져 몸과 마음의 수양을 따로 떼어서 생각하는 폐단이 생긴다는 겁니다. 수신이 체력단련을 뜻하는 게 아닌 것처럼 정심 또한 정신단련에 국한되지 않는다고 이해한다면 정약용의 문제제기가 충분한 이유가 있다고 할 수 있습니다. 그리고 '수신(修身)'의 '신(身)'도 불교식으로 이야기하면 수심(修心)일 텐데 그렇게 되면 유학에서 멀어진다는 주장입니다. 유학의 특징을 '심(心)'이 아닌 '신(身)'을 강조하는 데서 찾은 셈인데 정약용의 이 견해는 그가 마음과 몸이 따로 떨어져 있지 않다고 생각했다는 점에서 따로 기억해둘 만한 가치가 있습니다.

서구에서도 정신과 육체의 관계를 두고 오랜 세월 논쟁한 역사가 있습니다. 데카르트(René Descartes, 1596~1650)에 따르면 정신과 육체는 대립합니다. 하지만 스피노자에 따르면 대립하지 않습니다. 그만큼 이 문제는 간단하게 결론을 내리기 어려운 주제이기 때문에 이 정도로 소개하는 선에서 그치고 일단 문장을 쉽게 이해하기 위해서 '몸 신(身)' 자를 '마음 심(心)' 자로 보겠습니다.

그러니까 '신유소분치(身有所忿懥)'를 '심유소분치(心有所忿懥)'로 바꾸면 이 문장은 "마음에 분노하는 바가 있으면(心有所忿懥) 올바름을 얻지 못한다(則不得其正)"는 뜻이 됩니다. 사람이 화난 상태가 되면 올바른 판단을 내리지 못한다는 뜻인데, 인간의 지능과 감정상태의 상관관계를 조사한 최근의 연구도 이를 뒷받침합니다. 연구결과에 따르면 화난 상태에서는 지능지수가 80 이하로 떨어진다고 합니다. 화가 났을 때 어떤 일을 판단하거나 그 판단을 행동으로 옮겨서는 안 된다는 이야기죠. 평소 현명한 사람이라 하더라도 화가 나면 어리석어지기 때문에 그런 상태에서 판단하거나 말을 하거나 행동하게 되면 일을 그르치고 후회하게 되겠죠. 저 자신도 마찬가지입니다만 주변에서 어떤 사람이 분노한 상태에서 행동하다가 실수하는 경우를 자주 보기도 합니다.

이런 실수를 방지하기 위해서는 '화'라는 감정이 나를 지배하지 않게 해야 합니다. 그런 상태가 바로 평정심(平靜心)이겠죠. 어떠한 경우에도 흔들리지 않고 내 감정을 일정한 상태로 유지할 수 있다면, 그게 수양이 된 상태라고 할 수 있겠습니다. '닦을 수(修)'라는 게 바로 그런 뜻이거든요. '평(平)' 자는 고르다는 뜻이고요. 아무리 험한 일이나 참을 수 없는 일이 있어도 평정심을 유지하면서 판단할 수 있다면 수양이 된 사람이라고 할 수 있을 텐데, 그런 수양은 그냥 지식으로 이룰 수 있는 것이 아니라 오랜 기간의 수련과 실천이 따라야 합니다.

저도 《대학》의 이 구절을 수백 번 읽었습니다만, 지금도 마음이 흔들려서 화가 나는 경우가 종종 있습니다. 수양이 부족한 거죠. 그래도 늘 분노한 상태에서 판단하고 행동하고 말하지 말고 잠깐 기다렸다가 마음이 진정된 상태에서 판단하고 행동하고 말해야겠다고 다짐합니다. 그게 결국 다른 사람에게도 좋고 나의 수양에도 도움이 되겠죠. 여러분도 이번 기회에 그와 같은 노력을 해보셨으면 좋겠습니다. 사실 자신의 감정을 완전하게 조절하는 일은 누구도 장담할 수는 없을 만큼 어려운 일입니다. 그중에서도 특히 화를 잘 다스리는 것이 쉽지 않습니다. 다른 감정이 서서히 형성되는데 화는 갑자기 일어나기 때문이죠. 누구나 무시당하거나 존중받지 못한다고 느끼면 화가 나기 마련이거든요. 그리고 마땅히 화내야 할 경우가 전혀 없는 것도 아니고요. 그 때문에 율곡 이이는 마땅히 노여워해야 할 경우에 노여워하는 것은 정당하다고 이야기하기도 했습니다.

이어서 '유소공구 즉부득기정(有所恐懼 則不得其正)'이 나오는데 '공(恐)'이나 '구(懼)'는 모두 두려워한다는 뜻입니다. 두려워하는 바가 있게 되면 올바른 판단을 내리지 못한다는 말인데 화와 마찬가지로 두려움 또한 우리의 판단을 그르치는 감정입니다. 두려움의 종류는 여러 가지가 있죠. 예를 들어 경제적인 두려움도 두려움의 일종인데 그런 두려움이 시장의 정상적인 기능을 방해하는 경우가 있습니다. 전쟁 분위기가 조성된다든지 하면 주식 시장이 흔들려 걷잡을 수 없을 정도로 주식이 폭락하는 현상이 일어나기도 합니다. 하루아침에 모든 것을 잃을 수 있다는 투자자들의 두려움이 작용한 결과죠.

개인의 수양에서는 두려움이 사람을 나약하게 만드는 주범입니다. 우리가 도덕적으로 올바른 행동하는 것은 쉬운 일이 아닙니다. 이를테면 맹자가 말한 '호연지기(浩然之氣)' 같은 용기가 필요합니다.

호연지기는 외부의 힘에 굴복하지 않는 용기로 일종의 도덕적 배포 같은 겁니다. 불의와 타협하고 강한 세력에 편승하는 게 얼마나 이롭고 편합니까? 그러나 도덕적으로 올바르게 행동하려면 불리와 불편을 감수하면서 두려움과 맞서 싸워야 합니다. '호연지기'와 같은 강인함이 없다면 감당할 수 없겠죠. 그리스의 작가 니코스 카잔차키스(Nikos Kazantzakis, 1883~1957)의 묘지명에는 단 세 줄이 써져 있다고 합니다. "나는 아무것도 바라지 않는다. 나는 아무것도 두렵지 않다. 나는 자유다." 저는 이 묘지명을 "두려움을 넘어설 때 자유인이 될 수 있다"는 뜻으로 이해했습니다.

'유소호요 즉부득기정(有所好樂 則不得其正)'에서 '호요(好樂)'는 좋아한다는 뜻입니다. '즐거울 락(樂)' 자는 즐겁다는 뜻으로 쓰일 때는 '락'으로 읽고 음악이라는 뜻으로 쓰일 때는 '악'으로, 좋아한다는 뜻으로 읽을 때는 '요'로 읽습니다. 흔히 '좋아할 호(好)' 자와 연결되어 쓰일 때에는 이 대목처럼 '요'로 읽는 경우가 많은데 여기의 '호요'도 그중 하나입니다. 이 대목은 좋아하는 게 있으면 마음이 올바름을 얻지 못하게 된다는 뜻인데, 어떤 물건이나 일을 너무 좋아하다 보면 마음이 흔들려서 올바른 판단을 내리지 못하는 경우를 말한 것입니다. 옛사람들은 이런 경우를 두고 완물상지(玩物喪志)라고 했습니다. 완물상지는 본래 《서경》에 나오는 말로, 주나라 무왕이 서려(西旅)에서 공물로 바친 개를 곁에 두고 아끼자 당시 태보(太保)였던 소공(召公)이 물건을 아끼게 되면 뜻을 잃어버리게 된다(玩物喪志)고 간하는 말입니다. 완인상덕(玩人喪德)이라는 말도 함께 쓰는데, 완인상덕은 어떤 사람을 너무 사랑하게 되면 덕을 잃어버린다는 뜻으로 대상만 다를 뿐 취지는 완물상지와 같습니다. 그러니까 사람이든 물건이든 지나치게 좋아하게 되면 판단을 그르치기 쉽다는 점에서 그런 감정을 경계해야 한다고 이야기한 것입니다. 예컨대 자식을 너무나 사랑하다 보면 자식의 나쁜 점을 보지 못하는 경우가 있죠. 다음 장인 〈전8장〉에 이 경우에 꼭 맞는 이야기가 나오기 때문에 여기서는 이 정도 풀이로 그치겠습니다.

다음으로 '유소우환 즉부득기정(有所憂患 則不得其正)'이 나옵니다. '우환(憂患)'은 걱정·근심이죠. 걱정과 근심이 많으면 역시 올바른 판단을 내리기 어렵습니다. 머릿속에 걱정과 근심이 가득하게 되면 창의적인 생각을 하기가 어려울 뿐 아니라 일상생활에 문제가 생기기 쉽습니다. 물론 걱정·근심이 부정적인 영향만 끼치는 것은 아닙니다. 맹자가 이르길 "우환에서 살고 안락에서 죽는다(生於憂患而死於安樂)"고 했는데 이 말은 나라를 다스리는 자가 안으로 나라 안의 근심을 강직하게 간하는 신하가 없고 밖으로 적국의 외환이 없게 되면 게을러져서 나라가 망하게 된다는 뜻으로 한 말입니다. 따라서 이런 근심은 오히려 수양에 도움이 됩니다. 또 "백성의 근심을 자신의 근심으로 여기면 백성들 또한 그런 통치자의 근심을 자신들의 근심으로 여긴다(憂民之憂者 民亦憂其憂)"는 말도 했는데 이 경우도 어진 임금이 백성들의 삶을 근심하는 것이므로 자기 수양에 도움이 됨은 말할 것도 없고 나라를 다스리는 자가 반드시 지녀야 할 덕목이라 할 수 있습니다. 하지만 이 대목에서 이야기하는 근심은 오직 자신의 안위만 돌보기 때문에 일어나는 개인적 차원의 근심으로 이런 근심에 빠지게 되면 그것을 벗어날 생각에 골몰한 나머지 다른 생각을 하지 못하게 됩니다. 결국 사람을 나약하게 하는 부정적인 근심을 경계한 말입니다.

마음이 어디에 있느냐

마음에 있지 않으면 보아도 보이지 않으며 들어도 들리지 않으며 먹어도 그 맛을 알지 못한다. 이것을 일러 자신의 몸을 수양하는 것이 그 마음을 바로잡는 데 있다고 한 것이다.

心不在焉이면 視而不見하며 聽而不聞하며 食而不知其味니라 此謂修身이 在正其心이니라

〈전7장〉의 결론입니다. '심부재언(心不在焉)'에서 '어조사 언(焉)' 자는 대체로 어조사 어(於) 자와 대명사인 차(此), 피(彼), 시(是) 따위가 결합한 조사로 이곳에서(於此), 저기에서(於彼), 여기에서(於是)라는 뜻으로 쓰입니다. 그래서 '심부재언(心不在焉)'은 '마음이 여기에 있지 아니하면(心不在焉)'이라는 뜻인데, 뒤에 여기를 가리키는 일 세 가지가 열거되어 있습니다. 바로 '보는 일(視)', '듣는 일(聽)', '먹는 일(食)'입니다.

그러니 이 문장을 압축하면 "마음이 있지 않으면 보아도 보이지 않고, 들어도 들리지 않고, 먹어도 맛을 알지 못한다"는 뜻이 됩니다. 보고 듣고 먹는 일을 담당하는 기관은 각각 눈과 귀와 입입니다. 이 세 가지는 감각기관이죠. 이 세 감각기관을 통해 외부의 정보를 받아들인 뒤 판단하는 기관이 마음입니다. 그렇기에 맹자는 마음을 이목구비의 감각기관과 구분하여 심관(心官)이라 했습니다. 이목의 기관은 외부에 있는 사물을 감각하기만 할 뿐 스스로 생각하는 힘이 없습니다. 심관은 감각기관인 이목과 달리 생각하는 힘을 가지고 있습니다. 그 때문에 이목이 아무리 정확한 정보를 전달한다고 하더라고 심관이 제 역할을 하지 않으면 보아도 보이지 않고 들어도 들리지 않으며 먹어도 맛을 알지 못하게 되는 거죠.

보는 것과 듣는 것은 물론 중요합니다. 그중에서도 가장 중요한 것이 시각을 관장하는 눈이겠죠. 그런데 눈은 때로 나쁜 안내자가 되기도 합니다. 잘못 볼 수 있거든요. 옛날 월(越)나라의 어떤 사람이 거잣거리를 지나다가 황금을 보고 그것을 훔칩니다. 그런데 아무도 모르게 훔친 게 아니라 주위에 사람들이 다 보고 있는 가운데 훔쳐요. 사람들이 붙잡아서 왜 그랬느냐고 물었더니, 사람이 안 보여서 훔쳤다고 합니다. 마음이 황금에 가 있었기 때문에 황금만 보이고 주위의 사람은 보이지 않았던 셈입니다. 듣는 것도 마찬가지죠. 마음이 다른 곳에 가 있으면 다른 사람의 말이 귀에 들어오지 않습니다. 따라서 제대로 보고 제대로 듣기 위해서는 심이라는 기관의 역할이 가장 중요하다 하겠습니다.

흔히 감각기관을 가리키는 말을 쓸 때는 이목구비(耳目口鼻)라고 하는데 여기서는 '식(食)'을 예로 든 것이 재미있습니다. '식이부지기미(食而不知其味)'는 마음이 없으면 음식을 먹어도 그 맛을 알지 못한다는 뜻인데, 유가의 문헌에는 이처럼 수양을 먹는 일에 비유하는 경우가 자주 보입니다. 예컨대 《중용》에서는 "음식을 먹고 마시지 않는 사람은 없지만 맛을 제대로 아는 이가 드물다(人 莫不飮食也 鮮能知味者也)"고 했습니다. 인간 또한 물질대사를 하는 생명체이므로 먹지 않고 살 수 없는 존재입니다. 그런데 이 먹고 마시는 일을 개인의 생명을 유지하는 차원에서만 바라보면 인간이라는 존재도 대단할 것 없습니다. 《대학》에서 '수신'을 이야기하지만 이것도 나 개인에 국한된 일로 치부하면 그 일에서 무슨 전 세계적인 의미나 전 우주적인 의미를 찾을 수 있겠습니까? 뭐 그렇게 대단한 일이 아니죠. '신독'의 경우도 마찬가지입니다. 혼자서는 제아무리 도덕적 긴장을 유지해봤자 세상에 별 도움이 되지 않습니다.

그러나 유학에서는 인간이 먹고 마시는 일을 그리 단순하게 바라보지 않습니다. 오히려 먹고 마시는 일에서 수신이라는 도덕적 수양이 시작이 된다고 생각합니다. 그러니까 먹고 마시는 일을 올바르게 함으로써 다른 사람과의 관계를 올바르게 형성할 수 있고 세상을 아름답게 바꾸어갈 수 있다고 생각하는 것이지요.

공자, 맹자, 순자는 말할 것도 없고 모든 유학자들은 예(禮)를 강조합니다. 그럼 예가 어디에서 시작했느냐? 《예기》에서는 "예는 음식에서 시작되었다[禮始諸飮食]"고 기록하고 있습니다. 먹고 마시는 일에서 시작된 것이 예라는 거예요. 예는 인간이 사회를 이루고 살아가는 데 굉장히 중요한 것이지만, 사실은 아무것도 아니라고 가볍게 생각하기 쉬운 먹고 마시는 일에서 시작된 겁니다. '예(禮)'라는 글자는 테이블(T)에 사냥한 짐승(-)을 올려놨는데 거기서 피가 떨어지는 모양을 그린 글자인 '示(示)'가 왼 편에 있고, 나무로 만든 제기(豆) 위에 수확한 곡식과 과일(曰)을 올려놓고 젓가락(II)을 꽂아 놓은 모양인 '豊(豊)'이 오른 편에 있는 글자입니다. 왼 편의 시(示)는 사냥을 한 뒤 제례(祭禮)를 올리는 모양을 그린 글자입니다. 제례는 기원을 담은 행위인데 사냥을 끝내고 어떤 일을 기원할까요? 사냥은 굉장히 위험한 일이죠. 인간의 신체 조건을 생각해보면 자연 상태에서 사냥꾼이 되기보다 사냥감이 되기 십상입니다. 그런 인간이 사냥에 성공하는 까닭은 사냥에 참여하는 사람들이 협력하기 때문입니다. 그 때문에 사냥을 끝내고 나서 다음 사냥도 성공하게 해달라고 기원하면서 사냥에 참여한 모든 사람들이 잡은 짐승의 고기를 나누어 먹습니다. 만약 나누어 먹지 않으면 어떻게 될까요? 구성원들의 협력을 이끌어내지 못할 것이기 때문에 다음 사냥은 실패할 수밖에 없을 겁니다.

농사일도 어렵긴 마찬가지입니다. 바람이라도 세게 불면 농작물이 넘어지고 홍수가 나면 물에 잠기고 가뭄이 들면 작물이 말라버리잖아요. 그런 어려운 과정을 거쳐서 농사에 성공하려면 농사짓는 사람들 간의 협력이 절대적입니다. 그 때문에 수확을 끝내고 나면 수확한 곡식과 과일을 나누어 먹으면서 제례를 올리는 겁니다. 다음 농사도 성공하게 해달라고 기원하는 거죠.

이렇게 보면 '예'라는 것은 함께하는 사람들과 먹을 것을 나누는 일에서 시작되었다고 할 수 있습니다. 먹고 마시는 일상생활 속에 도리(道理)가 있는 거죠. 유학에서는 일상생활 속에서 올바른 도리를 얻지 못하면서 우주가 어떻고 내세가 어쩌고 이야기하는 것은 다 황당한 소리에 지나지 않는다고 생각합니다. 그 때문에 천명(天命)이라고 하는 초월적 존재와 인간 자신(身)이라는 문제를 따로 떼서 사유하지 않고 연결시킵니다. 인간이 일상의 현실 속에서 올바른 도리를 지키는 자기 수양을 통해 천명을 이루고 천하(天下)에 도달하고 천지(天地)에 참여할 수 있다는 것이죠.

유학에서 먹고 마시는 것을 비롯한 일상의 일들을 비유로 자주 드는 이유가 여기에 있습니다. 일상의 도리가 수신의 출발점이라고 생각하는 것, 이것이 유가 윤리의 기본입니다. 그리고 일상의 도리를 닦는 '수신'을 전 세계적·우주적인 일이면서 '평천하'의 전제 조건으로 규정합니다. 공자가 '하학이상달(下學而上達)'이라고 했는데, 주희가 이 말을 "아래에서 인사(人事)를 배워 위로 천리(天理)에 도달한다"고 풀이한 것도 같은 맥락입니다. 여기서 인사는 부모가 자식을 사랑하고 자식이 부모에게 효도하며 형은 아우를 사랑하고 아우는 형을 공경하는 따위의 일상사를 가리킵니다. 결국 천리라는 것도 일상의 사소한 도리를 실천함으로써 도달할 수 있다는 것입니다. 심지어 《중용》에서는 수신을 함으로써 인간이 "하늘과 땅과 더불어 셋이 된다(與天地參)"고까지 이야기합니다. 하늘이 있고 땅이 있고 내가 있다는 거죠. 한마디로 인간은 하늘과 땅 사이에서 살아가는 존재라는 건데, 지금의 우리처럼 도시에 살면 이런 걸 느끼기 어렵지만 몽골 평원이나 만주 벌판 같은 곳에 가보면 우리가 하늘과 땅 사이에 살고 있다는 것을 감각적으로 느낄 수 있습니다. 어떻게 보면 일상의 가치를 과장하는 것 같지만, 이것이 바로 유학의 특징입니다.

결국 일상생활 속의 올바른 도리를 실천함으로써 나 자신을 수양하고, 그렇게 함으로써 천하에 도달하고 마침내 천지와 더불어 공존할 수 있는 존재로 상승할 수 있다는, 인간 거대화(巨大化)의 꿈을 이루는 것이《대학》〈전7장〉의 취지라 할 수 있습니다.

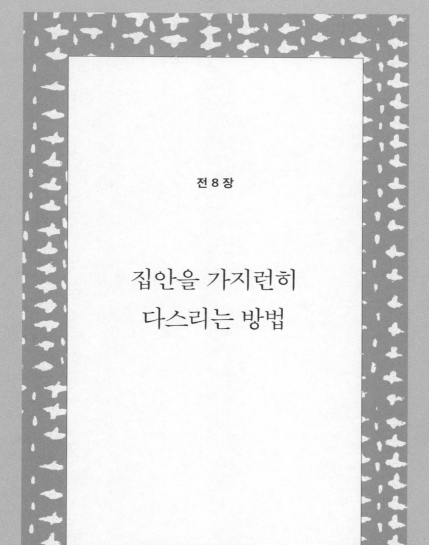

전 8 장

집안을 가지런히
다스리는 방법

공평함을 해치는 다섯 가지 감정

〈전8장〉은 집안(家)을 가지런히 다스리는 방법에 관해 이야기하고 있습니다. 앞서 《대학》에서 말하는 '가(家)'는 요즘 우리가 이야기하는 '가족(家族)'과는 단위가 다르다고 말씀드린 적이 있습니다. 국가(國家)라고 할 때 '국'은 제후국으로 큰 나라이고 '가'는 대부(大夫)의 '가'로 작은 나라라고 생각하시면 된다고 했지요. 그만큼 '가'는 많은 수의 구성원이 있습니다. 그리고 여기서 가지런히 다스린다는 말은 그 많은 사람들을 차별하지 않고 공평하게 대한다는 뜻입니다. 사실 사람마다 품성이 각기 다르고 능력의 차이도 없지 않은데 그런 사람들을 차별하지 않고 공평하게 대한다는 것은 지극히 어려운 일입니다. 하지만 집안을 다스리는 자라면 구성원들을 공평하게 대하기 위해 노력해야 합니다. 그렇게 해야만 집안이 편안해지기 때문입니다. 공자가 "나라와 집안을 다스리는 자는 적은 것을 걱정하지 말고 고르지 못한 것을 걱정해야 하며, 가난을 걱정할 것이 아니라 편안하지 못한 것을 걱정해야 한다〔有國有家者 不患寡而患不均 不患貧而患不安 蓋均無貧 和無寡 安無傾〕"고 이야기한 것도 비슷한 뜻입니다. 불균(不均)과 불안(不安)이야말로 공동체를 흔드는 가장 커다란 위협이기 때문입니다. 불균은 고르지 못한 것, 곧 공평하지

못한 것이고 불안은 불균의 결과 초래된 편안하지 못한 상태를 가
리키는 말입니다. 따라서 균(均)을 통해서 안(安)을 이루는 것이 나
라와 집안을 다스리는 이들에게 주어진 책임이라 할 수 있습니다.
여기 《대학》 〈전8장〉에서는 그 일이 자신을 바로 세우는 일에서 시
작한다고 이야기합니다. 앞서 천하를 고르게 다스리자면 나라부터,
나라를 올바르게 다스리려면 집안부터 가지런히 다스려야 한다고
했는데, 같은 논리로 집안을 가지런히 다스리려면 나 자신부터 바
로 세워야 한다고 이야기하는 거죠.

　　이른바 집안을 가지런히 하는 것이 자기 몸을 수양하는 데
　　있다 함은, 사람이 사랑하는 데에서 치우치며, 천시하고 미워
　　하는 데에서 치우치며, 두렵고 공경하는 데에서 치우치며, 슬
　　퍼하고 불쌍히 여기는 데에서 치우치며, 오만하고 게으른 데
　　에서 치우치니, 그 때문에 좋아하면서 그 나쁜 점을 알고 미
　　워하면서도 그 아름다움을 아는 사람은 천하에 드물다.

　　所謂齊其家 在修其身者는 人이 之其所親愛而辟(僻)焉하며 之其
　　所賤惡而辟(僻)焉하며 之其所畏敬而辟(僻)焉하며 之其所哀矜而
　　辟(僻)焉하며 之其所敖惰而辟(僻)焉하나니 故로 好而知其惡하며
　　惡而知其美者 天下에 鮮矣니라

　　사랑과 미움, 두려움과 불쌍히 여김 따위의 감정을 경계해야 한

다고 이야기하고 있다는 점에서 〈전7장〉의 내용과 비슷합니다. 다만 〈전7장〉이 주로 어떤 일이나 사물에 대한 감정이 나의 올바른 판단을 그르칠 수 있다고 경계한 것이라면 〈전8장〉에서는 어떤 사람에 대한 편파적인 감정 때문에 사람들을 공평하게 대하지 못하게 되는 경우를 경계하고 있습니다.

'인 지기소친애이벽언(人之其所親愛而辟焉)'이 첫 번째 경계인데, 여기서 '갈 지(之)' 자는 '어조사 어(於)' 자와 같은 역할로 '~에서'의 뜻으로 쓰였습니다. '친애(親愛)'는 내가 어떤 사람을 사랑하고 아끼는 감정입니다. 어떤 사람을 사랑하기 때문에 그의 잘못을 보지 못하게 되면 편애(偏愛)라는 벽(辟)으로 흐르게 되겠지요. '벽'은 치우친다는 뜻인데 이 글자는 매우 다양하게 쓰입니다. 물리친다는 뜻으로도 쓰이고 임금이라는 뜻으로도 쓰이고 죄(罪)라는 뜻으로도 쓰입니다. 그리고 '피할 피(避)' 자나 '비유할 비(譬)' 자로도 쓰이는데, '辟' 아래에 '천천히 걸어갈 착(辶)' 자가 붙으면 피(避)가 되고 '말씀 언(言)' 자가 놓이면 비(譬)가 됩니다. 여기서처럼 왼쪽에 사람 인(亻) 자가 붙으면 치우친다는 뜻인 벽(僻) 자로 쓰입니다. 그리고 '辟'에 '병 녁(疒)'을 씌우면 '버릇 벽(癖)' 자가 되는데 이 벽(癖)은 습벽(習癖)으로 고질적인 버릇을 병(病)에 견준 글자입니다. 이 대목에서 다섯 차례 보이는 '辟' 자는 이 두 글자의 뜻을 모두 담고 있습니다. 요컨대 이 대목은 어떤 사람을 사랑하고 아낀 나머지 그 사람의 잘못을 보지 못하는 맹목적인 사랑을 경계한 이야기입니다.

다음으로 사랑과 반대의 감정인 '천오(賤惡)'가 이어집니다. '천

(賤)'은 천시하다는 뜻이고 '오(惡)'는 미워하다는 뜻이죠. 평소 어떤 사람을 천시하거나 미워하는 감정을 가지게 되면 그 사람이 올바른 말을 하거나 좋은 일을 해도 편견에 사로잡힌 나머지 오해할 수 있죠. 《한비자(韓非子)》에 이런 이야기가 나옵니다. 옛날 송나라에 어떤 부자가 살았는데 어느 날 비가 많이 와서 담장이 무너집니다. 그때 그 집 아들이 담을 빨리 수리하지 않으면 도둑이 들지 모른다고 이야기합니다. 그런데 이웃에 살던 사람도 같은 이야기를 하면서 충고합니다. 밤이 되자 과연 집에 도둑이 들어 물건을 훔쳐갑니다. 그러자 집안사람들이 다들 이웃 사람을 의심하고 아들은 지혜롭다고 칭찬했다는 겁니다. 왜 똑같은 이야기를 했는데 한 사람은 칭찬받고 또 다른 사람은 의심의 대상이 된 걸까요. 자기 자식은 친애하고 이웃 사람은 그렇지 않았기 때문에 도둑으로 의심받은 겁니다. 이처럼 친애뿐 아니라 상대를 천시하거나 미워하기 때문에 일어나는 잘못이 많습니다.

예를 들어 사마천의 《사기》 중 〈열전〉의 두 번째 편이 〈관안열전(管晏列傳)〉입니다. '관'은 관중(管仲)을 가리키고, '안'은 안영(晏嬰)을 가리킵니다. 사마천은 첫 번째 편인 〈백이열전〉에서 백이를 내세워 정의(正義)를 이야기했다면, 두 번째 편에서는 관중과 안영을 내세워 우정(友情)을 이야기합니다. 사마천은 세상의 모든 가치 중에서 의리가 가장 중요하고 그다음으로 중요한 것이 우정이라고 생각했던 거죠. 그런데 〈관안열전〉의 주인공 한 사람인 안영이 저잣거리에서 월석보(越石父)라는 현인(賢人)을 만나는 대목이 기록되어 있습니다. 당시 월석보는 노예로 붙잡혀 있는 처지였는데 안영이 그를 보고 자기가 타던 말을 월석보와 맞바꿔 그를 풀려나게 합니다. 사실 이런 일은 엄청난 사건입니다. 왜냐하면 당시에는 말 한 마리 값이 노예 몇 명의 값에 해당했거든요. 그러니 보통 사람들이 볼 때 안영은 크게 불리한 일을 한 셈이죠. 하지만 안영은 월석보의 가치, 그가 현자라는 사실을 알아본 겁니다. 다른 사람들이 월석보의 가치를 알아채지 못한 이유는 그가 노예라는 천한 신분에 묶여 있었기 때문에 그의 진면목을 보지 못한 겁니다.

지금의 우리도 사람들과 관계를 맺을 때 비슷한 잘못을 자주 저지릅니다. 어떤 사람을 평가할 때 학력이나 경력, 또는 부나 사회적 지위를 기준으로 삼아 판단하면 어떻게 될까요? 그럴 경우 정작 그 사람의 진면목을 볼 수 없게 됩니다. 특히 가장 중요한 인간관계라 할 수 있는 친구를 사귈 때 위에서 예로 든, 이른바 스펙을 기준으로 삼으면 어떻게 될까요? 그 사람의 진면목은 사라지고 껍데기와 사귀게 될 겁니다. 당연히 그런 관계에서는 우정이 싹틀 수 없을 겁니다.

이어서 '지기소외경이벽언(之其所畏敬而辟焉)'이 나오는데, '외(畏)'는 두려워하다는 뜻이고, '경(敬)'은 공경하다는 뜻입니다. 사실 '외경(畏敬)'은 꼭 나쁜 감정이라고 할 수만은 없고 오히려 두려워하고 공경할 만한 사람이 주변에 있는 것이 좋습니다. 그래야 지적이나 충고를 받을 수도 있고 자신의 잘못을 바로잡을 기회도 생길 테니까요. 다만 그런 사람이라고 해서 늘 완벽하지는 않다는 거죠. 누

전 8 장

구나 실수를 저지를 수 있습니다. 그런 경우 그 사람을 두려워하거나 존경하는 마음 때문에 그 잘못을 가리거나 비호해서는 안 된다는 뜻이 이 대목의 취지입니다.

진(晉)나라의 평공(平公)과 관련된 고사에 이런 이야기가 있습니다. 평공이 어느 날 신하들과 함께 술을 마시다가 "임금 노릇 해보니 별다른 즐거움은 없지만 내가 말하면 아무도 내 말을 어기지 않는 것은 즐거워 할만하다"고 말합니다. 다른 신하들은 잠자코 있었는데, 평공 곁에서 음악을 연주하던 눈 먼 악사 사광(師曠)이 갑자기 거문고를 번쩍 들어 평공에게 집어던집니다. 평공이 깜짝 놀라 몸을 피하자 거문고는 커다란 소리를 내며 뒤쪽 벽에 부딪쳤고 벽에는 구멍이 뚫렸습니다. 평공이 크게 놀라 사광을 꾸짖자 사광은 누군가 아주 나쁜 말을 하기에 그 놈을 향해 거문고를 집어던진 것이라고 대답니다. 이야기를 들은 평공은 자신의 잘못을 깨닫고 구멍 뚫린 벽을 수리하지 않고 그대로 두어 경계로 삼았다고 합니다. 이 또한 《한비자》에 나오는 이야기인데 사광이 그 말을 한 사람이 임금인 줄 정말 모르고 거문고를 던졌을까요? 아마 알고 그랬을 겁니다. 사광 같은 일개 악사에게 임금은 두려운 존재입니다. 하지만 그렇다고 임금이 해서는 안 될 말을 하는데도 잠자코 있으면 아첨하는 사람이 될 뿐이지요. 이 이야기는 상대가 아무리 두려운 존재라 하더라도 잘못을 지적할 수 있어야 한다고 경계하고 있는 것입니다.

다음으로 '지기소애긍이벽언(之其所哀矜而辟焉)'이 이어집니다. '애

196

(哀)'는 '슬퍼하다'라는 뜻이고, '긍(矜)'은 '긍휼(矜恤)히 여기다'라는 뜻으로 모두 상대를 불쌍히 여긴다는 뜻입니다. 어떤 사람을 불쌍히 여기는 감정이 앞서면 공정한 판단을 내리지 못하게 된다고 경계한 말입니다. 일단 누군가를 불쌍히 여기는 마음은 좋은 마음입니다. 맹자가 사단(四端)을 이야기할 때도 측은지심(惻隱之心)을 맨 먼저 강조하는데 측은지심이 바로 불쌍히 여기는 마음이죠. 맹자는 이 마음이 없다면 사람이 아니라고까지 이야기했습니다. 따라서 불쌍히 여기는 마음은 경계하기보다 오히려 권장해야 할 일입니다. 그런데 〈전7장〉과 〈전8장〉은 모두 집안사람을 대할 때 공평함을 해치는 일에 대해 이야기하고 있습니다. 앞서 어떤 사람을 사랑하는 마음이 공평함을 해치는 것처럼 불쌍히 여기는 마음도 어느 한 사람에게만 베풀어지면 공평함을 잃어버리기 쉽습니다. 다만 이런 마음이 지나쳐서 실수한다면 다른 감정으로 공평함을 해친 경우보다는 낫다고 해야겠지요. 《논어》에 "저지른 과실을 살펴보면 그가 어진지 알 수 있다〔觀過 斯知仁矣〕"고 했습니다. 군자는 늘 어진 마음 때문에 실수하고 소인은 각박한 마음 때문에 실수한다는 뜻인데, 이 대목을 이해하는 데 참고할 만합니다.

마지막으로 '지기소오타이벽언(之其所敖惰而辟焉)'이 나옵니다. '오(敖)'는 오만하게 굴다, 상대를 업신여긴다는 뜻이고 '타(惰)'는 게으르다는 뜻입니다. 어떤 사람이나 일을 쉽게 보는 것이 '오'라면 그 때문에 해이해지는 것이 '타'라고 이해할 수 있습니다. 사람은 늘 게으름에 안주하기 쉽죠. 특히 공적인 일을 처리하는 사람은 혹시라도 자신에게 이런 병통이 없는지 자주 돌아볼 필요가 있습니다. 요즘 이른바 행정편의주의라는 말이 바로 이런 경우에 해당하지 않을까 싶습니다. 행정이란 사람을 위해 있는 것인데 행정 자체의 논리에 빠져 법 조항만 따르다 보면 그냥 하던 대로 일하는 타성(惰性)에 젖게 되겠지요. 행정가들이 이 대목을 경계로 삼아 자신을 돌아볼 줄 안다면 영혼 없는 행정이 사라지게 될 겁니다.

그리고 결론에 해당하는 다음 대목을 읽겠습니다. 이 대목은 사람들은 앞서 열거한 다섯 가지 감정에 치우치기 때문에, 좋아하면서도 나쁜 점을 알고 미워하면서도 아름다움을 아는 사람이 천하에 드물다고 이야기하고 있습니다. '호이지기악(好而知其惡)'은 좋아하면서도 그의 나쁜 점을 아는 것으로 어떤 사람을 좋아하면서도 그 사람의 나쁜 점을 아는 겁니다. 반대로 '오이지기미(惡而知其美)'는 어떤 사람을 미워하면서도 그의 아름다움을 아는 것이죠. '천하선의(天下 鮮矣)'는 천하에 그런 사람이 드물다는 뜻이고요.

대공무사(大公無私)라는 고사성어가 있죠. 이 또한 진(晋)나라의 평공(平公)과 관련된 이야기로《여씨춘추(呂氏春秋)》에 보입니다. 평공이 어느 날 기황양(祈黃羊)에게 남양현의 현령 자리가 비어 있으니 적임자를 추천해달라고 합니다. 기황양이 해호(解狐)라는 인물을 추천하자 평공이 의아하게 생각하며 묻습니다. "해호는 공의 원수가 아니오?" 그러자 기황양은 이렇게 대답합니다. "임금께서는 남양현의 현령에 적합한 사람을 물으신 것이지 신의 원수가 누구인지 물으신 것이 아니지 않습니까?" 이렇게 해서 해호가 남양현 현령으로 가 고을을 잘 다스렸다고 합니다. 얼마 뒤 평공이 기황양에게 다시 인재를 추천해달라고 하자 이번에는 자신의 아들 기오(祈午)를 추천합니다. 평공이 "당신의 아들이 아니오?" 하고 묻자 기황양은 "임금께서 적임자를 물으신 것이지 제 자식에 관해 물으신 것이 아니지 않습니까?" 하고 대답합니다. 기오 또한 맡은 일을 잘 처리했다고 합니다. 말미에는 공자가 기황양을 두고 이렇게 평가한 말이 붙어 있습니다. "훌륭하다. 기황양은 밖에 있는 인물을 천거할 때는 원수를 피하지 않았고 안에 있는 사람을 천거할 때는 자식을 피하지 않았으니 공정하다고 일컬을 만하다." 이 이야기는 《사기》 〈진세가(晉世家)〉에도 보이는데 다만 《사기》에는 이 일을 평공 때가 아니라 도공(悼公) 때의 일로 기록하고 있는 것이 다를 뿐입니다.

앞서 기황양이 자신을 추천했다는 것을 안 해호는 기황양이 자신과 화해를 원하는 것으로 생각하고 그를 찾아갑니다. 그랬더니 기황양이 그에게 활을 쏘려고 했다고 합니다. 그를 미워하는 마음에는 변함이 없었던 것이죠. 그렇다면 기황양은 《대학》의 이 대목에서 이야기하는 '오이지기미자(惡而知其美者)', 상대를 미워하면서도 그 사람의 뛰어난 점이 무엇인지는 제대로 알았던, 천하에서 드문 사람이었다고 할 수 있겠습니다.

친애(親愛)를 경계함

이어서 〈전8장〉의 마지막 대목을 읽겠습니다.

그러므로 속담에 다음과 같은 말이 있다. "사람들이 자기 자식의 악을 알지 못하고, 그 싹이 자라서 커진다는 것을 알지 못한다"

故로 諺에 有之하니 曰 人 莫知其子之惡하며 莫知其苗之碩이라하니라

이것을 두고 이르길, 자신의 몸이 닦이지 않으면 집안을 가지런히 하지 못한다고 말한 것이다.

此謂身不修면 不可以齊其家니라

이 대목 또한 결론에 해당합니다. 바로 앞에 이미 결론에 해당하는 내용이 나왔지만 여기서는 글을 읽는 사람에게 설득력을 높이기 위해 다시 한 번 강조하기 위해 한 것일 뿐 다른 이야기를 하고 있는 것은 아닙니다. '언유지(諺有之)'의 언(諺)은 전해오는 말, 속담입니다. 그리고 한문에서 '갈 지(之)' 자가 나오면 대명사로 쓰이는 경우가 많은데 여기의 지(之)도 마찬가지입니다. 그런데 대명사

는 주로 앞에 나온 어떤 구절을 가리키기 마련인데, 여기의 '지'는 바로 뒤의 구절을 가리킵니다. 그 구절이 '인 막지기자지악 막지기 묘지석(人 莫知其子之惡 莫知其苗之碩)'입니다. '막지(莫知)'는 아는 이가 없다는 뜻이고 '기자지악(其子之惡)'은 자기 자식의 악(惡)을 말하며, '기묘지석(其苗之碩)'은 싹이 자라서 커진다는 뜻입니다. 그러니까 "사람들이 자기 자식의 악을 알지 못하고, 그 싹이 자라서 커진다는 것을 알지 못한다"고 이야기하고 있습니다.

부모에게 자식은 사랑스러운 존재죠. 그 때문에 자식의 나쁜 점을 보기가 어렵습니다. 앞서 나온 "인 지기소친애이벽언[人 之其所親愛而辟(僻)焉]"이라는 구절과 연결 지어 생각하면 쉽게 이해할 수 있습니다. 친애하는 대상으로 자식보다 더한 사람은 없죠. 결국 자식과 같이 친애하는 사람에 대해서는 올바른 판단을 할 수 없고 자식 편으로 치우친다는 겁니다. 요즘도 마찬가지죠. 어떤 학생에게 어려움이 있어 학부모 상담을 하면 부모들이 자기 자식의 과실이 어디 있는지 이해하는 경우가 많지 않습니다. 이를테면 집에서는 착해 보이기만 했기 때문에 나쁜 짓을 했을 리가 없다고 생각하는 경우가 많죠. 자식을 믿고 사랑하는 것은 참 좋은 일입니다만, 자식이 잘못을 저질렀을 때 부모가 그 잘못을 정확하게 알지 못한다면 아마도 그 자식을 올바른 길로 인도하기가 어렵겠죠. 이런 경우에 새겨볼 만한 이야깁니다.

'막지기묘지석(莫知其苗之碩)'의 경우도 마찬가지입니다. '묘(苗)'는 곡식 따위의 싹을 가리키는데 좋은 뜻으로 쓰일 때도 있습니다만 여기서는 나쁜 싹을 말합니다. 싹은 점점 자라나죠. 그리고 '석(碩)'은 크다는 뜻입니다. 그러니까 싹이 점점 자라서 커진다는 것을 알지 못한다는 뜻입니다. 어렸을 때 자식이 사랑스러운 나머지 오냐 오냐 하면서 잘못을 저질러도 바로잡아주지 않으면 결국에는 그 나쁜 싹이 점점 자라나서 큰 악이 된다는 것을 아는 사람이 드물다는 이야기입니다. 그러니까 악행은 어린 시절부터 바로잡아줘야 올바른 인격을 형성할 수 있겠죠.

조금 다른 맥락의 이야기일 수 있습니다만 나쁜 싹을 어린 시절부터 바로잡아줘야 하는 것처럼 좋은 싹은 어린 시절부터 잘 길러줘야겠죠. 그런데 주의해야 할 점이 있습니다. 나쁜 싹이 하루아침에 자라지 않는 것처럼 좋은 싹도 단번에 자라지 않기 때문에 서둘러서는 안 됩니다. 《맹자》에 '알묘조장(揠苗助長)'이라는 고사가 나옵니다. '알묘(揠苗)'는 곡식 싹을 뽑아 올린다는 뜻이고 '조장(助長)'은 그렇게 함으로써 곡식이 성장하는 것을 도와준다는 뜻입니다. 송(宋)나라의 어떤 사람이 곡식을 심었는데 빨리 자라지 않으니까 답답해합니다. 매일 밭에 나가보면 어제나 오늘이나 별 차이 없었던 거죠. 그래서 고민 끝에 곡식 싹이 자라는 것을 도와주려고 싹을 위로 조금씩 뽑아 올립니다. 그러고는 집에 가서 가족들에게 "내가 오늘 곡식이 자라는 것을 도와줬더니 무척 피곤하다"고 말합니다. 그 말을 들은 아들이 깜짝 놀라 밭으로 뛰어가 살펴봤더니 곡식 싹이 이미 다 말라죽었더라는 이야기입니다. 이 이야기는 맹자가 '호연지기'를 기르는 방법을 이야기하면서 예로 든 비유입니다. 앞서 말씀드린 것처럼 '호연지기'는 도덕적 용기입니다. 그런데 이걸 기르기 위해서는 오랜 시간 조금씩 수양해야 합니다. 그걸 기다리지 못하고 어느 날 갑자기 싹을 뽑아 올리는 것처럼 서둘면 어떻게 될까요? 곡식 싹이 말라버리는 것과 같은 결과가 나올 겁니다.

유학의 수양은 조금씩 조금씩 해나가는 겁니다. 종교에서는 어느 날 갑자기 깨닫거나 신의 계시를 받아 기적을 일으키는 경우도 있다고 합니다만 유학의 수양론에서는 불가능한 일입니다. 유학에서는 학문과 수양이 연결되어 있는데 학문이 조금씩 조금씩 진보해나가는 것처럼 수양 또한 어느 날 갑자기 이루어지는 것이 아니라 오랜 기간에 걸쳐 조금씩 수행해나가는 겁니다. 그걸 '점(漸)'이라고 합니다. 점점(漸漸) 물이 차오르듯이 조금씩 조금씩 하는 겁니다. 그렇게 해서 결국 훌륭한 인격을 형성하는 것이 수양입니다. 근대 이후에는 학문은 학문이고 수양은 수양이라는 식으로 나누어 평가하는 경향이 많지만 그것은 삶의 문제와 앎의 문제를 분리하는 태도이기 때문에 대학이라는 큰 학문의 지평에서 바라보면 지양해야 할 문제입니다. 《대학》의 목적은 학문의 세계와 수양의 세계를 일치하는 데 있습니다.

이제 마지막 구절을 살펴보겠습니다. '신불수 불가이제기가(身不修 不可以齊其家)'인데, "내 몸이 닦여지지 아니하면 집안을 가지런히 할 수 없다"는 뜻입니다. 앞서 여러 차례 나온 이야기죠. 천하를 다스리고, 나라를 다스리고, 집안을 가지런히 하기 위해서는 내 몸(身)이 먼저 닦여져야(修) 한다는 말입니다. 우리가 어떻게 세상을 다스

203

려야 할지, 어떻게 나라와 집안을 다스려야 할지 고민하기 이전에
가장 가까이 있는 나부터 닦아나가야 한다는 뜻입니다.

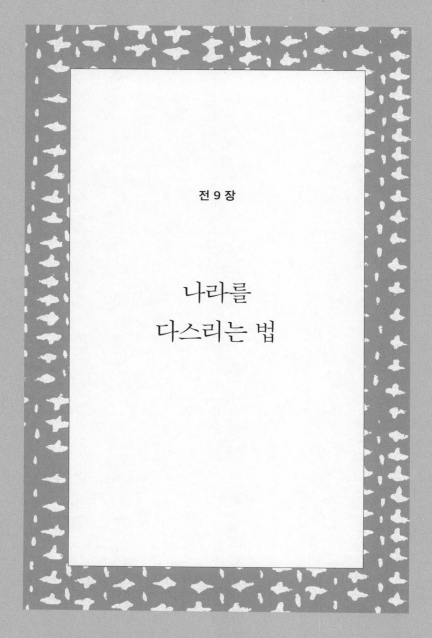

전 9 장

나라를
다스리는 법

나라를 다스리는 근본: 효(孝), 제(弟), 자(慈)

이번에는 나라를 다스리는 법에 관한 내용입니다. 말씀드린 것처럼 전통사회에서《대학》이라는 책은 사대부의 수기치인을 위한 기본서로 받아들여졌습니다. 그런데 지금은 전통 시대도 아닌데 굳이 나라를 다스리는 법까지 공부할 필요가 있을까 의아하게 생각할 수 있습니다. 하지만 지금 이 시대야말로 나라를 다스리는 방법을 더 잘 알아두어야 합니다. 지금은 민주주의 시대, 주권재민의 시대 아닙니까? 주권이 시민에게 있다는 것은 시민 모두가 나라를 다스리는 데 참여하는 사람들이라는 뜻입니다. 따라서 시민의 의무와 권리를 알고 나라가 잘 다스려지고 있는지 살펴야 합니다. 만약 나라가 잘 다스려지지 않는다면 시민이 이런 책임을 방기했기 때문일 수도 있습니다. 혹 시민이 자질이 부족한 자를 선출한 결과일 수도 있겠지요.

앞서《대학》이라는 책은《소학》을 읽고 나서 읽는 책이라고 말씀드렸습니다. 《소학》은 본래 어린아이들이 배우는 학문이라는 뜻으로 '소자지학(小子之學)'을 줄여서 책이름으로 삼은 것이고요. 그때문에《소학》에는 물 뿌리고 청소하는 법에서 어른에게 응대하는 절차, 나아가고 물러서는 방법에 이르기까지 자잘한 생활상의 예절이 주로 기재되어 있습니다. 반면 《대학》은 '대인지학(大人之學)'의 줄임말로 대인(大人)의 학문이라고 했지요. 여기서 대인은 어린아이가 아닌 어른을 뜻하기도 하지만 통치자를 뜻하는 말로 쓰였습니다. 조선 시대를 기준으로 이야기하면 사대부(士大夫)를 가리킵니다. 이른바 선비를 가리키는 말인 사(士)는 《대학》을 비롯한 유가 경전을 읽는 사람들, 곧 독서인(讀書人)입니다. 그리고 이런 독서인들이 벼슬길에 나아가면 그들을 대부(大夫)라고 일컫는데 이들이 바로 나라를 다스리는 대인인 겁니다.

물론 대인의 정점에 왕이 있지만 왕은 오히려 상징적 존재고 왕의 권위를 빌어서 백성들과 마주하며 나라를 다스리는 사람들이 대인들입니다. 그러니까 나라를 어떻게 다스려야 하는가에 대한 내용이야말로 《대학》의 목적에 부합하는 내용이라 할 수 있습니다. 물론 전통사회의 경우 평민들은 나라를 다스리는 법을 알 필요가 없었습니다. 평민은 나라를 다스리는 존재가 아니라 다스림을 받는 존재로 규정되었기 때문입니다. 노비를 비롯한 천민들도 마찬가지였습니다. 하지만 《대학》을 공부하는 선비들, 곧 사(士)는 장래 나라를 다스릴 대부가 될 사람들이므로 나라를 다스리는 법을 알아야 하는 거죠. 지금 우리도 마찬가지입니다. 지금은 통치자로서의 사대부나 통치를 받는 백성이 따로 없는 민주주의 시대이고 주권이 시민에게 있으니 모두가 나라를 다스리는 데 참여하는 대인이라 할 수 있습니다. 이런 관점에서 〈전9장〉을 읽는 것이 좋겠습니다.

이른바 나라를 다스리는 일이 집안을 다스리는 데 있다 함
은 그 집안을 가르치지 못하고서 남을 가르칠 수 있는 경우
는 없기 때문이다. 그 때문에 군자는 집에서 벗어나지 않고
나라에서 가르침을 이루니, 어버이를 사랑하는 효(孝)는 임금
을 섬기는 도리이고, 형을 공경하는 제(弟)는 어른을 공경하
는 도리이며, 어린 사람을 사랑하는 자(慈)는 백성을 보살피
는 도리이다.

所謂治國이 必先齊其家者(在齊其家者)는 其家를 不可教요 而能
教人者 無之라 故로 君子는 不出家而成教於國하나니 孝者는 所
以事君也요 弟者는 所以事長也요 慈者는 所以使衆也니라

〈전9장〉의 첫 문장은 '소위치국 필선제기가자(所謂治國 必先齊其家
者)'로 시작합니다. 그런데 이걸 그대로 번역하면 "이른바 나라를 다
스리는 것이 반드시 그 집안을 먼저 가지런히 해야 한다는 것은"
정도로 번역해야 하는데 이렇게 되면 주어와 술어가 어긋나서 내
용이 서로 호응하지 않게 됩니다. 따라서 '필선제기가자(必先齊其家
者)'를 '재제기가자(在齊其家者)'로 고쳐야 합니다. 그렇게 고치면 "이
른바 나라를 다스리는 것이 그 집안을 가지런히 하는 데 달려 있
다는 것은(所謂治國 在齊其家者)"이 되어서 올바른 문장이 됩니다. 만
약 뒤의 필선제기가자(必先齊其家者)를 그대로 두려면 앞부분을 '욕
치기국자(欲治其國者)'로 고쳐야 합니다. 그러면 '욕치기국자 필선제

기가자(欲治其國者 必先齊其家者)'가 되어서 "그 나라를 다스리고자 한다면 반드시 먼저 그 집안을 가지런히 해야 한다는 것은"으로 올바른 문장이 됩니다. 《대학》 같은 고전은 오랜 세월동안 여러 사람들에 의해서 필사(筆寫)로 전승되는 과정을 거치기 때문에 이런 오류가 종종 발생합니다. 말씀드린 것처럼 '소위치국 재제기가자(所謂治國 在齊其家者)'로 고치든 '욕치기국자 필선제기가자(欲治其國者 必先齊其家者)'로 고치든 모두 뜻이 통하지만 〈전8장〉의 예를 보면 '소위치국 재제기가자(所謂治國 在齊其家者)'로 고치는 것이 자연스럽습니다.

　나라를 다스리는 것은 집안을 가지런히 하는 데 달려 있다는 이야기는 앞서 경문에 나왔던 이야기를 풀이하기 위해 인용한 것입니다. 이어서 나오는 내용은 '기가 불가교 이능교인자 무지(其家 不可敎 而能敎人者 無之)'인데 여기서 '기가(其家)'의 '가(家)'는 집안사람들, 가인(家人)을 말하고 '교인(敎人)'의 '인(人)'은 나라 사람, 국인(國人)을 가리킵니다. 따라서 가까이 있는 집안사람들을 가르치지 못하고서 멀리 있는 나라 사람들을 가르칠 수 있는 경우는 없다는 이야기가 됩니다. '가'도 작은 나라에 해당하는 통치기구라고 했죠. 그러니까 작은 규모의 통치기구를 제대로 다스리지 못하는 사람이 여러 '가'가 합쳐진 '국'이라는 보다 큰 규모의 단위를 다스릴 수는 없다는 뜻입니다. 그런데 이 이야기를 단순히 작은 일을 제대로 처리하지 못하는 사람이 큰일을 할 수 없다는 뜻으로 이해해서는 안 됩니다. 가를 다스리는 일이 나라를 다스리는 근본이라고 이야기하고 있기 때문이죠. 앞서 '가'를 다스리는 일은 수신에 달려 있다고 이야기한 것도 같은 맥락입니다. 그러니까 산술적인 방식으로 접근할 문제가 아니라 어떤 일이 근본이고 어떤 일이 지말(枝末)에 해당하는지를 살피는 것이 중요합니다.

이어지는 내용을 살펴보면 더 분명해집니다. "그 때문에 군자는 집안에서 벗어나지 않고도 나라에서 가르침을 이룬다(故 君子 不出家 而成教於國)"라고 했죠. 집안을 어떻게 다스리는가를 보면 나라를 어떻게 다스릴지를 알 수 있다는 이야기입니다. 그리고 집안을 다스리는 세 가지 도리로 '효(孝)', '제(弟)', '자(慈)'를 들고 있습니다. '효'는 가에서 어버이를 섬기는 도리인데 이 원리를 '국'에 적용하면 임금을 섬기는 도리로 확장할 수 있다는 것입니다. 그리고 '제'는 집안의 어른을 높이는 겁니다. 본래 '형제(兄弟)'라고 할 때, '형(兄)'은 윗사람이고 '제(弟)'는 아랫사람입니다. 형이 형 노릇하는 걸 '우(友)'라 하고 아우가 아우 노릇하는 걸 '제'라고 합니다. 이 '제(弟)' 자가 나중에 마음 심(忄) 자가 붙은 '제(悌)'로 바뀝니다만 같은 뜻입니다. 아우가 아우 노릇을 한다는 것은 형을 공경하는 것이고 나이 어린 사람으로서 나이가 많은 사람들을 공경할 줄 아는 것인데 이런 도리를 나라에 적용하면 나라의 어른들을 잘 모시는 일이 되겠지요. 그리고 '자'는 본디 부모가 자식을 사랑하는 도리, 곧 윗사람이 아랫사람을 사랑하는 도리죠. 집안에서 통용되는 이 도리를 나라에 적용하면 자기보다 신분이 낮은 백성을 잘 보살필 수 있게 된다는 겁니다.

211

백성을 어린아이 돌보듯 해야

이어서 《서경》 〈강고〉를 인용하여 백성을 어린아이 돌보듯 해야한다고 이야기합니다. 이 문장의 주제는 애민(愛民), 곧 백성을 사랑하는 일입니다. 수천 년 이어져 온 유학의 역사에서 이보다 위에 있는 가치는 없습니다. 저는 애민이라고 하면 맨 먼저 다산 정약용이 생각납니다. 정약용의 방대한 저술 중에서 제가 가장 감명 깊게 읽은 책은 《목민심서(牧民心書)》입니다. 《목민심서》는 요즘 식으로 말하면 지방행정학 개론쯤 되는 행정실무 지침서입니다. 행정실무 지침서를 감명 깊게 읽었다니까 좀 이상하게 여길 수도 있습니다. 하지만 다산의 《목민심서》는 단순한 실무서가 아니라 백성을 생각하는 다산의 마음이 오롯이 녹아 있는 유학자의 '애민론(愛民論)'이라 할 수 있습니다. 예를 들어 다산은 백성 중에 자식을 버리는 일이 있을 때 수령이 어떻게 해야 하는지를 두고 "백성들이 가난하여 자식을 낳아도 잘 거두지 못한다. 흉년이 들면 자식 내버리기를 물건 버리듯 하니, 거두고 길러주어 백성의 부모 노릇을 해야 한다"라고 이야기합니다. 이어서 홀아비, 과부, 고아, 늙어 자식 없는 사람을 우선적으로 구제해야 한다고 하여 사회적 약자를 보살필 것을 강조할 뿐 아니라, 상을 당한 이를 돕기 위해 부역을 면제해주거나 관값을 지원하는 애상(哀喪), 병자를 돌보는 관질(寬疾) 등 가난한 백성들을 돕기 위해 세심한 부분까지 놓치지 않고 조목별로 방도를 기술하고 있습니다. 그리고 애민의 요체는 백성의 부모 노릇하는

데 있다고 누차 강조합니다. 백성을 대할 때 마치 어린 자식을 대하듯 하라고 이야기하고 있다는 점에서 《대학》의 이 대목 또한 애민 정신의 발현과 다르지 않습니다.

《서경》〈강고〉에 이르길 "갓 태어난 어린아이를 돌보듯 한다"고 하니, 정성을 다해서 올바른 도리를 추구하면 적중하지는 못할지라도 멀리 빗나가지는 않을 것이니, 자식 기르는 법을 배우고 나서 시집가는 사람은 없다.

康誥曰 如保赤子라하니 心誠求之면 雖不中이나 不遠矣니 未有學養子而后에 嫁者也니라

'여보적자(如保赤子)'의 '보(保)'는 애호(愛護), 사랑하고 보호한다는 뜻으로, 지금 전해지는 《서경》〈강고〉에는 약보적자(若保赤子)로 되어 있는데 같은 뜻입니다. 그리고 '적자(赤子)'는 갓 태어난 어린아이를 말합니다. "갓 태어난 어린아이를 보호하듯이 백성을 돌보라(如保赤子)"는 뜻이죠. 나라를 다스린다는 것은 결국 백성을 다스린다는 뜻입니다. 그런데 백성을 다스릴 때는 마치 아무것도 모르는 어린아이를 보살피는 것처럼 과실을 저질러도 불쌍히 여기고 돌볼 줄 알아야 한다는 뜻입니다. 또 여기의 어린아이는 자신의 자식을 가리키는 말이기도 합니다. 그러니까 백성을 보살필 때는 자신의 자식을 사랑하는 것처럼 하라는 뜻입니다. 〈강고〉에서도 '약보

적자'를 "적자를 보호하듯이 한다는 것은 자식을 보호하는 마음으로 선(善)한 사람을 보호하는 것〔若保赤子者 以保子之心 保善也〕"이라고 풀이했습니다.

〈강고〉에서 인용한 내용은 '약보적자' 네 글자뿐이고 나머지는 《대학》의 작자가 '여보적자'를 풀이한 내용입니다. 자신의 어린 자식을 사랑하는 마음은 진실하기가 쉽지요. 그런 마음을 표현한 것이 '심성구지(心誠求之)'입니다. '심성구지'는 "마음으로 정성을 다해 올바른 도리를 찾는 것"입니다. 이렇게 하면 비록 도리에 꼭 맞지는 않더라도 멀리 빗나가지는 않을 것〔雖不中 不遠矣〕입니다. 여기서 '중(中)'은 적중(的中)한다는 뜻으로 도리에 꼭 맞는다는 의미입니다. 유학에서 이야기하는 '중' 자의 뜻을 이해하려면 《중용》을 읽는 것이 좋습니다. '중(中)' 자는 본래 과녁의 정중앙에 화살이 관통한(中) 모양을 그린 글자입니다. 그리고 활쏘기는 자주 사람의 행동을 평가하는 비유로 쓰입니다. 화살이 적중하면 올바른 행동을 한 셈이고 적중하지 못하면 빗나간 행동이라는 거죠. '중(中)' 자처럼 사람의 행동을 평가하는 뜻으로 쓰인 글자로 역사를 뜻하는 '사(史)' 자를 예로 들 수 있습니다. '사(史)' 자는 본디 중(中) 자와 손을 뜻하는 乂 자가 합쳐진 글자로 화살을 쏘아 몇 번 맞혔는지를 기록한 점수판(中)을 사람이 손〔乂〕으로 들고 있는 모습을 그린 글자입니다. 화살을 쏘는 것이 과거를 살았던 어떤 사람의 행위를 뜻한다면 점수판은 그에 대한 기록, 곧 평가를 의미하는 거죠.

그럼 어떻게 해야 화살이 과녁에 적중하는 것처럼 백성들에게 꼭 맞는 행동을 할 수 있을까요. 여기서는 백성을 대할 때 자식을 대하는 것처럼 정성을 다해 올바른 도리를 추구하면 된다는 겁니다. 그렇게 하면 화살을 과녁 정중앙에 반드시 맞추지는 못하더라도 멀리 빗나가지는 않을 것이라는 뜻입니다.

이어서 '미유학양자이후 가자야(未有學養子而后 嫁者也)'가 나오는데 "아이 낳아서 기르는 법을 배우고 나서 시집가는 경우는 아직 없다"는 뜻입니다. 자식을 낳아서 기르는 일은 반드시 미리 배우지 않아도 누구나 본능적으로 알고 있다고 이야기한 것입니다. '미유(未有)'는 이런 경우는 아직 없다는 말이고 '양자(養子)'는 자식을 기르는 겁니다. 양(養)은 양육(養育)입니다. 낳아서 기른다는 뜻이 다 포함되어 있는 거죠. '육(育)' 자의 윗부분은 '아들 자(子)' 자를 거꾸로 놓은 모양입니다. 그리고 아래에 위치한 육달월(月)은 몸을 가리킵니다. 고자(古字)에는 '여자 녀(女)' 자가 위에 있고 아래쪽에 어린 아이가 거꾸로 있는 모습(㐬)으로 표기된 글자가 있는데, 아이가 어머니 몸에서 밖으로 나올 때 머리부터 나오기 때문에 그렇게 만든 겁니다. 머리부터 나와야 정상적인 출산이고 다리부터 나오면 거꾸로 나왔다고 해서 역산(逆産)이라고 합니다. 난산(難産)이 되는 거죠.

이 대목의 비유는 현대의 관점에서 보면 적절치 않은 면이 있습니다. 특히 모성본능을 부정하는 입장에서는 여성이 아이를 낳아 기르는 것은 본능이 아니라 사회적 강제의 결과라고 주장하기도 하니까요. 따라서 이 대목은 남녀의 성역할을 고정하는 편견을 정당화할 수 있다는 점에서 비판의 소지가 있습니다. 하지만 여기 이 대목은 여성의 성역할을 규정하는 데 주목적이 있는 것이 아니라 통치자가 백성을 대할 때 자신의 자식을 대하는 것처럼 사랑하는 마음을 가져야 하는데, 자식을 사랑하는 마음은 마치 어머니가 아이를 낳아 기르는 것처럼 배우지 않고도 누구나 알 수 있다는 뜻에서 비유를 취한 것입니다. 물론 오래된 고전이기 때문에 가부장적 질서에 따르는 근본적인 한계가 없지 않습니다.

아무튼 이 대목은 누구나 자기 자식 사랑할 줄은 안다는 뜻입니다. 아이를 어떻게 잘 키울 수 있는지에 대해서는 마땅히 배워야 하겠지만, 어린 자식을 사랑하는 마음까지 배울 필요는 없다는 거죠. 왜냐면 누구나 가지고 있다고 보기 때문입니다. 사람만이 아니라 동물들도 자기 새끼를 예뻐하고 사랑할 줄 알죠. 그러니까 그걸 따로 배울 것 없이 누구나 할 수 있으니까 그런 마음으로 정성을 다해 백성을 사랑하는 도리를 구하면 꼭 맞지는 않더라도 멀리 떨어지진 않는다, 언젠가는 적중할 것이라는 겁니다. 이렇게 해서 '가(家)'가 가지런해지면 어떤 일이 일어나느냐? 다음 대목을 보겠습니다.

집안과 나라의 연쇄작용

이어지는 대목에서는 한 집안에서 일어난 일이 어떻게 나라에 영향을 주는지 이야기하고 있습니다. 나라를 다스리는 통치자가 자신의 가를 어떻게 다스렸느냐에 따라 명암이 엇갈립니다.

한 집안이 어질면 온 나라에 인이 일어나고, 한 집안이 겸양 하면 온 나라에 겸양이 일어나며, 한 사람이 욕심을 부려 사 납게 굴면 온 나라가 어지러워진다. 그 기틀이 이와 같으니 이것을 일러 한 마디 말이 일을 어긋나게 하며 한 사람이 나 라를 안정시킨다고 한 것이다.

一家仁이면 一國이 興仁하고 一家讓이면 一國이 興讓하고 一人이 貪戾하면 一國이 作亂하나니 其機如此하니 此謂一言이 債事며 一 人이 定國이니라

글이 무척 쉽습니다. '일가인(一家仁)'이 먼저 나오는데 '인(仁)'은 본래 사랑한다는 뜻이지만 정치적인 의미로는 백성을 사랑한다는 뜻이라고 말씀드린 적이 있습니다. 이를테면 문왕이 인에 머물렀다 고 할 때의 인은 백성을 사랑하는 정치적 의미라고 풀이했습니다. 이 대목은 "한 집안이 인하게 되면 온 나라에 인이 일어난다"는 뜻 입니다. '흥인(興仁)'은 무척 익숙한 표현이죠. 아시다시피 서울 동대 문(東大門)의 이름이 바로 흥인지문(興仁之門)입니다. 또 남대문의 이 름은 숭례문(崇禮門)이죠. 동대문의 이름은 《대학》의 이 구절에서 따왔고 남대문의 이름은 《중용》에서 따왔습니다. 그리고 서대문(西 大門)은 의리를 돈독히 한다는 뜻에서 돈의문(敦義門), 북문은 홍지 문(弘智門)이라는 이름이 붙어 있죠. 이 중 현재 온전하게 보존된 문 은 흥인지문 밖에 없습니다. 숭례문은 불탔다가 얼마 전 복원(復原)

했지요. 사실 복원이라는 말은 정확하지 않습니다. 불타버렸으니 원상태로 복원할 수는 없겠죠. 그러니 다시 세웠다는 뜻에서 중건 (重建)이라 해야 합니다. 전통적으로는 본래 있던 건물이 낡아서 수선을 하면 중수(重修), 불타서 다시 세우면 중건이라고 했습니다. 요즘은 복원이라는 말을 쉽게 쓰는데 엄밀하게 말하면 한번 파괴된 건물은 복원할 수 없지요. 물론 복원이 안 되면 중건이라도 제대로 해야죠. 참고로 서대문인 돈의문은 일제강점기에 헐렸습니다. 일제가 개인에게 팔아넘겼는데 거기서 보물이 나와 산 사람이 횡재했다는 씁쓸한 이야기가 전해옵니다. 그리고 북문인 홍지문은 오래 전 홍수로 유실되었다가 1977년에 다시 세웠습니다.

다음 구절도 비슷한 내용입니다. 한 집안이 겸양하면 온 나라가 겸양을 일으킨다는 이야기입니다. '양(讓)'은 겸양, 겸손입니다. 한 나라를 다스리는 집안이 양보하고 물러서는 모습을 보여주면 본보기가 되어서 온 나라 사람들이 따라서 겸양한다는 뜻입니다. 이렇듯 한 집안에서 아름다운 가치를 추구하면 온 나라에서 그 영향을 받아 좋은 일이 연쇄적으로 일어난다는 것이 이 대목의 주장입니다.

그럼 나라를 다스리는 자가 탐욕스럽게 굴면 어떻게 될까요? 같은 논리로 이야기하면 온 집안 사람들이 탐욕스러워질 것이고 급기야 온 나라가 어지러워지겠죠. 다음 구절에서 바로 이 이야기를 하고 있습니다. '일인탐려 일국작란(一人貪戾 一國作亂)'에서 '탐(貪)'은 욕심을 부리는 것이고 '려(戾)'는 사납게 구는 겁니다. 결국 "한 사람이 욕심을 부리고 사납게 굴면 온 나라가 어지러워진다(一人貪戾 一

國作亂)"는 이야기입니다. 이어서 '기기여차(其機如此)'라고 했습니다. "그 기틀이 이와 같다"고 번역했지만 여기서 '기(機)' 자의 뜻이 이해하기가 조금 어렵습니다. '기'는 기계장치를 가리키는데 사슬이나 톱니바퀴처럼 연쇄반응을 일으키는 장치라는 뜻입니다. 그래서 "그 연쇄작용이 이와 같다"는 뜻으로 이해할 수 있습니다. 그러니까 한 집안이 인(仁)을 일으키면 온 나라에 인이 일어나고, 한 집안이 겸양하면 온 나라에 겸양이 일어나며, 한 사람이 욕심을 부리고 사납게 굴면 온 나라가 따라서 욕심을 부리고 사납게 굴게 되는 연쇄적인 반응이 이와 같이 일어나므로 모름지기 '수신(修身)'과 '제가(齊家)'를 잘 해야 나라가 다스려진다는 이야기입니다.

이 대목의 마지막 구절을 읽겠습니다. "이것을 일러 한 마디 말이 일을 어긋나게 하며 한 사람이 나라를 안정시킨다고 하는 것이다(此謂一言僨事 一人定國)"라고 했죠. 봉건사회일수록, 그러니까 한 사람에게 권력이 집중되어 있을수록 그의 말실수나 잘못으로 인해 나라가 망하기도 하고, 반대로 그의 아름다운 행실로 인해 나라가 안정되기도 하지요. 그러니 어떻게 해야 할까요? 이 대목의 내용과는 약간 다른 맥락의 이야기이지만 지금은 봉건사회가 아니니까 권력을 한 사람에게 집중하지 않고 나누지요. 그래야 권력을 가진 한 사람이 잘못을 저지르더라도 나라가 흔들리지 않겠지요.

요순(堯舜)과 걸주(桀紂)의 같고 다른 점

이번에는 요순(堯舜)과 걸주(桀紂)가 등장합니다. 요순은 요임금 순임금으로 유가에서 성인(聖人)으로 떠받드는 고대의 제왕입니다. 요임금은 당(唐)이라는 나라를 다스렸고, 순임금은 우(虞)라는 나라를 다스렸다고 전해집니다. 그런데 요임금은 임금 자리를 자신의 혈연이 아닌 순에게 물려줍니다. 이런 행위를 선양(禪讓)이라고 합니다. 자신과 혈연 관계가 있는 자에게 물려주거나 무력으로 뺏거나 빼앗긴 것이 아니라 그냥 물려주고 물려받은 것이 선양입니다. 그래서 두 사람 모두 성인으로 떠받들어집니다. 그리고 요순과 대비가 되는 군주들이 바로 걸주입니다. 걸(桀)왕은 순으로부터 임금 자리를 물려받아 하(夏)나라를 다스린 우(禹)의 후손이자 하나라의 마지막 임금인데 폭군(暴君)으로 알려져 있습니다. 그래서 탕(湯)임금이 혁명을 일으켜서 걸왕을 죽이고 스스로 임금이 되어 상(商)나라를 세웠다고 전해집니다. 그리고 탕임금의 마지막 후손이 바로 주(紂)왕입니다. 그리고 이 주왕이 이른바 주지육림(酒池肉林)이라는 고사의 주인공이죠. 술로 못을 만들고 고기로 숲을 만들어 사치와 방탕을 일삼다가 무(武)왕의 정벌로 나라가 망했다고 합니다. 그래서 후세에 요순이라고 하면 성군(聖君)의 대명사로, 걸주라고 하면 폭군의 대명사로 불립니다. 이 대목은 그들이 어떻게 천하를 다스렸는지에 대해 이야기하고 있습니다.

요순과 걸주는 모두 자기가 좋아하는 것을 가지고 천하를 다스렸습니다. 그들은 무엇을 좋아했을까요? 먼저 요순은 인인(仁人)이었으니까 '인(仁)'을 좋아했습니다. 반면 걸주는 폭군이었으니까 '포(暴)'를 좋아했어요. '포'는 폭력(暴力)이라는 뜻인데 요즘은 '폭'으로 읽습니다만, 본래 포악(暴惡)하다는 뜻으로 쓰일 때는 '포'로 읽습니다. 따라서 걸주는 자기가 좋아하는 '포'를 가지고 다스렸다는 이야기입니다.

요임금과 순임금이 천하를 인으로 이끄니 백성이 그것을 따랐고, 걸왕과 주왕이 천하를 폭력으로 이끄니 백성이 그것을 따랐다. 그 명령이 그가 좋아하는 마음과 상반되면 백성이 따르지 않는다. 그 때문에 군자는 자신이 선을 갖춘 뒤에 다른 사람에게 선을 요구하며 자신에게 잘못된 점이 없고서야 다른 사람을 책망한다. 자기 몸에 간직한 것으로 미루어 가지 아니하고 다른 사람을 깨우쳐 줄 수 있는 경우는 아직 없다.

堯舜이 帥(솔)天下以仁하신대 而民이 從之하고 桀紂 帥天下以暴(포)한대 而民이 從之하니 其所令이 反其所好면 而民이 不從하나니 是故로 君子는 有諸己而后에 求諸人하며 無諸己而后에 非諸人하나니 所藏乎身이 不恕요 而能喩諸人者 未之有也니라

그 때문에 나라를 다스리는 것이 그 집안을 가지런히 하는 데 달려 있다고 말한 것이다.

故로 治國이 在齊其家니라

'요순 솔천하이인(堯舜 帥天下以仁)'에서 '솔(帥)'은 장수(將帥)라는
뜻으로 쓰일 때는 '수'로 읽고, 이끌다, 거느리다는 뜻으로 쓰일 때
는 '솔'로 읽습니다. 여기서는 '솔(率)' 자와 같이 이끌다는 뜻인데
솔선(率先)한다는 뜻으로 이해하는 것이 간명합니다. '솔천하이인(帥
天下以仁)'은 천하를 인(仁)으로 다스렸다는 뜻입니다. 스스로 인을
좋아했기 때문입니다. 그랬더니 '이민종지(而民從之)', 백성이 인을 따
랐다는 겁니다. 여기의 '지(之)'가 가리키는 대상은 요순이기도 하고
그들이 좋아한 인이기도 합니다. 그러니까 백성이 요순을 따라 모
두 인을 실천했다는 뜻입니다. 반대로 걸주는 폭군이니까 그들 또
한 자신들이 좋아하는 폭력으로 백성을 다스렸습니다(帥天下以暴).
그 결과 백성이 그들을 따라 폭력화되었다는 이야기입니다.

그리고 '기소령 반기소호 이민부종(其所令 反其所好 而民不從)'이 이
어지는데, '기소령(其所令)'은 그들이 명령한 것(其所令)을 가리키고
'반기소호(反其所好)'는 그들이 좋아한 것과 어긋난다는 뜻입니다.
결국 그들의 명령이 그들이 좋아하는 것과 어긋나게 되면 백성이
따르지 않는다(而民不從)는 이야기입니다.

정리를 해보죠. 요순은 인을 좋아했으니까 백성에게 인으로 명
령했습니다. 그랬더니 백성이 그 명령을 따라 인해졌습니다. 그리고
걸주는 폭력을 좋아했습니다. 그래서 폭력으로 명령을 내렸더니 결
과적으로 백성이 그 명령을 따라 폭력화되었습니다. 여기서 중요한

것은 요순과 걸주가 각자 다른 것을 좋아했지만 자신들이 좋아한 것을 가지고 백성에게 명령했다는 점은 다르지 않습니다. 두 경우 모두 스스로 좋아하는 것과 타인에게 요구하는 것이 일치하므로 일관성이 있습니다.

하지만 세상의 용렬(庸劣)한 군주들은 요순이나 걸주처럼 자신이 좋아하는 것을 가지고 명령을 내리지 않습니다. 그들은 대부분 스스로는 폭력을 좋아하면서 백성에게는 인으로 가라고 명령합니다. 자신들의 기호(嗜好)인 폭력과 백성에게 명령하는 내용인 인이 어긋나죠. 이것이 바로 '반(反)'입니다. 당연히 백성이 따르지 않습니다. 이런 점에서는 용렬한 군주보다 차라리 걸주가 나을 수도 있습니다. 최소한 일관성은 있으니까요. 스스로 폭력을 좋아하는 자가 폭력으로 다스리는 것은 적어도 기만은 아닙니다. 하지만 스스로는 폭력을 좋아하면서 백성에게는 인을 요구한다면 백성을 속이는 위선이 됩니다. 위선은 악행보다 더 가증스러운 법이죠. 현대 한국 사회에서 시민들의 정치 불신이 만연한 까닭도 바로 이런 위선에서 비롯된 것이 아닌지 정치인들이 돌아보아야 할 것입니다.

이어서 군자의 도리를 이야기합니다. 먼저 '군자 유저기이후 구저인(君子 有諸己而后 求諸人)'이 나오는데 군자는 자기가 간직한 뒤에 남에게 요구한다는 뜻입니다. '유저기(有諸己)'에서 '저(諸)' 자는 '지어(之於)'의 줄임으로 여기서 '지(之)'는 위에서 말한 요순의 인과 같은 선(善)을 가리키는 대명사로 쓰였습니다. 그러니까 군자는 남에게 선을 요구할 때 먼저 자신이 그 선을 간직한 뒤에 한다는 뜻이 됩니다. 나에게 선이 없으면서 다른 사람에게 선하라고 요구할 수 없다는 이야기죠. 그리고 '무저기이후 비저인(無諸己而后 非諸人)'이 나오는데 여기의 '저(諸)' 자도 '지어(之於)'의 줄임입니다. 그리고 '지(之)'가 가리키는 것은 걸주가 지녔던 폭력과 같은 악(惡)을 말합니다. 결국 군자가 남에게 악을 저지르지 말라고 요구할 때는 먼저 자신에게 그런 악이 없어진 뒤에 요구한다는 이야기입니다.

　'소장호신 불서(所藏乎身 不恕)'에서 '소장호신(所藏乎身)'은 내 몸에 간직하고 있는 것이고, '불서(不恕)'는 미루어 가지 않는다는 뜻입니다. 여기서 '서(恕)'가 중요한 개념입니다. 쉽게 풀이하면 나와 다른 사람에게 같은 기준을 적용하는 게 '서'입니다. '서(恕)' 자는 '여(如)' 자가 위에 있고 '심(心)' 자가 아래에 놓여 있죠. 문자 그대로 풀면 '여심(如心)', 내 마음과 같다는 뜻입니다. 그러니까 어떤 사람이 내가 이렇게 하는 걸 좋아할지 싫어할지를 판단하려면 굳이 그 사람의 마음을 알아보려고 애쓸 필요 없이, 다른 사람이 나에게 이런 행동을 하면 내가 좋아할지 싫어할지를 생각해보면 됩니다. 가장 간명하게 '서'의 뜻을 풀이한 표현이 바로 바로《논어》에 나오는 '기소불욕 물시어인(己所不欲 勿施於人)'입니다. 내가 바라지 않는 것을 남에게 하지 말라는 말이죠. 왜? 내가 바라지 않으면 남도 바라지 않을 것이니까요. '서'를 강조하는 내용은 앞으로도 계속됩니다. 〈전10장〉에 나오는 '혈구지도(絜矩之道)' 또한 '서'의 다른 표현입니다. 그리고《중용》,《논어》,《맹자》에도 '서'를 강조하는 내용이 자주 나오는데 '서'에 대해서는 〈전10장〉에서 자세히 살펴보기로 하고 여기서는 우선 이 정도로 서(恕)의 의미만 간단하게 정리해두겠습니다.

그리고 '능유저인자 미지유야(能喩諸人者 未之有也)'로 문장이 이어집니다. 서를 통해 자기의 마음을 미루어 가지 아니하고서 다른 사람을 깨우칠 수 있는 경우는 아직 없다는 뜻입니다. 나에게 아름다운 것이 있어야 다른 사람에게도 아름다운 것이 있기를 바랄 수 있고, 나에게 나쁜 것이 없어야 다른 사람에게도 나쁜 것이 없어야 한다고 말할 수 있다는 겁니다. 통치자의 명령도 일종의 말입니다. 그런데 같은 말이라도 그 말의 발화자가 누구냐에 따라 설득력에 차이가 있을 수밖에 없습니다. 아무리 아름다운 말이라 하더라도 그 말을 하는 자가 아름답지 않다면 아무도 그 말을 믿지 않을 테니까요.

이어지는 '고 치국 재제기가(故 治國 在齊其家)'는 나라를 다스리는 일은 집안을 가지런히 하는 데 달려 있다는 사실을 거듭 강조하는 내용으로 사실상 〈전9장〉의 마무리에 해당합니다. 〈전9장〉의 첫머리에 '소위치국 필선재기가자(所謂治國 必先齊其家者)'로 착간(錯簡)이 있었던 것과 달리 여기서는 "치국 재제기가(治國 在齊其家)"로 올바른 문장으로 표현되어 있습니다.

다음에 나오는 세 문장은 모두 《시경》의 시구를 먼저 인용하면서 집안의 화목이 나라를 다스리는 근본이라고 마무리하고 있습니다. 앞서 다른 장의 예와 마찬가지로 지금까지 한 이야기가 오랫동안 삶 속에서 입증된 사실이라는 근거를 제시하는 것이죠. 인용한 시는 《시경》의 〈주남(周南)〉 〈도요(桃夭)〉 편, 〈소아〉 〈육소(蓼蕭)〉 편,

〈조풍(曹風)〉 〈시구(鳲鳩)〉 편에 보입니다.

《시경》에 이르길 "복사꽃이 곱고 고우니 그 잎이 무성하구
나. 이 아가씨가 시집가니 그 집안사람을 서로 사랑하게 하
는구나"라고 했으니, 그 집안사람들을 사랑하게 한 뒤에 나
라 사람들을 가르칠 수 있는 법이다.

詩云 桃之夭夭여 其葉蓁蓁이로다 之子于歸여 宜其家人이라하니
宜其家人而后에 可以教國人이니라

《시경》에 이르길 "형에게도 마땅하고 아우에게도 마땅하다"
고 했으니, 형제간에 마땅한 뒤에 나라 사람들을 다스릴 수
있는 법이다.

詩云 宜兄宜弟라하니 宜兄宜弟而后에 可以教國人이니라

《시경》에 이르길 "그 몸가짐에 어긋남이 없어야 사방의 나라
를 바로잡을 수 있다"고 했으니 부자(父子)와 형제간에 족히
본받을 만한 뒤에 백성이 그를 본받는 것이다.

詩云 其儀不忒이라 正是四國이라하니 其爲父子兄弟足法而后에
民이 法之也니라

이것을 일러 나라를 다스리는 일은 집안을 가지런히 하는 데 있다고 하는 것이다.

此謂治國이 在齊其家니라

'시운 도지요요(詩云 桃之夭夭)'에서 '요요(夭夭)'는 예쁘고 고운 모습이고, '기엽진진(其葉蓁蓁)'에서 '진진(蓁蓁)'은 무성하다는 뜻입니다. 그러니까 복숭아꽃이 아름답고 그 잎사귀가 무성한 모양을 상상하시면 됩니다. 그리고 '지자우귀(之子于歸)'가 이어지는데, 여기서 '자(子)' 자는 여자(女子)라는 뜻으로 쓰였습니다. '아들 자(子)' 자는 본래 '여자'라는 뜻으로 쓰입니다. 흔히 자녀(子女)라고 하면 자는 아들로, 여는 딸이라는 뜻으로 쓰지만, 자(子)는 본래 여자를 가리키는 글자입니다. 예컨대 처자(處子)는 처녀(處女)와 같은 말로 모두 시집가지 않은 여성을 가리키는 말입니다. 그래서 이 대목의 '지자(之子)'는 '이 아가씨'라는 뜻입니다. 또 '귀(歸)'는 돌아갈 곳으로 돌아간다는 뜻인데 여기서는 시집간다는 뜻으로 쓰였습니다. 그래서 '지자우귀(之子于歸)'는 '이 아가씨가 시집을 간다'는 뜻입니다. 그리고 시집가서 '의기가인(宜其家人)', '그 집안사람들을 서로 사랑하게 했다'는 것이 인용한 시구입니다. 여기서 '마땅할 의(宜)' 자는 말씀 언(言) 자가 들어간 '의(誼)' 자와 같이 우의(友誼)라는 뜻으로 쓰였습니다. 우의라고 하면 보통 친구 간의 사랑, 형제간의 사랑을 말합니다만, 여기서는 가족 간의 사랑인 친애(親愛)를 뜻합니다.

그리고 이 시구에서 알 수 있듯이 '그 집안사람들을 사랑하게 한 뒤에 나라 사람들을 가르칠 수 있는 법〔宜其家人而后 可以教國人〕'이라는 결론을 이끌어내고 있습니다. '교(教)'는 가르친다는 뜻으로 교화(教化), 곧 다스린다는 뜻이기도 합니다. 나머지 두 인용구를 풀이하는 방식도 같습니다.

다음의 인용구 '의형의제(詩云 宜兄宜弟)'는 형에게도 마땅하고 아우에게도 마땅하다는 말인데 형제간의 돈독한 우의를 표현한 것입니다. 여기의 '의(宜)' 자도 앞 인용구와 마찬가지로 말씀 '언(言)' 자가 들어간 의(誼), 곧 우의(友誼)를 뜻합니다. 우의는 본래 형제간의 사랑을 가리키는 말인데 앞 인용구에서는 보다 넓은 의미인 친애(親愛)의 뜻으로 쓰였다면 이 대목은 본래 의미에 꼭 맞게 쓰인 경우라 하겠습니다. 그리고 형제간에 우의가 돈독한 뒤라야 나라 사람들을 다스릴 수 있다〔宜兄宜弟而后 可以教國人〕고 이야기합니다. 형제간에 불화하면 나라를 다스리기 어렵다는 이야기인데, 왜냐하면 자기 형제간에도 서로 친애하지 못하면서 어떻게 나라를 다스릴 수 있겠느냐고 사람들이 의심할 것이기 때문입니다.

마지막 인용구를 보겠습니다. '기의불특 정시사국(其儀不忒 正是四國)'은 자신의 몸가짐에 어긋남이 없어야 사방의 나라를 바로잡을 수 있다는 의미입니다. 여기서 '의(儀)'는 누군가를 대할 때의 몸가짐을 가리킵니다. '의(儀)' 자는 정의롭다는 뜻인 '의(義)'에 사람〔亻〕이 붙어 있는 모양의 글자죠. 그래서 사람과 사람의 관계에서 올바른 도리를 가리키는 말로, 의례(儀禮), 의식(儀式) 또는 위의(威儀)

228

라는 뜻으로 자주 쓰이는데 모두 몸가짐과 관련이 있습니다. 몸가짐은 올바른 행동, 사람과 사람 간의 관계에서 올바른 도리를 지키는 것을 말합니다. 그러니까 가까운 사람을 대할 때 올바른 몸가짐을 가지는 것이 나라를 다스리는 데 중요하다는 이야기인데 결국 다시 한 번 수신의 중요성을 강조한 문장입니다. 그리고 '특(忒)'은 어긋나다, 그릇되다는 뜻으로 부정(不正)한 태도를 말합니다. 따라서 "집안사람들과의 관계에서 몸가짐이 부정하지 않기 때문에(其儀不忒), 이를 밑천으로 삼아 사방의 나라를 바로잡을 수 있다(正是四國)"는 이야기입니다. 그리고 '부자(父子)와 형제간에 족히 본받을 만한 뒤에 백성이 그를 본받는 것(其爲父子兄弟 足法而后 民 法之也)'이라고 풀이하고 있습니다. 여기서 '기(其)'는 《대학》의 주인공인 대인(大人)을 가리킵니다. 그리고 '족법(足法)'은 족히 본받을 만하다는 말입니다. 부모 자식 간 그리고 형제간은 가까운 사람을 말하고 백성은 멀리 있는 사람을 가리킵니다. 그러니까 이 대목은 가까이 있는 사람에게 먼저 본보기가 되어야 한다는 뜻입니다. 가까이 있는 사람들이 그 사람을 훌륭하다고 여기지 않는데, 멀리 있는 사람들이 그 사람을 훌륭하다고 여길 리가 없기 때문입니다.

물론 여기에는 전통사회의 배경이 있습니다. 유학이 힘을 발휘하던 전통사회는 농경(農耕)을 기반으로 한 사회입니다. 대부분의 사람들이 태어나서 살다 죽을 때까지 그 땅을 떠나는 일이 거의 없습니다. 그리고 농사를 짓는 일은 이른바 노동집약적 산업이기 때문에 구성원 간의 협력이 절대적으로 필요합니다. 그런 사회적 조건에서는 혈연이나 지연을 통해 자연적으로 형성된 관계를 잘 유지하는 것이 중요합니다. 결국 혈연과 지연 유대가 가까운 사람, 아는 사람들과 좋은 관계를 형성하는 것이 생업을 이어가는 성공적인 기반이 됩니다. 현대사회는 많이 다르죠. 지금은 혈연이나 지연과 상관없는 사람들과 일하는 경우가 더 많습니다. 그 때문에 아는 사람과의 관계보다 모르는 사람과의 관계를 잘 형성하는 것이 자신과 공동체의 생존에 더 영향을 미칩니다. 이것이 결국 현대인들이 가까운 관계를 상대적으로 소홀히 여기게 하는 구조적인 이유라 할 수 있습니다. 다시 말하면 전통 농경사회의 경우 가까운 관계를 잘 유지하는 것이 자신과 공동체의 생존과 긴밀하게 연결되어 있다면 현대사회의 경우에는 그런 긴밀성이 느슨해졌기 때문에 가까운 관계의 중요도가 떨어졌다고 할 수 있습니다.

《대학》은 전통 농경사회를 기반으로 형성된 문헌이지만 그런 사회의 한계에 갇혀 있다고 할 수는 없습니다. 여기서처럼 가까운 관계를 강조하기는 하지만 그 목적은 먼 관계에 해당하는 나라와 천하의 백성을 잘 다스리는 이상을 향해 있기 때문입니다.

이어서 '차위치국 재제기가(此謂治國 在齊其家)'로 마무리하고 있습니다. 〈전9장〉의 첫 문장이 '소위치국 필선제기가자(所謂治國 必先齊其家者)'로 시작되었는데 그 구절을 '소위치국 재제기가자(所謂治國 在齊其家者)'로 고쳐서 읽었죠. 그렇게 고쳤더니 마지막 이 구절의 글귀와 호응이 자연스러워졌습니다. 이렇게 보면 〈전9장〉을 시작할 때 문장을 고친 것이 옳다는 게 입증되었다 하겠습니다.

전 10 장

사람의 마음을
헤아리는 법

내 마음의 법칙

이제 《대학》의 마지막 장인 〈전10장〉을 읽겠습니다. 〈전10장〉은 《대학》에서 가장 긴 분량의 글로 여러 고전과 고사를 사례로 인용하면서 나를 수양하는 일부터 집안을 가지런히 하고 나라를 다스리고 천하를 고르게 하는 일까지 모두 기술하고 있기 때문에 《대학》 전체의 압축판 해설이라 할 수 있습니다. 집안과 나라와 천하는 굉장히 넓은 세계이고 관계도 다양한 것 같지만 사실은 단순하게 나눌 수 있습니다. 나 아니면 남이거든요. 남을 합치면 집안도 되고 나라도 되고 천하도 되는 거죠. 그러니까 남의 마음을 어떻게 헤아리는가가 집안을 가지런히 하고 나라를 다스리고 천하를 고르게 하는 요체라 할 수 있습니다. 그렇다면 남의 마음을 어떻게 헤아릴 수 있는가? 세상의 남들에게 일일이 물어보는 것이 가장 좋겠지만 그렇게 하기는 어렵기도 하고 이론으로서의 의미도 없습니다. 《대학》의 이상은 천하를 고르게 다스리는 데 있는데 천하의 모든 사람들에게 다 물어보는 것은 불가능합니다. 그리고 이론은 복잡한 현실을 간명하게 설명할 수 있을 때 가치가 있는데 일일이 물어보는 번거로운 방법은 이론으로서의 의미가 없습니다.

그런 점에서 〈전10장〉의 첫 문장은 남의 마음을 헤아릴 수 있는 가장 쉽고 간단한 방법을 이야기하고 있는데 바로 '혈구지도(絜矩之道)'입니다. '혈(絜)'은 헤아린다는 뜻이고 '구(矩)'는 곱자인데 여기서는 마음의 잣대, 곧 내 마음속에 있는 도덕법칙을 말합니다. 이 '혈구지도'의 뜻을 알면 〈전10장〉뿐 아니라, 《대학》 전체의 뜻을 이해할 수 있고, 《중용》, 《논어》, 《맹자》의 요체도 터득할 수 있을 뿐 아니라 나아가 유가 윤리의 핵심이 어디에 있는지 알 수 있습니다. 유가 윤리의 핵심은 바로 내면의 도덕법칙인 '구(矩)'를 아는 데 있기 때문입니다. 그럼 '혈구지도'가 무엇인지 첫 문장을 읽어보면서 살펴보겠습니다.

이른바 천하를 고르게 다스리는 것이 자기 나라를 다스리는 데 달려 있다는 것은, 윗사람이 노인을 노인으로 모시면 백성이 효를 일으키며, 윗사람이 어른을 어른으로 공경하면 백성이 공경을 일으키며, 윗사람이 외로운 사람을 보살피면 백성이 배신하지 않으니, 이 때문에 군자는 마음의 법도를 헤아리는 도리를 지킨다.

所謂平天下在治其國者는 上老老而民興孝하며 上長長而民興弟하며 上恤孤而民不倍하나니 是以로 君子有絜矩之道也니라

윗사람에게 싫은 것으로 아랫사람을 부리지 말며, 아랫사람에게 싫은 것으로 윗사람을 섬기지 말며, 앞사람에게 싫은

것으로 뒷사람에게 베풀지 말며, 뒷사람에게 싫은 것으로 앞
사람을 따르지 말며, 오른쪽 사람에게 싫은 것으로 왼쪽 사
람과 사귀지 말며, 왼쪽 사람에게 싫은 것으로 오른쪽 사람
과 사귀지 않는 것을 일러 혈구의 도라 한다.

所惡於上으로 毋以使下하며 所惡於下로 毋以事上하며 所惡於前
으로 毋以先後하며 所惡於後로 毋以從前하며 所惡於右로 毋以交
於左하며 所惡於左로 毋以交於右가 此之謂絜矩之道니라

이 대목은 문장이 매우 쉽습니다. 글자만 조금씩 달라질 뿐 같
은 내용을 담고 있기 때문에 첫 구절만 읽어도 이어지는 구절의 내
용을 미리 짐작할 수 있습니다. 먼저 '소위평천하재치기국자(所謂平
天下在治其國者)'는 〈전10장〉 전체의 주제로 천하를 고르게 다스리는
것이 자기 나라를 다스리는 데 달려 있다고 한 경문의 구절을 인용
한 것입니다. 그리고 구체적인 예를 들어 경문의 구절을 풀이하고
있는 것이 '상노로이민흥효(上老老而民興孝)' 이하의 내용입니다.

여기서 '상(上)'은 상지인(上之人)으로서 임금이나 대신과 같은 통
치자를 가리킵니다. 그리고 '민(民)'은 하지민(下之民)으로 아래에 있
는 백성, 피치자를 말합니다. '노로(老老)'에서 앞에 '노(老)'는 노인으
로 존경한다는 뜻의 동사이고, 뒤의 '노(老)'는 노인을 가리키는 명
사로 쓰였습니다. 참고로 노인도 나이에 따라 여러 명칭으로 나누
어 불렀습니다. 60세 노인을 기(耆), 70세 노인을 노(老), 80~90세 노

인을 모(耄)라고 했습니다. 노인에 대한 호칭이 다양했다는 것은 그
만큼 노인에 대한 관심이 높았기 때문이겠지요. '노로(老老)'는 노인
을 노인으로 대한다, 어른을 어른으로 공경한다, 나이 많은 어버이
를 어버이로 공경한다는 뜻입니다. 아무튼 이 대목은 나라의 윗사
람이 노인을 노인으로 예우하고 공경하면 백성이 그것을 본받아 효
를 일으킨다(上老老而民興孝)는 이야기인데, 윗사람이 노인을 공경하
면 백성이 '효(孝)'를 일으키는 이유가 어디에 있을까요? '효(孝)'라는
글자는 위에 '늙을 로(耂)' 자가 있고 아래에 '아들 자(子)' 자가 놓여
있습니다. 그러니까 자식이 늙은 어버이를 업고 가는 모습을 그린
것이 '효(孝)'라는 글자의 모양입니다. 이 글자에 따르면 자식이 어
버이에게 효도하는 가장 좋은 방법은 어버이를 업어드리는 겁니다.
벼슬해서 나라에 충성한다느니, 입신양명(立身揚名)해서 어버이의 이
름을 빛나게 한다느니 온갖 말을 하지만 그 모두가 한번 업어드리
는 것만 못합니다.

　이어지는 두 구절은 글자만 바뀌고 문장의 구조가 꼭 같습니다.
'상장장이민흥제(上長長而民興弟)'에서 '장장(長長)'은 나이가 많은 어
른을 어른으로 모신다는 뜻입니다. 그리고 '제(弟)'는 말씀드렸던 것
처럼 본래 아우가 아우 노릇한다, 곧 형을 공경하는 것으로 '공경할
제(悌)' 자의 뜻으로 쓰입니다. 따라서 윗사람이 어른을 어른으로 공
경하면 백성이 공경을 일으킨다(上長長而民興弟)는 이야기입니다. 앞
구절과 대동소이한 내용입니다. 이어서 '상휼고이민불배(上恤孤而民不
倍)'가 나오는데, '휼(恤)'은 돌보다, 긍휼히 여기다, 불쌍히 여긴다는

뜻이고 '고(孤)'는 고아(孤兒)를 말하지만 여기서는 외로운 처지에 놓인 모든 사람을 가리킵니다. 그러니까 〈전3장〉에서 말씀드렸던 환과고독(鰥寡孤獨), 곧 '홀아비, 과부, 고아, 자식 없이 혼자 사는 노인' 모두를 가리킨다고 생각하시면 됩니다. 그리고 '배(倍)'는 배신(背信)하다는 뜻입니다. 요즘은 등질 배(背) 자를 써서 배신(背信)이라고 쓰는데 배(背)가 나중에 생긴 글자이고 본래는 배신(倍信)으로 썼습니다. 이 대목은 윗사람이 외로운 사람을 불쌍히 여겨 보살펴주면 백성이 배신하지 않는다(上恤孤而民不倍)는 이야기입니다.

'홀아비, 과부, 고아, 자식 없이 혼자 사는 노인'은 예나 지금이나 어디 하소연할 곳이 없는 아주 어려운 사람들입니다. 그런데 나라에서 그런 힘없는 사람들을 저버리지 않고 돌보고 보살펴주면 백성이 배신하지 않는다는 겁니다. 왜 배신하지 않을까요? 내가 저렇게 외로운 처지가 되어도 내가 속해 있는 공동체 전체가 나를 보살펴줄 것이라는 확신이 있기 때문에 공동체를 배신하지 않는 겁니다. 예를 들어 전쟁이 일어나 많은 사람들이 공동체를 지키기 위해 희생되었을 때, 살아남은 사람들이 그들의 시신이라도 제대로 돌보고 남은 가족을 보살피고 보호해준다면 그 전쟁은 아마 이길 가능성이 높아질 것입니다. 구성원들이 나라를 위해 싸우다 목숨을 잃어도 절대 버려지지 않을 것이라는 확신을 갖게 되겠죠. 만약 그렇게 하지 않는다면 누가 나라와 공동체를 위해서 목숨을 걸고 싸우겠습니까? 이것이 공동체를 바라보는 유가의 논리입니다.

공자는 젊은 시절에 위리(委吏)나 승전(乘田) 같은 말단 벼슬을 한 적이 있고, 중도재(中都宰)를 거쳐 노나라 정공(定公) 때는 치안을 담당하는 사구(司寇)가 됩니다. 이후 치안의 총책임자인 대사구(大司寇)가 되는데 당시 이런 일이 있었습니다. 어느 백성이 전쟁터에 도망치다가 붙잡혀 왔습니다. 공자가 그에게 도망친 이유를 물어봅니다. 그러자 그 백성이 이렇게 이야기합니다. "저에게는 여든이 넘은 늙은 어머니가 있는데 자식이라곤 저밖에 없습니다. 제가 만약 전쟁터에서 죽으면 어머니를 모실 사람이 아무도 없습니다. 그래서 도망쳤습니다." 공자가 어떻게 했을까요? 공자는 그 사람을 죄가 없다고 판결하고 풀어줍니다. 그러자 당시 계환자(季桓子)를 비롯한 노나라의 실권자들이 공자를 격하게 비난합니다. 그들의 말은 그런 식으로 전쟁터에서 도망친 자들을 풀어주면 누가 나라를 위해 싸우겠느냐는 거였습니다. 그리고 이 일에 대한 기록이 《한비자》에 보이는데 한비자도 같은 이유로 공자가 잘못했다고 비판했습니다.

그렇다면 공자는 어떻게 생각했을까요? 만약 어떤 나라가 노모를 모실 사람이 없는 가난한 백성의 처지를 돌보지 않는다면 오히려 그런 나라가 유지되기 어렵다고 생각한 것입니다. 반대로 연로한 어버이를 모시고 있는 사람을 전쟁에 징집하지 않는 보장을 해주면 오히려 백성이 그런 나라, 그런 통치자를 배신하지 않고 나라와 공동체를 위해 목숨 바쳐 싸울 것이라고 생각하는 거죠. 《대학》의 이 대목을 읽으면서 우리가 바라는 나라가 한비자의 나라인지 공자의 나라인지 생각해볼 필요가 있습니다.

이어서 이 대목의 마무리 부분을 보겠습니다. '시이 군자유혈구지도야(是以 君子有絜矩之道也)'는 "이 때문에 군자는 마음의 법도를 헤아리는 도리를 지킨다"는 뜻입니다. 혈구지도(絜矩之道)의 구(矩)에 대해서는 앞서 '내 마음에 있는 도덕법칙'을 말한다고 간단하게 풀이했습니다만 여기서는 좀 더 자세히 알아보겠습니다. 눈치 채신 분들이 있겠지만 앞의 〈전9장〉에서 '혈구지도'가 무엇인지 헤아릴 수 있는 글자가 나왔습니다. 바로 '서(恕)'라는 글자죠. '서'는 '여심(如心)'으로 풀이했습니다. 다른 사람의 마음은 타인지심(他人之心)이죠. 그런데 다른 사람의 마음을 이해하려면 어떻게 해야 하는가. 그 사람의 마음도 여기지심(如己之心), 내 마음과 같을 것이라고 추론하는 것이 '서'입니다. 그래서 주희는 '서'를 '추기급인(推己及人)'이라고 풀이했습니다. 그러니까 내 마음을 미루어 살피면 다른 사람의 마음도 미처 알 수 있다는 겁니다. 내가 싫으면 저 사람도 싫어할 것이고 내가 좋으면 다른 사람도 좋아할 것이라고 추론하려면 다른 사람의 마음도 내 마음과 같을 것이라는 전제가 있어야 합니다. 그것이 '서'입니다. 그리고 '서'를 하기 위해 내 마음을 헤아리는 방법이 '혈구지도'입니다. 서는 황금률(黃金律)입니다. 서를 가장 잘 표현한 문장은 앞서 말씀드린 것처럼 《논어》에 나오는 '기소불욕 물시어인(己所不欲 勿施於人)'입니다. 내가 바라지 않는 것을 남에게 베풀지 말라는 말입니다. 이 또한 내가 바라지 않으면 남도 바라지 않을 것이라는 전제가 깔려 있는 겁니다. 이를테면 〈마태 복음〉에 보이는 나사렛 예수의 황금률은 "너희는 남에게서 바라는 대로 남에게 해주어라"는 말입니다. 뚜웨이밍(杜維明, 1940~) 같은 학자는 《논어》의 경우는 "자신이 원하지 않는 바를 남에게 강요하지 말라"는 것이고 기독교의 경우 "자기가 원하는 것을 남에게도 베풀라"는 주장이므로 다르다고 했지만 잘못 이해한 것입니다. 《논어》에는 '기소불욕 물시어인(己所不欲 勿施於人)'이라는 표현뿐 아니라 '기욕립이립인 기욕달이달인(己欲立而立人 己欲達而達人)'이라는 표현도 나오는데 이는 "내가 이루고자 하면 남도 이루게 하라"는 뜻으로 나사렛 예수의 표현과 완전히 같기 때문입니다.

그리고 혈구(絜矩)의 '구(矩)'자에 대한 이해도 중요합니다. 《논어》를 읽어보신 분에게는 익숙한 글자죠. 《논어》에는 공자가 일흔이 넘은 뒤 자신의 삶을 간단하게 회고하는 대목이 있습니다. 거기서 공자는 이렇게 말했죠. 열다섯 살에 배움에 뜻을 뒀고(志學), 서른 살에 입(立)했다(而立)고 했습니다. '입(立)'은 똑바로 섰다는 뜻인데, 선다는 건 인간에게 굉장히 중요한 행위입니다. 자립(自立)의 뜻이거든요. '설 립(立)' 자는 땅 위에 사람이 서있는 모양(立)입니다. 그리고 옆에 사람 인(亻) 자가 붙으면 사람이 똑바로 서 있는데(立) 그 옆에 시립(侍立)하고 있는 사람이 그려진 모습(位)이기 때문에 높은 사람이 있는 자리라는 뜻인 '자리 위(位)' 자가 됩니다. 아무튼 '立'은 똑바로 선 모습인데 호모 에렉투스(homo erectus)라는 말에서 알 수 있는 것처럼 인간이라는 존재를 규정하는 중요한 특징입니다. 스스로의 힘으로 설 수 있을 때 진정한 인간이 되는 거죠. 원래는 기어 다녔잖아요. 물론 기어 다니던 존재들은 대부분 아직도 기어 다니고 있어요. 그런데 인간은 어느 순간 일어나 섰습니다. 일어선다는 건 자유(自由)를 뜻합니다. 자유에는 대가(代價)가 있기 마련입니다. 스스로 걷는 것처럼 판단하고 자신의 행동에 대해서 스스로 책임을 져야죠. 이렇게 하기 위해서는 용기와 결단이 필요합니다. 이게 '입(立)'의 뜻입니다. 《논어》의 이 문장 마지막에 공자가 '칠십이종심소욕불유구(七十而從心所欲不踰矩)'라고 했죠. 여기에 '구(矩)' 자가 나옵니다. 나이 일흔에는 마음대로 하고 싶은 대로 했는데도 '구'를 넘어서지 않았다는 뜻인데, 여기의 '구'가 바로 도덕법칙을 뜻합니다. 이 도덕 법칙은 나에게 있을 뿐 아니라 모든 사람들의 마음에 다 있는 겁니다. 공자는 이 '구'를 잘 헤아렸기 때문에 다른 사람에게 어떤 행위를 해도 자신의 행위가 어긋나지 않았다는 것이 바로 '종심소욕불유구(從心所欲不踰矩)'의 속뜻입니다. 법칙(法則)이라고 하는 게 중요한 겁니다. 법칙이라는 건 객관화된 표현으로 나에게도 있고 다른 사람에게도 있다는 뜻입니다. 나에게만 있고 다른 사람에게는 없다면 주관에 지나지 않습니다. 예를 들어 어떤 사람은 동정심(同情心)이 풍부하고, 어떤 사람은 동정심이라곤 찾아볼 수가 없어요. 그럼에도 법칙을 헤아리면 똑같이 올바른 행동을 할 수가 있습니다. 오히려 동정심에 의해서 다른 사람을 도와주는 것보다 동정심이 별로 없고 매정한 사람인데도 그가 법칙에 따라 올바른 행동을 하고 남을 도와준다면 그런 행위가 더 숭고하다고 할 수 있습니다. 이건 계몽주의 철학자 칸트가 한 말입니다. 그는 "동정에 의한 도덕적 행위보다 동정심 없는 사람이 도덕법칙에 따라 도덕적 행위를 하는 것이 더 숭고한 가치를 지닌다"고 했는데 '혈구지도'의 '구'가 바로 도덕법칙에 해당합니다.

이어서 '혈구지도'를 어떻게 발휘할 수 있는지에 대해 생활상의 구체적인 사례를 들면서 조목별로 이야기하고 있습니다. 앞에서 다른 사람의 마음을 헤아리는 원칙인 '혈구지도'를 제시하고 여기서는 구체적인 실천 방법을 기술한 것입니다. 우선 어떻게 하면 아랫사람을 잘 대할 수 있을까를 알려면 내가 윗사람에게 뭘 바라고 뭘 바라지 않는지를 먼저 생각해보면 됩니다. '소오어상(所惡於上)'은 내가 윗사람에게 미워하는 것, 곧 윗사람이 나에게 그러지 말았으면 하는 행위를 말합니다. 그리고 '무이사하(毋以使下)'는 아랫사람을 부리지 말라는 뜻입니다. 쉽죠. 아랫사람을 잘 대하려면 내가 윗사람에게 뭘 바라고 싫어하는지만 헤아리면 되는 겁니다. 그리고 나는 윗사람의 아랫사람이기도 하고 아랫사람의 윗사람이기도 하니까 윗사람을 모시는 경우도 있잖아요. 그런 경우에는 '소오어하 무이사상(所惡於下 毋以事上)', 아랫사람에게 싫은 것으로 윗사람을 섬기지 말라고 이야기합니다. 아랫사람을 부리든 윗사람을 모시든 모두 내 마음을 헤아려보면 답이 나온다는 겁니다.

그리고 '소오어전 무이선후(所惡於前 毋以先後)'가 나오는데 내가 앞사람에게 싫은 것으로 뒷사람에게 베풀지 말라는 뜻이고 '소오어후 무이종전(所惡於後 毋以從前)'은 내가 뒷사람에게 싫은 것으로 앞사람을 따르지 말라는 뜻입니다. 여기서 '전(前)'과 '후(後)'는 공간적으로 내 앞이나 뒤에 있는 사람으로 볼 수도 있고 시간상으로 나보다 앞서거나 뒤따르는 사람일 수도 있습니다. 이 구절은 전후(前後)의 사람을 대하는 방법을 이야기하고 있고 다음에는 좌우(左右)에 있는 사람들을 어떻게 대해야 하는지 이야기하는데, 대상만 다를 뿐 모두 같은 방법을 이야기하고 있습니다. '소오어우 무이교어좌(所惡於右 毋以交於左)'는 내가 오른쪽 사람에게 싫은 것으로 왼쪽 사람과 사귀지 말라는 뜻이고, '소오어좌 무이교어우(所惡於左 毋以交於右)' 내가 왼쪽 사람에게 싫은 것으로 오른쪽 사람과 사귀지 말라는 뜻이죠.

이렇게 하면 아랫사람의 마음을 헤아릴 수 있고 윗사람의 마음도 헤아릴 수 있으며, 전임자 또는 앞에 있는 사람과 후임자 또는 뒤에 있는 사람의 마음도 헤아릴 수 있고 왼쪽과 오른쪽에 있는 사람의 마음을 모두 다 헤아릴 수 있습니다. 결국 내가 가지고 있는 이 마음을 잘 헤아리기만 하면 된다는 이야기입니다. 저 사람이 나에게 어떤 것을 원할지는 내 마음을 잘 들여다보면 되는 것이죠. 그리고 내가 저 사람에게 어떻게 하는 것이 잘 대해주는 것인지도 역시 내 마음을 잘 헤아리면 알게 됩니다.

물론 사람에 따라서 취향의 차이가 있듯이 좋아하고 싫어하는 것이 다를 수 있습니다. 유학의 수양론은 자기 형성을 거쳐 자기 확장으로 나아가는 과정이라 할 수 있습니다. 자기 형성은 앞서 살펴본 것처럼 자신의 내면과 대화하는 신독이라는 과정을 거쳐 성립합니다. 그리고 자기 확장은 그런 성찰을 자신에게만 국한하지 않고 함께 살아가는 다른 존재에 미루어 가는 확충(擴充)을 통해서 이루어집니다. 자기 형성 과정을 선형적으로 타인에 대한 이해로 확장시키는 방식이 바로 공자의 서(恕)이자 맹자의 사단확충(四端擴

充)입니다. 그리고《대학》에서는 이런 자기 확장을 성공적으로 수행하기 위해 호오의 일치〔如好好色 如惡惡臭〕를 통한 호선오악(好善惡惡)을 보편 감정으로 파악합니다. 유학은 대체로 도덕 감정의 일치와 감각을 보편성을 확인함으로써 다른 존재와 소통을 시도합니다.

그런데 이처럼 인간이 가진 욕망과 감각의 보편성을 강조하는 태도는 때로 다른 존재의 정체성을 제멋대로 재단하는 부작용을 초래할 수도 있습니다. 이 같은 부작용은《장자》의 해조우화(海鳥寓話)에서 지적하고 있는 것처럼 자신에게 좋은 것이 곧 다른 존재에게도 좋은 것이라는 오류를 불러일으킬 수 있으니까요. 참고로 해조우화의 내용은 다음과 같습니다.

"옛날에 해조(海鳥)가 노나라 국도의 교외에 날아와 머물러 있었는데 노나라 임금이 맞이하여 묘당에서 주연을 베풀고, 순임금이 작곡한 구소(九韶)를 연주하여 음악으로 삼고, 소·양·돼지를 모두 갖춘 태뇌(太牢)의 음식으로 요리상을 차렸는데, 새는 마침내 눈이 어찔어찔해지고 두려워하고 슬퍼하여 감히 한 점의 고기도 먹지 못하고 감히 한 잔의 술도 마시지 못하다가 사흘 만에 죽고 말았다. 이는 노나라 임금이 자신을 봉양하는 방법으로 새를 기르려고 했고 새를 기르는 방법으로 새를 기르지 않았기 때문이다."

《장자》〈지락(至樂)〉 편에 나오는 이야기입니다. 또《장자》〈응제왕(應帝王)〉 편에는 혼돈 설화가 나오죠. 이 또한 다른 존재를 도와주려고 하다가 오히려 망가뜨리는 비극을 이야기하고 있습니다. 혼돈설화의 내용은 다음과 같습니다.

"남해의 임금은 숙(儵)이고 북해의 임금은 홀(忽)이고 중앙의 임금은 혼돈(渾沌)이다. 숙과 홀이 때로 혼돈의 땅에서 함께 만났는데, 혼돈이 그들을 매우 잘 대접하자, 숙과 홀이 혼돈의 은혜에 보답하려고 상의하여 이렇게 말했다. '사람들은 모두 일곱 개의 구멍이 있어 보고 듣고 먹고 숨을 쉬는데, 이 혼돈만은 없으니, 시험 삼아 구멍을 뚫어주자' 하고는 하루에 구멍 한 개씩을 뚫었더니 칠일 만에 혼돈이 죽었다."

장자의 두 이야기는 보편성을 이데올로기로 내걸 경우 오히려 보편 개념으로 수용할 수 없는 특수한 경우를 배제하는 위험을 초래할 수 있다고 지적한 것입니다. 분명 장자가 경계하는 부작용이 있습니다. 예를 들어 근대적 가치로 환영받는 인권이나 민주 같은 보편적 가치도 다른 문화권에 강제될 때는 제국주의 이데올로기로 전락할 수 있죠. 최근의 관용담론도 강대국의 논리를 정당화하는 수단으로 이용되는 문제가 있습니다.

하지만 누구에게나 타당한 보편적 가치가 있다고 전제하고 그 가치를 끝까지 추구하는 것이 유학의 도덕론입니다. 어떻게 하는 것이 상대에게 좋은지 완전하게 알 수 없다고 해서 소통을 포기하거나 고립을 선택할 수는 없다는 것이 유학의 관점입니다. 취향이 다르기 때문에 내가 좋아하는 것과 다른 사람이 좋아하는 것이 반드시 일치할 수는 없다 하더라도 상대를 돌보고 보살피려면 상대가 좋아하는 것을 하고 상대가 싫어하는 것을 하지 말아야 한다는 원칙만은 바꿀 수 없다는 겁니다.

유학에서 보편적인 것, 어디에나 통용되는 보편적인 법칙으로 제시한 것이 '중용(中庸)'의 '중(中)'입니다. '중'은 어느 한쪽에 치우치거나 기울지 않고 지나치거나 모자람이 없는 상태를 말합니다. 또 기호의 다양성을 부정하지는 않지만, 누구에게나 맛있는 음식이 있는 것처럼 누구에게나 모두 타당한 마음이 있다고 확신합니다. 맹자의 성론(性論)으로 말하면, 인간의 본성이 선(善)하다고 주장한 것도 보편적 가치가 있다고 긍정하는 겁니다. 그 때문에 누구나 수양을 통해 성인(聖人)이 될 수 있다고 주장할 수 있는 겁니다. 양지(良知), 양능(良能)을 비롯한 양심(良心)을 지니고 태어나는 존재가 인간이라고 보니까요. 물론 양심의 힘은 그다지 강하지 않습니다. 하지만 그것이야말로 인간이 선한 존재가 될 수 있다는 유일한 근거입니다.

이점은 칸트의 경우도 마찬가지입니다. 칸트는 《도덕형이상학 원론(Grundlegung zur Metaphysik der Sitten)》에서 선의지를 강조하면서 이렇게 이야기합니다.

"세상 안에서, 또는 이 세상 밖에서라고 하더라도 아무런 제한 없이 선하다고 할 수 있는 것은 선의지(善意志)밖에 없다. 지성, 위트, 판단력 그리고 그 밖의 모든 정신의 재능은 선하며 바람직하다고 할 수 있고, 또는 용기, 단호함, 끈기와 같은 기질적 특성들도 여러 면에서 선하고 바람직하다는 것이 분명하다. 그러나 이 타고난 자질들은 이것들을 사용하는 의지가 선하지 않다면 극도로 악하고 해로울 수도 있는데, 이러한 연유로 의지가 가진 고유한 성질을 품성이라고 부른다. 행운의 자질들도 사정은 마찬가지다. 권력, 부, 존경, 심지어 건강도, 그리고 행복이라 불리는 자신의 현재 상태에 대한 편안한 느낌과 완전한 만족도 만약 그것들이 마음에 미치는 영향을 바로잡고 이를 통해 행위의 전체 원칙을 바로잡아 보편적 목적에 맞게 만드는 선의지가 없다면, 사람들에게 자만심을 불러일으키고, 그리하여 때로는 사람을 오만하게 만들기도 한다. 그래서 선의지는 누군가가 행복을 누릴 만한 자격을 얻기 위해서 반드시 갖추어야 할 조건 자체임이 분명한 듯하다."

칸트는 여기서 인간이 다양한 재능이나 행복의 여러 조건을 두루 갖추고 있다 하더라도 선하려는 의지, 곧 선의지가 없다면 행복을 누릴 자격이 없다고 이야기하고 있는데 이 선의지가 맹자가 이야기한 양심에 가까운 개념입니다.

같은 책에서 칸트는 "선한 의지는, 그것이 실현하거나 성취한 것 때문에 또는 어떤 계획된 목적들을 달성하는 데 적합하기 때문에 선한 것이 아니고, 단지 원함에 의해서만, 다시 말해 그 자체로 선하다. 그리고 선한 의지는 그 자체로 고찰하더라도, 어떤 끌림, 심지어는 모든 끌림의 전체를 만족시키기 위해 의지가 이루어낼 수 있는 어떤 것보다도 훨씬 더 높게 평가되어야 한다. 운명이 특별히 미워했기 때문이든 자연이 계모처럼 인색하게 차려주었기 때문이든, 이 선의지가 자신의 목적을 성취할 능력을 완전히 결하고 있다고 하더라도, 그리고 최대한의 노력에도 불구하고 아무것도 달성되지 못하고 선의지만이 남는다고 하더라도, 선의지는 보석의 경우에서처럼 자신의 완전한 가치를 자기 안에 갖고 있는 것으로서 그 자체로 빛날 것이다. 유익함이나 무익함은 선한 의지의 가치에 어떤 것도 더하거나 뺄 수 없다."

여기서 참으로 인상적인 대목은 선의지가 자신의 목적을 성취할 능력을 결여하고 있다고 하더라도, 그리고 아무리 노력해도 아무것도 달성하지 못하고 선의지만 남는다 하더라도 선의지는 보석처럼 빛난다고 이야기하는 대목입니다. 우리의 행위가 목적을 달성하는 데 유용한 것이 유익함이라 할 때 칸트는 선의지가 설사 유익하지 않더라도 선의지 자체의 가치가 줄어들지 않는다고 이야기하고 있습니다. 이런 주장은 성리학자들이 인간의 본성을 이야기할 때 성(性)은 그 자체로 완전하기 때문에 밖에서 다른 가치를 덧붙일 필요가 없다는 이야기와 매우 비슷합니다. 이런 점에서 칸트의 선의지에 대한 설명은 유학의 양심이나 성을 이해하는 데에도 참고할 만합니다.

'혈구지도'나 '서(恕)'는 인간은 모두 도덕에 대한 보편적 기준을 자신의 내면에 지니고 있기 때문에 누구나 그 보편적 기준에 따르기만 하면 도덕적으로 올바른 사람이 될 수 있다는 주장입니다. 칸트의 도덕률도 《대학》에서 말하는 '혈구지도'와 다르지 않습니다. 칸트는 인간의 내면에 있는 도덕법칙을 두고 "생각하면 생각할수록 나를 경이롭게 하는 것은 저 하늘에 반짝이는 별과 내 안에서 빛나는 도덕법칙이다"라고 이야기합니다. 저 하늘에는 별이 빛나고 내 마음속에는 도덕법칙이 빛난다는 거죠. 그러니까 인간은 누구나 자신의 내면에 있는 도덕법칙을 따르면 저 하늘에 빛나는 별 같은 존재가 될 수 있습니다. 그 법칙을 따르지 않기 때문에 별이 못되는 거죠. 이 대목은 외부의 초월인 천명을 끌어들여 내면의 도덕성으로 규정한 《중용》 제1장의 내용과 판에 박은 것처럼 닮았습니다. 《대학》의 대목에서 말하는 것도 마찬가지입니다. 윗사람과 아랫사람, 앞사람과 뒷사람, 좌우의 사람 등 모든 사람과 평화로운 관계를 유지할 수 있습니다. 혈구(絜矩)의 법칙을 따르기만 하면 말입니다.

칸트가 이야기하는 정언명령 또한 보편적 도덕법칙을 추구하는 유학의 도덕이론을 이해하는 데 참고가 됩니다. 칸트는 정언명령을 하나의 명제로 표현했습니다. "마치 네 행위의 준칙이 네 의지에 의해 보편적인 자연법칙이 되어야 할 것처럼 그렇게 행위하라." 여기서 보편적 자연법칙이란 나의 행위가 나의 의지에 정당할 뿐 아니라 모든 다른 존재의 의지에게도 정당하게 받아들여지는 것을 말합니다. 이 준칙에 따라 행위하면 마치 자연법칙처럼 모든 존재에 정당한 행위를 할 수 있다는 것이죠. 결국 칸트의 이 명제는 다른 사람의 의지와 일치하는 방향으로 나의 의지를 미루어 가는 행위를 법칙화한 것이라는 점에서 혈구지도나 서(恕)와 다르지 않습니다.

백성의 부모 된 마음

이번에는 《시경》의 시구를 인용하여 혈구지도를 통해 백성의 마음을 헤아리는 내용입니다. 수많은 백성의 마음을 어떻게 헤아릴 수 있을까요? 간단합니다. 내가 백성일 때 통치자가 무엇을 어떻게 해주기를 원했는지 생각해보면 됩니다. 그 마음을 기준으로 백성을 대한다면 백성의 마음을 이해할 수 있겠지요.

《시경》에 이르길 "즐거운 군자여! 백성의 부모이시다"라고 하니, 백성이 좋아하는 것을 좋아하고 백성이 싫어하는 것을 싫어하는 것을 일컬어 백성의 부모라고 말한 것이다.

詩云 樂只君子여 民之父母라하니 民之所好를 好之하며 民之所惡를 惡之가 此之謂民之父母니라

'낙지군자 민지부모(樂只君子 民之父母)'는 《시경》〈소아〉에 나오는 〈남산유대(南山有臺)〉라는 시에 보이는 시구입니다. '낙지군자(樂只君子)'에서 '다만 지(只)' 자는 어조사로 글자 수를 맞추기 위해서 넣은 것일 뿐이므로 해석할 필요가 없습니다. '낙(樂)'은 즐겁다는 뜻입니다. 그러니까 "즐거운 군자여! 백성의 부모이시다"로 번역합니다. 군자는 그 나라의 통치자를 가리키는데 그를 보고 있으니까 즐겁다는 겁니다. 즐거움의 주체는 백성입니다. 백성이 왜 즐거울까요? 군자가 나라를 잘 다스리기 때문입니다. 그런 즐거운 마음을 군자의 모습에 투사해서 '낙지군자(樂只君子)'라고 표현한 것입니다. '민지부모(民之父母)'는 통치자가 백성을 자식처럼 사랑했다고 감탄하는 표

현입니다. 여기까지가 인용된 시구이고 다음은 풀이입니다. 백성들이 통치자를 바라보고만 있어도 즐거운 마음을 백성의 부모라고 표현했는데, 그 이유는 그가 백성이 좋아하는 것을 좋아하고(民之所好 好之), 또 백성이 미워하고 싫어하는 것을 통치자도 함께 미워하고 싫어했기(民之所惡 惡之) 때문입니다. 이어서 바로 그런 사람을 일러 백성의 부모라고 한다(此之謂民之父母)고 마무리합니다. 백성을 마음을 얻으면 백성의 부모가 된 그가 아름다운 통치자라는 맥락입니다.

《맹자》에도 비슷한 이야기가 나옵니다. 《맹자》에는 천자(天子)의 마음을 얻으면 제후(諸侯)가 되고, 제후의 마음을 얻으면 대부(大夫)가 된다고 합니다. 그럼 무엇을 얻어야 천자가 될까요? 신분으로 따졌을 때 가장 아래에 있는 백성의 마음을 얻으면 천자가 된다고 합니다. 맹자는 또 '소욕여지취지(所欲與之聚之)'라고 하는데, 이는 백성이 바라는 것(民之所欲)을 백성에게 주고(與之於民) 모은다(聚之於民)는 겁니다. 결국 백성이 바라는 것을 주는 이가 백성의 부모이고 그가 천자라고 이야기한 것입니다.

맹자를 통해 《대학》의 이 대목에서 이야기하는 '백성이 군자를 보면 즐거운 이유'를 찾아보면 간단합니다. 군자가 자신들이 바라는 것(所欲)을 주기 때문에 백성들이 군자를 보기만 해도 즐거운 마음이 저절로 드는 겁니다. 주희는 이 대목을 풀이하면서 "혈구(絜矩)를 잘하여 백성의 마음을 자신의 마음으로 삼는다면 백성을 자식처럼 사랑한 것이니 백성들 또한 그를 부모처럼 사랑함을 말한 것이다"라고 풀이했습니다. 결국 모든 것이 내 마음에 있는 도리를 잘 헤아리는 데 달려 있습니다. 남의 마음을 헤아리기 위해서 내 마음부터 먼저 헤아리는 것이 혈구지도를 나라 다스리는 일에 비유한 것입니다.

위정자가 경계할 바

《시경》에 이르길 "깎아지른 저 남산이여! 바위가 높고 크구나. 빛나는 공을 세운 태사 윤씨여! 백성이 모두 당신을 바라보고 있노라"하니, 나라를 다스리는 사람은 삼가지 않을 수 없으니 치우치면 천하 사람에게 죽임을 당하게 될 것이다.

詩云 節(截)彼南山이여 維石巖巖이로다 赫赫師尹이여 民具(俱)爾瞻이라하니 有國者는 不可以不愼이니 辟(僻)則爲天下僇矣니라

이번 인용구는 《시경》 〈소아〉의 〈절남산(節南山)〉 편에서 인용한 구절입니다. '절피남산[節(截)彼南山]'의 '절(節)' 자는 '끊을 절(截)' 자로 읽는데 깎아지른 듯 우뚝 솟은 남산을 표현한 글자입니다. '유석암암(維石巖巖)'에서 '유(維)'는 어조사로 해석할 필요가 없고, '석(石)'은 암석, 바위입니다. 그리고 '암암(巖巖)'은 바위가 높고 큰 모양인데 곧 무너질 것처럼 위태로운 모습을 '암암(巖巖)'으로 표현한 것입

니다. 이어지는 '혁혁사윤 민구이첨[赫赫師尹 民具(俱)爾瞻]'까지가 〈절
남산〉 편에서 인용한 시구입니다. '혁혁사윤'은 혁혁한 공을 세운
태사 윤씨라는 뜻인데, 태사 윤씨는 주(周)나라 선왕(宣王) 때의 태
사였던 윤길보(尹吉甫)를 가리킵니다. 물론 확실한 것은 아니고 추정
입니다. 고대의 시는 작자를 확인하기 어렵기 때문에 역사적 사실
과 일치시켜 고증하기가 참 어렵습니다. 일단 현재까지 고증된 걸
기준으로 판단하면 윤길보일 가능성이 가장 큽니다.

주나라 선왕은 폭군으로 기록된 여왕(厲王)의 아들로 여왕에 얽
힌 이야기가 참 많습니다만, 여기서는 생략하겠습니다. 선왕은 선정
을 베풀었다고 칭송을 받지는 않지만, 그렇다고 폭군으로 기록되어
있지도 않습니다. 이 무렵 태사였던 윤길보가 흉노를 정벌해서 큰
공을 세우자 세력이 막강해집니다. 이 시는 그에 대한 일종의 경고
의 의미를 담고 있다고 보면 됩니다.

'혁(赫)'은 빛날 혁(赫) 자죠. 그래서 "빛나는 공을 세운 태사 윤
길보여(赫赫師尹)!"라는 뜻이 되는데, 마치 칭송하는 표현인 것처럼
보이지만 '민구이첨[民具(俱)爾瞻]'이라는 구절이 이어져 있기 때문에
경고의 의미가 됩니다. '민구이첨'은 백성이 모두 당신을 바라보고
있다는 뜻입니다. 여기서 '갖출 구(具)' 자는 '함께 구(俱)' 자와 같이
'모두'라는 뜻으로 쓰였습니다. '이(爾)'는 2인칭으로 너·당신·그대라
는 뜻이죠. 그러니까 모든 백성이 당신을 바라보고 있으니까 딴마
음 품지 말고 똑바로 하라는 뜻입니다. 그렇지 않으면 남산의 바위
처럼 위험해질 수 있다는 거죠. 이어서 '유국자 불가이불신(有國者 不

可以不愼)'이 나오는데 '유국자(有國者)'는 나라를 가진 이라는 뜻으로, 흔히 '유국유가자(有國有家者)'라는 말을 많이 쓰는데, 나라를 가지고 집안을 가진 자, 곧 국가(國家)를 다스리는 위정자(爲政者)라는 뜻입니다. 그러니까 위정자는 '불가이불신(不可以不愼)', 삼가지 않아서는 안 된다고 경고하는 내용입니다. 혹시라도 자신의 세력을 믿고 백성을 함부로 대하면 어떻게 되느냐? '벽즉의천하륙의(辟則爲天下僇矣)'라고 이야기합니다. 여기서 '벽(辟)'은 벽(僻)으로 치우친다는 뜻이고 '륙(僇)'은 '륙(戮)'으로 죽인다는 뜻입니다. 주희는 이 대목을 두고 "만일 혈구(絜矩)를 못해 좋아하고 미워함을 자기 한 몸의 치우침에 따르면 몸이 시해당하고 나라가 망하여 천하 사람들에게 죽임을 당함을 말한 것이다"라고 풀이했습니다. 치우친다는 것은 백성의 마음을 헤아리지 않고 자신의 욕심에 따른다는 뜻입니다. 곧 위정자가 자신의 욕심만 따르게 되면 천하 사람들에게 죽임을 당하는 것을 면치 못할 것이다(辟則爲天下僇矣)"라는 강력한 경고입니다.

조선 시대 16세기 성리학자 중에서 퇴계(退溪) 이황(李滉, 1501~1570)에 못지않게 중요한 인물로 남명(南冥) 조식(曺植, 1501~1572)을 들 수 있습니다. 두 사람은 모두 1501년생인데, 조식은 성리학 이론을 연구하는 일보다 성리학적 가치를 실천하는 데 더 관심을 기울였던 학자입니다. 조식이 지은 시 중에 〈민암부(民巖賦)〉가 있습니다. 〈민암부〉의 '암(巖)' 자는 《대학》의 이 대목에 인용한 '절피남산 유석암암[節(截)彼南山 維石巖巖]'이라는 구절에서 따온 것입니다. 〈민암부〉의 내용을 보면, 백성을 물과 같다(民猶水也)고 비유합니다. 그런데 이 물이라는 게 배를 띄우기도 하지만 배를 뒤집기도 한다고 이야기합니다. 그러니까 통치자에게 백성은 물과 같은 존재로 그 물 때문에 살기도 하지만 그 물 때문에 죽기도 하는 거죠. 이어서 조식은 '시대권지하재 지재호오민지수혜(是大權之何在 只在乎吾民之手兮)'라고 이야기합니다. "대권이 어디에 있는가? 우리 백성의 손에 있다"는 뜻인데, 대권이란 임금이 될 수 있는 권리인데, 누가 임금이 되느냐는 백성에게 달려 있다(大權在民)는 말입니다. 소박한 형태의 민권론(民權論)이라 하겠지만, 이 같은 주장은 맹자 이래 이어져온 유학의 민본사상에 근거한 것입니다.

조식은 평생 벼슬에 나아가지 않고 지리산 부근에 은거하며 제자들을 길렀습니다. 당시 남명 조식과 어울리던 이로 화담(花潭) 서경덕(徐敬德, 1489~1546)과 대곡(大谷) 성운(成運, 1497~1579)이 있습니다. 이들은 모두 나라가 불러도 벼슬에 나아가지 않았기 때문에 당시 사람들은 이 세 사람을 삼처사(三處士)라고 불렀습니다. 서경덕은 일찌감치 과거를 포기했는데 조정의 입장에서 보면 훌륭한 인재가 초야에 묻혀 있으면 나라의 손실이죠. 그래서 명령을 내려 지방 수령들에게 지방의 인재들을 추천하게 해서 120여 명을 추천합니다. 그중 서경덕이 1등으로 추천되었지만 서경덕은 조정의 부름에 응하지 않았습니다.

그리고 조식에게도 벼슬을 자주 내렸습니다. 당시 임금이 명종(明宗)이었는데 명종의 나이가 어렸기 때문에 중종(中宗)의 비(妃)였

255

던 문정왕후(文定王后), 곧 성렬대비(聖烈大妃) 윤씨가 수렴청정(垂簾聽政)합니다. 수렴청정은 여성이 주렴을 드리워놓고 정사를 듣는다는 뜻인데, 대윤이다 소윤이다 해서 외척들이 권력 다툼을 일삼는 바람에 조정이 극도로 어지러운 시기였습니다. 이런 때에 조식을 단성현감(丹城縣監)으로 제수(除授)합니다. 그러자 조식은 바로 사직소(辭職疏)를 올리는데, 그 내용이 "대비께서 생각이 깊다하나 구중궁궐의 과부에 지나지 않고 지금의 전하께서는 선왕의 나이 어린 고아에 지나지 않는다. 이런 때에 조정에 나아가 벼슬을 도둑질하고 싶지 않다"는 식으로 써서 올립니다. 조정이 발칵 뒤집혔죠. 명종 또한 대비를 모독하는 내용이 있다고 분노합니다. 그래서 죽을 뻔했지만 다행히 화를 면했습니다. 저런 내용의 상소는 당시로서는 위험천만한 일이었지만 일찍이 〈민암부〉를 썼던 조식다운 처사였다고 하겠습니다. 〈민암부〉는 사대부가 권력에 기생하지 않고 백성을 머리에 이고 위정자들에게 경고하는 내용으로, 민(民)이라는 존재를 업신여기면 나라가 뒤집힐 수 있다는 《대학》의 이 대목과 맹자 이래의 민본사상을 발휘한 것이라 할 수 있습니다.

백성의 중요성

《시경》에 이르길 "은나라가 백성을 잃지 않았을 때에는 상제의 뜻에 부합했으니, 마땅히 은나라를 거울삼아야 할 것이다. 천명을 보존하기가 쉽지 않다"고 하니 백성을 얻으면 나라를 얻고 백성을 잃으면 나라를 잃게 됨을 말한 것이다.

詩云 殷之未喪師엔 克配上帝러니라 儀(宜)監于殷이어다 峻命不易라하니 道得衆則得國하고 失衆則失國이니라

이번에 인용하고 있는 시는《시경》〈대아〉의 〈문왕〉 편입니다. '은지미상사(殷之未喪師)'는 은나라가 아직 백성을 잃지 않았을 때라는 뜻인데 지금 이 이야기를 하고 있는 시점은 주(周)나라 시대입니다. 그러니까 은(殷)나라는 이미 망한 시점인 거죠. '사(師)'는 1사(師)로 2500명의 사람을 말합니다. 참고로 '여(旅)'는 500명, '군(軍)'은 1만 2500명으로 모두 군대의 인원을 헤아리는 단위입니다. 그런데 여기의 '사'는 많은 수의 백성, 만백성이라는 뜻으로 쓰였습니다. 그러니까 은나라가 백성을 잃어버리지 않았을 때를 이야기하는 것인데, 그때에는 '극배상제(克配上帝)', 상제의 뜻에 부합했다고 이야기하고 있습니다. 이어서 '의감우은[儀(宜)監于殷]', 은나라를 거울삼아야 한다는 말인데 '의(儀)'는 '마땅할 의(宜)' 자의 뜻으로 쓰였습니다. 결국 은나라가 상제의 뜻에 부합해서 백성을 잘 다스릴 때에는 나라를 온전히 유지했는데 폭군이 나타나 백성을 학대하면서부터 상제의 뜻에 어긋나 나라가 망했다는 뜻입니다. 여기서 '상제(上帝)'는 최고의 신(神)으로 그 명령에 따라 천명의 소재지가 결정됩니다. 그리고 상제의 뜻은 곧 백성들 뜻이라는 맥락이 들어 있습니다. '준

명불이(峻命不易)'에서 '준(峻)'은 높다는 뜻인데 여기서는 '대명(大命)', 곧 '천명(天命)'을 말합니다. '불이(不易)'는 쉽지 않다는 말인데 천명을 보존하기가 쉽지 않다는 뜻입니다. 여기까지가 인용구입니다.

이어서 인용구의 뜻을 풀이하고 있습니다. '도득중즉득국 실중즉실국(道得衆則得國 失衆則失國)'은 백성의 마음을 얻으면 은나라처럼 나라를 얻고, 백성을 잃어버리면 역시 은나라처럼 나라를 잃어버림을 말한 것이라고 마무리합니다. 여기서 '도(道)'는 말한다는 뜻이고, '중(衆)'은 민중(民衆)으로 앞서 나온 '사(師)'와 같이 '많은 무리', '만백성'이라는 뜻입니다. 그러니까 통치자가 백성의 마음을 얻으면 천명을 보존하여 나라를 다스리고 그렇지 않으면 천명을 보존하지 못해 나라가 망한다는 사실은 역사라는 거울에서 확인할 수 있다는 말입니다. 사실 우리가 한국사나 세계사를 공부하다 보면 어느 왕조가 국가가 일어나거나 무너질 때마다 놀랄 정도로 일치하는 현상을 볼 수 있습니다. 왕조가 망할 때는 늘 부와 권력이 소수에게 독점되고 대지주가 출현합니다. 그리고 왕조가 일어날 때는 토지개혁을 비롯한 부의 분산 현상이 일어나죠. 부가 소수에게 독점되면 백성의 마음을 잃어버리게 되므로 결국 망하고, 부가 분산되면 백성의 마음을 얻게 되므로 그들의 지지를 받아 나라가 일어서게 되는 것이죠. 꼭 은나라가 아니라도 이런 관점에서 역사를 거울삼아 현재 우리 사회에서 어떤 현상이 일어나고 있는지 잘 살핀다면 미래를 예측해볼 수 있겠죠.

덕을 닦으면 재물은 따라 온다

이 때문에 군자는 먼저 덕을 삼가니, 덕이 있으면 이에 사람
이 있게 되고, 사람이 있으면 토지가 있게 되고, 토지가 있으
면 재물이 있게 되고, 재물이 있으면 쓰임이 있게 된다.

是故로 君子는 先愼乎德이니 有德이면 此有人이요 有人이면 此有
土요 有土면 此有財요 有財면 此有用이니라

이제 앞서 인용한 모든 시구에 근거하여 군자가 덕을 먼저 닦아
야 한다고 강조하고 있습니다. 문장이 쉬워서 따로 해설을 붙일 필
요가 없습니다만 '이 차(此)' 자의 쓰임이 조금 생경합니다. 여기의
'이 차' 자는 '이것'이라는 대명사로 쓰인 것이 아니라 앞뒤의 구절
을 연결해주는 '하면'과 같은 접속사로 쓰였기 때문에 '즉(則)' 자나
'사(斯)' 자로 바꾸어도 상관없겠습니다. 이 대목은 덕(德)과 재(財)
중에서 어떤 것이 근본이고 어떤 것이 말단인지 이야기하고 있습니
다. 지금까지의 여러 인용구에서 확인한 것처럼 백성의 마음을 헤
아려 백성이 좋아하는 것을 하고, 백성이 싫어하는 것을 하지 않는
것이 바로 덕입니다. 그렇다면 당연히 덕이 근본이고 재가 지말입
니다. 그래서 군자는 먼저 자신의 덕을 삼가 닦아야 한다고 강조합
니다. 그러면 사람이 모이게 되고, 사람이 모이면 토지가 생기게 되
고, 토지가 있으면 재물이 생기고, 재물이 있으면 그 재물을 풍족하

게 쓸 수 있게 된다는 뜻입니다.

이 문장을 한 구절로 압축하면 '유덕 차유재(有德 此有財)'가 됩니다. 덕이 있으면 재물이 저절로 따라온다는 거죠. 그러므로 가장 먼저 해야 할 일은 덕을 닦는 겁니다. 반대로 먼저 재물을 추구하게 되면 어떻게 될까요? 사람도 땅도 덕도 다 사라지겠죠. 하지만 보다 중요한 것은 백성들이 서로 다투게 되는 데 있습니다. 이어지는 대목에서 바로 그 이야기를 하고 있습니다.

무엇이 근본이고 무엇이 말단인가

덕은 근본이고 재물은 지말이니 근본을 도외시하고 말단을
중시하면 백성으로 하여금 서로 다투게 하여 빼앗는 가르침
을 베푸는 격이다.

德者는 本也요 財者는 末也니 外本內末이면 爭民施奪이니라

앞문장을 이어서 덕은 근본이고 재물은 말단이라고 규정하고 있습니다. 그런데 통치자가 근본인 덕을 도외시하고 말단인 재물을 중시하면 어떻게 될까요? 결과적으로 '쟁민시탈(爭民施奪)'의 폐단이 일어납니다. 이 대목에서 말하는 덕과 재물의 관계를 정리해보죠. 덕(德)을 본(本)이라 했고 덕(德)과 상대되는 재(財)를 말(末)이라 했습

니다. 글자를 기준으로 풀이하면 뿌리와 줄기와 가지를 가진 나무 모양(木)에서 뿌리 부분을 강조하면(本) '뿌리 본(本)' 자가 됩니다. 반대로 끝부분을 강조하면(末) '끝 말(末)' 자가 됩니다. 뿌리와 끝의 차이가 뭡니까? 나무의 뿌리가 죽으면 가지 끝이 살아 있다 해도 결국엔 말라죽기 마련입니다. 반대로 가지 끝이 죽어 있다 하더라도 뿌리가 살아 있다면 다시 살아나기를 기대할 수 있겠죠. 그러니까 본(本)이 '처음(始)'이고 말(末)이 '마지막(終)'이 되는 겁니다. 《대학》 〈경1장〉에서 '지소선후 즉근도의(知所先後 則近道矣)'라는 대목을 읽었죠. 먼저 할 바와 나중에 할 바를 알면 도에 가까울 것이라는 뜻입니다. 경문 첫 구인 '대학지도(大學之道)'에서 도(道)는 목적이라는 뜻으로 쓰였지만, 이 도는 결국 천하를 고르게 다스리는 도입니다. 결국 천하를 다스리고자 할 때 무엇을 먼저하고 무엇을 나중에 해야 할지를 아는 것이 대학의 도입니다. 일에는 순서, 차례가 있다고 했죠. 그 순서를 따라 도를 추구하는 겁니다. 그렇게 하려면 결국 근본과 시작에 먼저 힘을 써야겠죠. 왜냐면 그것을 끝까지 추구해야 천하의 모든 사람을 살릴 수 있는 구조를 만들 수 있기 때문입니다. 바로 이런 의미에서 근본을 중시하고 지말을 가볍게 여겨야 하는데, 거꾸로 하면 어떻게 되겠습니까? 거꾸로 하는 걸 표현한 말이 '외본내말(外本內末)'입니다. '바깥 외(外)' 자와 '안 내(內)' 자에서 '卜'와 '人(入)'은 모두 사람를 그린 겁니다. '바깥 외(外)' 자는 달(月)이 떠 있는 곳, 그러니까 집 바깥에 사람이 서있는 모양(外)을 그린 것입니다. 달이 지평선에 걸려서 반만 보이는 모양(夕)을 따서 저녁 석(夕) 자가 된 것이고요. 저녁에 달이 완전히 안 떠오르고 반쯤 떠오른 모양을 그린 것입니다. 그리고 사람(人(入))이 문 안에 들어와 있는 모양(內)이 '안 내(內)' 자입니다. 그래서 '안 내(內)' 자는 받아들인다는 뜻인 '들일 납(納)' 자로 쓰이기도 합니다. 결국 외(外)는 도외시하고 내쳐버린다는 뜻이고 내(內)는 받아들인다는 뜻이므로, '외본내말(外本內末)'이라고 하면 근본이 되는 덕을 바깥에 내쳐버리고 말단인 재물을 안으로 받아들인다는 뜻이 됩니다. 안과 바깥은 나의 안과 바깥입니다. 그러니까 내 안으로 들여놓아야 할 것(德)을 바깥에다 내팽개치고 바깥에 놔둬야할 것(財)을 내 안에 들여놓는 것이 '외본내말'입니다. 나라를 다스리는 자가 근본은 놔두고 말단을 숭상하고, 나라를 다스리는 자가 인의예지(仁義禮智)는 내팽개치고 이익을 추구하면 어떻게 되느냐? 결과는 '쟁민시탈(爭民施奪)'입니다. '쟁민(爭民)'은 백성으로 하여금 다투게 한다는 뜻입니다. 그리고 '탈(奪)'은 빼앗는 것, 시(施)는 베푸는 것인데 여기서는 가르침을 베푸는 것이므로 결국 백성들에게 서로 재물을 빼앗으라고 가르치는 격이라는 뜻입니다. 말하자면 위정자들이 근본을 도외시하고 말단을 숭상하면 백성들이 서로 다투는 것은 마치 위정자가 백성에게 다투라고 가르친 것과 같다는 겁니다. 그런데도 세상의 용렬한 위정자들은 자신을 돌아볼 줄 모르고 백성들이 서로 다툰다고 걱정하죠.

맹자가 양(梁)나라 혜왕(惠王)을 처음 만났을 때, 왕이 어떻게 우리나라를 이롭게 해주시겠느냐(何以利吾國)고 묻자, 맹자는 왕이 어찌 이익을 말하느냐〔王 何必曰利〕고 되묻습니다. 맹자가 말한 이〔利〕가 바로 재물〔財〕입니다. 그러니까 나라를 다스리는 위정자가 이익을 우선시하게 되면 결과적으로 어떤 일이 일어나느냐? 맹자는 빼앗지 않으면 만족하지 않는다〔不奪不厭〕고 이야기합니다. 그리고 왕이라면 이익이 아닌 인의〔仁義〕를 이야기해야 한다고 강조합니다. 인의가 바로 덕〔德〕이죠. 맹자가 하는 얘기는 나라를 다스리는 자는 이익보다 덕, 인의를 우선시해야 된다는 겁니다. 이어서 인〔仁〕을 추구하는 자는 반드시 자기 어버이의 이익을 우선시하고, 의〔義〕를 추구하는 자는 반드시 자기 임금의 이익을 우선시하기 때문에 임금 스스로 이익을 추구하지 않아도 저절로 이로워진다는 겁니다. 그러니까 맹자가 양나라 혜왕에게 한 이야기는 덕에 힘을 쓰면 재물은 저절로 생긴다는 뜻이에요. 왜냐면 이게 정치거든요. 정치, 이런 맥락으로 이해하시면 '쟁민시탈'이라는 말의 의미를 알 수 있죠.

그럼 맹자 같은 유가 철학자만 그런 얘기를 했느냐, 노자도 비슷한 이야기를 했습니다. 노자는 얻기 어려운 재물을 중시하지 마라〔不貴難得之貨〕고 했는데 그렇게 하면 백성들이 다투지 않게 된다〔使民不爭〕고 했습니다. 위정자가 얻기 어려운 재물을 중시하니까 백성도 그런 재물을 얻으려고 서로 다툰다고 본 거죠.《대학》의 이 대목과 맹자는 덕〔德〕과 재〔財〕가 있을 때 재물보다 덕을 더 중시하게 되면 재물은 저절로 생긴다고 말한 것이고, 노자는 재물을 중시하게 되면 백성들이 서로 다투게 되는 폐단이 일어난다고 이야기한 것입니다. 표현만 다르지 같은 뜻이죠. 일반적인 교역 관계에서는 이익을 추구하는 게 나쁘지 않습니다. 이익을 추구하는 과정이 공정하면 그만입니다. 그러나 여기에서는 통치자의 치도(治道)에 대해서 말하고 있습니다. 치도에서는 최고의 가치를 이익에 둬서는 안 된다는 게 맹자와 노자의 이야기입니다. 일반적인 상거래로 환원할 수만은 없는 정의(正義)의 원칙이 들어가 있기 때문입니다. 계속해서 작은 결론에 해당하는 두 문장이 이어집니다.

이 때문에 재물이 모이면 백성이 흩어지고 재물이 흩어지면 백성이 모이는 것이다.

是故로 財聚則民散하고 財散則民聚니라

이 때문에 말이 도리에 맞지 않게 나가면 또한 도리에 맞지 않게 들어오고, 재물이 도리에 맞지 않게 들어오면 또한 도리에 맞지 않게 나가는 것이다.

是故로 言悖而出者는 亦悖而入하고 貨悖而入者는 亦悖而出이니라

앞에서 덕과 재물을 비교했다면 여기서는 재물을 중심으로 백성이 모이고 흩어지는 이야기를 하고 있습니다. '재물이 모이면 백성이 흩어진다(財聚則民散)'고 했는데, 이 재물이 어디서 나왔겠습니까? 백성에게 가렴주구(苛斂誅求)했겠지요. 민심이 흩어지는 게 당

연합니다. 그리고 재물이 흩어지면 백성이 모인다(財散則民聚)고 했는데, 위정자가 창고에 있는 재물을 풀어서 백성을 구제하는 일, 곧 덕을 베푸는 것을 이렇게 표현한 것입니다. 결과는 백성이 모이는 겁니다.

이어서 말하기(言)를 비유로 삼아 이렇게 이야기합니다. 말이 도리에 맞지 않게 나가면 또한 도리에 맞지 않게 들어온다(言悖而出者 亦悖而入)고 하면서 재물이 도리에 맞지 않게 들어오면 또한 도리에 맞지 않게 나간다(貨悖而入者 亦悖而出)고 했습니다. 결국 가는 말이 고와야 오는 말이 고운 것처럼 정당하지 않은 방법으로 들어온 재물은 정당하지 않은 방법으로 나가기 마련이라는 이야기입니다. 내가 부당한 방법으로 얻은 재물은 다른 사람 또한 부당한 방법으로 얼마든지 나에게서 빼앗아갈 수 있다는 거죠. 내가 한 것과 똑같은 행동을 다른 사람이 했다면, 나는 옳고 다른 사람은 그르다고 비난할 수 없겠지요. 나쁜 일로 비유했지만 이 또한 혈구지도와 같은 논리입니다.

전국시대 말기 제(齊)나라에 맹상군(孟嘗君)에게는 식객(食客)이 3000명이나 있었다고 합니다. 맹상군은 선비를 좋아하고 인재를 발탁하는 데 뛰어난 인물이었기 때문에 하찮은 재주 한 가지만 가지고 있어도 그를 식객으로 받아들여 우대했다고 합니다. 예를 들어 식객 중에는 '계명(鷄鳴)'이라는 자가 있었는데, 그는 꼬꼬댁 하는 닭 울음소리를 잘 낸다는 이유로 식객으로 예우합니다. 또 '구도(狗盜)'라는 자가 있었는데, 이 사람은 밤이 되면 개가죽을 뒤집어쓰고 도둑질을 하는 사람이었는데 맹상군이 그것도 재능이라 여겨 식객으로 받아들입니다. 나중에 맹상군이 이 두 사람 덕분에 목숨을 구했기 때문에 '계명구도(鷄鳴狗盜)'라는 고사가 생겼습니다.

그런데 맹상군의 식객 중에는 재능이 한 가지도 없었던 인물이 있습니다. 그가 바로 풍환(馮驩)인데 맹상군이 그를 식객으로 받아들이기 전에 무슨 재능이 있느냐고 물었더니 풍환이 아무 재능이 없다고 대답합니다. 맹상군은 그래도 그를 식객으로 받아들였습니다. 그런데 그날 저녁 밥상을 받은 풍환이 자신의 칼을 어루만지면서 노래를 하는 거예요. "장검(長劍)아 돌아가자, 장검아 돌아가자. 밥이 나왔는데 반찬이 시원찮다" 뭐 이런 식의 노래였습니다. 대접이 시원찮다는 거죠. 주변 사람들은 그가 아무 재능도 없이 남의 집에서 밥을 얻어먹는 처지에 반찬 투정을 한다고 아주 뻔뻔한 자라고 비난했지만, 그 이야기를 전해들은 맹상군은 웃으면서 고기반찬을 주라고 합니다. 다음 날 풍환이 또 칼을 어루만지며 노래합니다. "장검아 돌아가자, 장검아 돌아가자. 밖으로 나가야 하는데 수레가 없구나" 그러자 주변 사람들이 이번에는 욕을 했다고 합니다. 그런데 이번에도 맹상군은 수레를 내주라고 합니다. 그런데 그다음 날 풍환이 또 노래를 합니다. 이번에는 "장검아 돌아가자, 편히 쉴 집이 없다"고 하는 겁니다. 사람들은 당연히 더 심하게 욕을 했죠. 그 이야기를 전해들은 맹상군은 이번에는 재물의 액수가 좀 커서인지 풍환을 만나 집이 왜 필요하느냐고 이유를 물었더니, 풍환은 노모가 계신데 머물 만한 거처가 없어서 고생하고 계시다고 대답합니다. 마침내 맹상군은 그에게 집까지 마련해주었다고 합니다.

당시 맹상군은 제나라의 재상(宰相)으로 근거지가 설(薛)이라는 곳이었습니다. 설이 맹상군의 영지였던 거죠. 그런데 설 땅의 백성 중에는 맹상군에게 돈을 빌린 이가 많았습니다. 그러니까 때가 되면 맹상군이 사람을 보내 이자를 받아 오게 합니다. 그런데 그런 일을 잘하기가 쉽지 않죠. 한번은 맹상군이 식객들을 모두 모아놓고 누가 설 땅에 가서 수금을 해오겠느냐고 물었는데 아무도 나서지 않습니다. 사실 돈 받아 오는 일을 하는 게 인심 잃기 딱 좋은 일이죠. 그래서 아무도 나서는 이가 없었는데, 풍환이 그 일을 자청하고 나섭니다. 그러자 맹상군은 당신에게 이런 재능이 있었는데 못 알아봤다고 감탄하면서 풍환에게 그 일을 맡깁니다.

그렇게 설 땅에 간 풍환은 백성을 다 불러 모으고는 맹상군에게 돈을 빌렸다는 차용증서를 가지고 오게 해요. 그리고 갚을 능력이 되는 부자에게는 언제까지 돈을 갚겠다는 약조를 하게 합니다. 그런데 갚을 능력이 안 되는 가난한 사람들의 차용증서는 한곳에 모아서 모두 불태워버립니다. 그러고는 맹상군이 이렇게 하도록 시켰다고 얘기합니다. 그러자 가난한 백성들이 모두 감격하여 맹상군 만세를 외치며 좋아합니다. 그날로 풍환이 돌아오자 맹상군이 너무 빨리 돌아왔다 싶어서 물어봅니다. 풍환은 수금을 다했다고 대답합니다. 맹상군이 그렇다면 수금한 것 가지고 뭘 사가지고 왔느냐고 물으니 풍환은 '의(義)'를 사 왔노라고 대답합니다. 맹상군이 뜨악하여 그게 무슨 소리냐고 물었더니 풍환은 이렇게 대답합니

267

다. "제가 수금하러 가기 전 수금한 돈으로 무엇을 사올지 여쭤봤더니 '우리 집에 없는 것을 사 오라'고 하셨습니다. 그래서 제가 이 집에 뭐가 없는지 살펴봤더니 돈도 많고 재물도 많고 곡식도 많고 여자도 많아서 없는 게 없어 보였고, 딱 하나 없는 것이 있었는데 그게 바로 의였습니다. 그래서 제가 그걸 사왔습니다"라고 대답하면서 자초지종을 이야기합니다. 가난한 백성에게 빌려준 돈을 없애버린 것을 두고 정의를 샀다고 말한 것이지요. 맹상군은 어처구니가 없었지만 고생했으니 가서 쉬라고 이야기합니다. 그리고 꽤 시간이 흘러 맹상군이 제나라에서 쫓겨나 자신의 영지인 설 땅으로 돌아가게 되었습니다. 그가 설 땅으로 돌아가는 날, 설 땅 주민들이 갓난아이들까지 안거나 들쳐 업고 30리 밖까지 맹상군을 영접(迎接)하러 나와 고맙다고 이야기합니다. 그 소식을 들은 제나라 왕은 맹상군의 덕이 훌륭하다고 여겨 다시 불러들였다고 하죠. 풍환이 의를 사온 효과가 이렇게 드러난 셈이죠. 《대학》의 이 대목에서 '재물이 흩어지면 백성이 모인다'고 했는데 맹상군의 고사가 바로 그런 경우에 해당한다고 할 수 있겠습니다.

천명이 일정치 않다하나

다음은 《서경》〈강고〉를 인용하여 천명에 대해 이야기하고 있습니다. 천명(天命)이란 천하를 다스리는 천자의 권리가 하늘의 명령에

268

서 비롯되었다는 생각에서 붙여진 명칭으로 앞서 준명(峻命)이라 하기도 했고, 여기서는 그냥 명(命)이라 했는데 같은 뜻입니다. 그런데 천명이 일정하게 한 나라나 한 사람에게 가는 것이 아니라 때에 따라 다른 데로 떠나버리기 때문에 일정치 않습니다.

천하(天下)라는 공간은 특별한 의미를 지니고 있습니다. 천하와 함께 강호(江湖)라는 공간도 있습니다. 또 하늘과 땅 사이를 가리키는 천지(天地)라는 공간도 있지요. 그런데 천하, 강호, 천지는 물리적으로는 같은 공간인데 다른 명칭으로 부릅니다. 우선 천하와 강호는 다릅니다. 천하는 문자 그대로 하늘 아래라는 뜻이지만 유가의 철학자들은 대부분 천하라는 공간에서 활동합니다. 이를테면 맹자가 '왕천하(王天下)'라는 말을 자주 하는데, '왕으로서 천하를 다스린다(以王治天下)'는 뜻입니다. 천하는 결국 왕의 덕으로 다스리는 정치적인 공간이라는 뜻으로 쓰이는 거죠. 물론 상앙(商鞅)이나 이사(李斯) 같은 법가(法家) 사상가들은 법으로 다스려야 한다고 주장합니다. 이들이 주장하는 법은 반드시 좋은 뜻만은 아닙니다. 본래 법(法)이라는 글자〔灋〕는 왼쪽에 물〔氵〕이 있는데 그 옆에 달려가는 사람〔去〕이 있고, 오른쪽에 흉악한 짐승〔廌〕이 그려져 있는 글자입니다. 그러니까 흉악한 짐승이 사람을 물가로 몰아서 해치려고 하는 뜻을 담은 겁니다. 그러니까 강제로 처벌한다는 의미가 담겨 있습니다. 인간의 본성은 악하기 때문에 강제적인 법으로 다스려야 한다는 것이 법가의 주장입니다. 어쨌든 그들에게도 천하는 다스려져야 할 질서의 세계입니다.

반면 강호는 《장자》에 자주 보이는데, 일체의 통치가 없는 상태, 권력의 영향이 미치지 않는 곳을 말합니다. 장자가 지향하는 삶은 '어상망호강호 인상망호도술(魚相忘乎江湖 人相忘乎道術)'이라고 스스로 말하는 것처럼 물고기들이 강과 호수에서 서로 잊고 지내는 것처럼 사람들도 도술의 세계에서 서로 잊고 지내는 것입니다. 여기서 강호는 바로 도술의 세계입니다. 사람들이 함께 모여 친하게 잘 지내는 것이 공자, 맹자, 순자와 같은 유가 철학자들의 지향이라면, 서로 잊고 자유롭게 지내는 것이 오히려 좋다는 것이 장자의 지향입니다. 서로 만나 기뻐하고 환대하는 것은 물론 좋습니다. 하지만 때로는 서로 잊고 지내거나 자유롭고 싶을 때가 있죠. 지향은 다르지만 모두 삶의 일부입니다.

그런가 하면 천지라는 공간은 《노자》에 자주 등장합니다. 하늘과 땅 사이는 생명이 탄생하는 공간입니다. 하늘은 아버지(父)이고 땅은 어머니(母)라는 기본적인 관점이 깔려 있습니다. 천지가 부모라면 그 부모의 자식은 만물(萬物)이겠죠. 인간도 만물 중의 일부인데 만물의 부모인 천지가 인간만 특별히 사랑할 리는 없습니다. 만물이 모두 자기 자식이니까요. 인간뿐 아니라 개도 사랑하고 풀도 사랑하고 나뭇조각이나 지푸라기까지 똑같이 사랑합니다. 이게 노자가 말하는 천지라는 공간의 특징입니다. 물론 유학에서도 《중용》 같은 문헌에서는 천지라는 공간을 중시합니다. 하지만 《중용》의 경우 인간이 자신의 내면에 있는 도덕적 본성을 수양함으로써 천지와 대등한 존재가 된다고 이야기한다는 점에서 인간의 거대화(巨大

化)를 지향하는 인간 중심적 관점에 서 있습니다. 반면 노자는 천
지 속에서 인간은 아주 하찮은 존재일 뿐이라고 하면서 인간의 왜
소화(矮小化)를 지향합니다.

이처럼 다양한 공간이 있지만 유학이 지향하는 공간,《대학》이
지향하는 공간은 천하입니다. 천하를 어떻게 다스릴 것인가, 천하
의 백성을 어떻게 하면 서로 편안하고 화목하게 잘 다스릴 수 있을
것인가가 바로 유학의 지향이기 때문입니다. 아무리 강호가 좋다
하고 천지라는 열린 공간이 좋다 해도 백성이 편안한 삶을 누리지
못하면 아무런 의미가 없다고 보는 게 유가입니다. 그 때문에 선정
(善政)을 베푸는 것이 유가에게는 가장 중요한 가치를 지닙니다.

《서경》〈강고〉에 이르길 "천명은 일정하지 않다"고 하니, 선
정을 베풀면 천명을 얻고 선정을 베풀지 않으면 천명을 잃게
됨을 말한 것이다.

康誥曰 惟命은 不于常이라하니 道善則得之하고 不善則失之矣니라

이번에도《서경》〈강고〉를 인용하고 있습니다. '유명불우상(惟
命不于常)'은 앞서 말씀드린 것처럼 천명이 일정치 않다는 뜻입니다.
'유(惟)' 자가 자주 나오는데 아무 의미없이 구(句)나 절(節) 맨 앞에
있으면서 일종의 발어사 역할을 하는 어조사입니다. 참고로《서경》
에는 '惟'로 되어 있고,《시경》에는 '維'로 되어 있고,《주역》에는

'唯'로 되어 있습니다. 이유는 분명치 않습니다만 아마 문헌을 정리하는 사람마다 어조사로 즐겨 쓰는 글자가 달랐기 때문인 듯합니다. 이어서 '도선즉득지 불선즉실지의(道善則得之 不善則失之矣)'가 나오는데 선하면 그 천명을 얻고 선하지 않으면 그것을 잃어버린다는 말이죠. 그러니까 천명은 늘 선한 사람에게 돌아간다는 뜻입니다. 《대학》은 기본적으로 정치 지향적이라고 말씀드렸죠. 그럼 '선(善)'이 뭘까요? 선정(善政)입니다. 그냥 선한 마음이나 선한 행위를 말하는 것이 아니라 선한 정치를 이야기한 것입니다. 《서경》〈강고〉는 강왕(康王)의 이야기니까 나라를 다스리는 자의 이야기입니다. 임금이 선하다는 이야기는 임금 개인의 성품이 착하다는 게 아니라 선정을 베푼다는 뜻입니다. 물론 임금 개인이 선해야 선정을 베풀 수 있겠지요. 하지만 정치적인 지평에서는 개인적인 선심이나 선행으로 끝나면 의미가 없습니다. 어디까지나 선정을 베풀어야 임금에게 걸 맞은 선이 되는 거죠.

'선(善)'이라는 글자는 '양 양(羊)' 자에다가 '공변될 공(公)' 자를 합친 것입니다. 양을 잡아서 나눠먹는 것이 선입니다. 그런데 이걸 잘하면 천명을 얻고 이걸 못 하면 천명을 잃는 것입니다. 나눠 먹는 것이 분배(分配)인데 정치에서 가장 중요한 게 분배입니다. 지금도 크게 다르지 않습니다. 이른바 경제민주주의라는 말은 정의로운 분배를 두고 한 말입니다.

나라의 보물은 무엇인가

다음에 읽어볼 인용구는 좀 특이한 경우입니다. 지금까지는 주로 《시경》이나 《서경》을 인용했는데 이번에는 《초서(楚書)》가 인용되어 있습니다. 그런데 지금 따로 전해지는 《초서》라는 책은 없습니다. 다만 《국어(國語)》에 제(齊)나라 군신 간에 했던 이야기인 〈제어(齊語)〉, 진(晉)나라 군신간에 했던 이야기인 〈진어(晉語)〉 등이 있는데 그중에 〈초어(楚語)〉가 있습니다. 그리고 〈초어〉에 여기 인용된 내용과 똑같은 이야기가 나옵니다. 그러니까 여기의 《초서》는 《국어》의 〈초어〉라는 것을 알 수 있고, 《국어》의 〈초어〉를 〈초서〉라고 부르기도 했다는 것을 알 수 있습니다.

〈초서〉에 이르길 "초나라는 보배로 삼는 것이 따로 없고 오직 선한 사람을 보배로 여긴다"고 하였다.

楚書曰 楚國은 無以爲寶요 惟善을 以爲寶라하니라

'초국 무이위보(楚國 無以爲寶)'는 초나라에서는 보배로 삼는 것이 따로 없다는 뜻입니다. 그리고 '유선 이위보(惟善 以爲寶)'는 선인을 보배로 여긴다는 말입니다. 여기서 '선'은 선인(善人), 훌륭한 사람, 덕이 있는 사람입니다. 이 말의 배경에는 고사가 있습니다. 춘추시대 초나라 소왕의 신하 중에 왕손어(王孫圉)라는 대부가 있었는데 그가 진(晉)나라에 사신으로 갔을 때의 이야기입니다. 진나라 정공 (定公)이 사신으로 온 왕손어에게 음식을 대접하는 자리에서 진나라의 대부 조간자(趙簡子)가 왕손어에게 초나라의 보물 백형(白珩)이 아직 잘 있느냐고 물어봅니다. 그러자 왕손어가 이렇게 대답합니다. "백형은 선왕께서 가지고 놀던 노리개일 뿐 초나라에서는 백형 따위를 보물로 여기지 않습니다. 우리 초나라에서는 따로 보배로 여기는 것이 없고 관야보(觀射父) 같은 선인(善人)을 보배로 여깁니다." 왕손어의 대답을 들은 정공과 조간자는 몹시 부끄러워했다고 합니다. 외교를 펴는 자리에서 진나라의 콧대를 납작하게 한 셈이니 왕손어 또한 이 대목에 어울리는 선인이라 할 만합니다.

도망한 사람의 보물

구범이 말하길 "나라를 잃고 도망한 사람은 따로 보배로 삼을 것이 없고, 어버이 사랑하는 마음을 보배로 삼아야 한다"고 하였다.

舅犯曰 亡人은 無以爲寶요 仁親을 以爲寶라하니라

이 대목의 인용구는 《예기》 〈단궁(檀弓)〉 편에 나옵니다. '구(舅)'는 외삼촌이라는 말인데, 누구의 외삼촌이냐면 진(晉)나라 문공(文

公)의 외삼촌입니다. 춘추시대의 패자(覇者)라고 하면 제(齊)나라 환
공(桓公)과 진나라 문공을 먼저 꼽습니다. 이 중 진나라 문공의 이
름이 중이(重耳)이고, 중이의 외삼촌이 자범(子犯)인데 그래서 구범
으로 호칭한 겁니다. 진나라 문공의 아버지는 진나라 헌공(獻公)입
니다. 헌공의 태자가 신생(申生)이었어요. 헌공에게는 신생 외에 여러
아들이 있는데 그중에 한 명이 중이로 훗날의 진나라 문공입니다.
이야기의 전말이 상당히 복잡합니다. 본래 태자였던 신생의 생모가
죽은 뒤 헌공은 여희(驪姬)라는 여자를 맞이합니다. 그런데 이 여희
가 자기 소생을 임금으로 만들기 위해 신생을 모함해서 죽입니다.
나라가 어지러워지자 헌공의 나머지 아들들이 다른 나라로 도망치
는데, 그중 한 사람이 훗날 문공이 된 중이입니다. 그러니까 이 대
목은 그가 나라를 떠나 진(秦)나라에 의지하고 있을 때입니다. 도망
친 신세인 거죠. 한편 진(秦)나라 목공(穆公)은 중이가 뛰어난 인물
인 줄 알아보고 그를 받아들여 보호해줍니다. 이후 틈을 보아 중이
를 진(晉)나라의 임금으로 삼아 영향력을 행사하려고 했던 겁니다.

그러던 중 헌공이 죽었다는 소식이 전해옵니다. 그러자 진(秦)
목공은 중이에게 지금 빨리 진(晉)나로 들어가 임금이 되라고 권합
니다. 이런 상황에서 중이를 보좌하던 자범이 한 이야기가 여기 인
용된 내용입니다. 자범의 말은 중이 당신처럼 나라를 잃어버리고
도망 중인 사람에게는 따로 보물로 삼을 것이 없고 오직 어버이에
대한 사랑을 보물로 삼아야 한다는 겁니다. '인친이위보(仁親以爲寶)'
에서 '친(親)'은 어버이인데 바로 중이의 아버지인 진(晉)나라 헌공을

말합니다. '인(仁)'은 사랑한다는 뜻이고요. 그러니까 아버지가 돌아가셨는데 그걸 기회로 왕이 되려고 서둘러 진(晉)나라로 들어가는 잘못을 저질러서는 안 된다는 겁니다. 이어서 자범은 중이에게 상례(喪禮)를 갖추도록 권합니다. 자범의 말에 따라 중이는 진(晉)나라로 가지 않고 상복을 갖추어 입고 돌아가신 아버지를 애도합니다. 반면 다른 나라에 가 있던 아들들은 모두 다투어 진(晉)나라로 돌아가서 왕이 되려고 다투다가 서로 죽이고 죽습니다. 그런 상황에서 중이는 동요하지 않고 상례를 치른 다음 때를 기다리다가 나중에 진(晉)나라로 돌아가서 마침내 임금이 되는데 그가 바로 진문공(晉文公)입니다. 패자가 된 진문공도 임금이 되는 일보다 어버이에 대한 애도를 우선했다는 일화를 통해서 결국 어버이를 사랑하는 마음이 나라를 다스리는 자의 보물이라고 이야기한 것입니다.

남의 재능을 진심으로 좋아하는 사람

이번에는 《서경》의 맨 마지막 편인 〈진서(秦誓)〉를 인용하고 있습니다. 이 대목에서는 다른 사람이 뛰어난 능력을 지니고 있을 때 그것을 마치 자신의 능력인 것처럼 기뻐하는 군자의 태도를 높이 평가합니다. 《대학》에서 어떤 사람을 평가하는 중요한 기준이 다른 사람의 장점을 높이 사는 포용력이라는 사실을 알 수 있지요. 사실 뛰어난 능력을 가진 사람을 보면 시기하거나 질투하기가 쉽지요.

물론 개인 간의 시기나 질투는 큰 문제가 안 됩니다. 간혹 시기하기도 하고 질투하기도 하는 게 인간이죠. 그런데 만약 나라를 다스리는 이가 인재를 등용할 때 뛰어난 능력을 지닌 사람을 시기하거나 질투한다면 인재를 제대로 등용할 수 없을 테니 엄청나게 큰 문제입니다. 역사에서 성공과 실패에 해당하는 인물을 찾아본다면 각각 유방(劉邦)과 항우(項羽)가 적절한 사례가 될 것입니다. 인용문을 읽어가면서 이야기를 계속 하겠습니다.

《서경》〈진서〉에 이르길 "만약 한 명의 신하가 있는데 오직 성실하기만 하고 다른 재주가 없으나 그 마음이 아름다워 다른 사람을 포용하는지라, 다른 사람이 가지고 있는 재능을 마치 자기가 가지고 있는 것처럼 여기며, 다른 사람이 가지고 있는 훌륭한 인품과 거룩함을 마음으로 좋아함이 자기 입에서 나온 것처럼 여길 뿐만이 아니라면 이런 사람은 남을 포용할 수 있는지라, 우리 자손과 백성을 잘 보전할 것이니, 아마도 또한 이로움이 있을 것이다.

秦誓曰 若有一个臣이 斷斷兮無他技나 其心이 休休焉其如有容焉이라 人之有技를 若己有之하며 人之彦聖을 其心好之가 不啻若自其口出이면 寔能容之라 以能保我子孫黎民이니 尚亦有利哉인저

다소 어려운 표현이 군데군데 보입니다. '유일개신(有一个臣)'은 한

사람의 신하가 있다는 뜻인데 '유(有)' 자는 굳이 번역하지 않아도 무리는 없겠습니다. '약(若)'은 만약인데 '불시약자기구출(不啻若自其口出)'까지 걸립니다. 그리고 '단단혜무타기(斷斷兮無他技)'에서 '단단(斷斷)'은 성실한 모양이고 '혜(兮)'는 어조사입니다. '기(技)'는 기술인데 여기서는 기예, 재능이라는 뜻입니다. 그러니까 오직 성실하기만 하고 다른 재능이 없는 신하가 있다는 뜻입니다. 그런데 그의 마음[其心]을 '휴휴언기여유용언(休休焉其如有容焉)'이라 표현했습니다. 여기서 '휴휴언(休休焉)'은 아름다운 모양을 말하고 '용(容)'은 포용, 용납, 용서라는 뜻입니다. 다른 사람을 용납할 줄 아는 포용력을 아름답다고 표현한 것이죠. 이어서 아름다운 마음을 구체적으로 표현하고 있는데 그 내용이 '다른 사람이 가지고 있는 재능을 마치 자기가 가지고 있는 것처럼 여기는 것[人之有技 若己有之]'과 '다른 사람의 훌륭한 인품과 거룩함을 마음으로 좋아하는 것[人之彦聖 其心好之]'입니다. '언(彦)'은 훌륭한 인품을 말하고 '성(聖)'은 성스러움, 거룩함입니다. '기심호지(其心好之)'는 겉으로만 좋아하는 게 아니라 마음을 다해 진심으로 좋아한다는 표현이죠. 사실 나보다 못한 처지에 있는 사람을 보고 동정하기는 쉽더라도, 나보다 뛰어난 사람을 보고 시기하지 않기는 오히려 어려운 것이 인지상정(人之常情)이라 하겠는데, 포용력이 있는 군자는 자신보다 뛰어난 능력이나 훌륭한 인품을 가진 사람을 보면 마치 자기가 그런 것처럼 진심으로 좋아한다는 뜻입니다.

　'불시약자기구출(不啻若自其口出)'이 이어지는데, '시(啻)'는 '뿐'이라는 뜻이니까 '불시(不啻)'라고 하면 '~할 뿐 아니라'는 뜻이 됩니다. 그리고 '자(自)'는 '~로부터'라는 뜻이고 '기구(其口)'는 자기 자신의 입이니까, '자기 입에서부터 훌륭한 말이 나오는 정도로 여길 뿐 아니다'라고 번역됩니다. 그러니까 다른 사람의 훌륭한 인품이나 거룩함을 보고 자기가 훌륭한 말을 하는 것 이상으로 기뻐하고 좋아한다는 뜻입니다. 그리고 이런 사람은 남을 포용할 수 있는지라, 우리 자손과 백성을 잘 보전할 것〔寔能容之 以能保我子孫黎民〕이라고 이야기합니다. '식(寔)'은 '이 시(是)' 자와 같기 때문에 여기서는 따로 번역할 필요가 없고 '여민(黎民)' 검은 머리 백성이라는 뜻인데 벼슬하는 사람은 머리에 관을 쓰고 있기 때문에 검은 머리가 보이지 않는데 일반 백성은 검은 머리가 보인다 해서 일반 백성을 '여민'이라 합니다. 그러니까 이런 사람은 설사 다른 능력이 없다 하더라도 오직 사람들을 포용할 줄 아는 능력만으로 우리의 자손들과 검은 머리 백성〔黎民〕, 곧 우리의 후손들을 잘 보전할 수 있을 것이라고 이야기한 것입니다. 그리고는 '아마도 또한 이로움이 있을 것〔尚亦有利哉〕'이라고 했는데, 결국 이런 사람이 세상에 이로운 사람이라는 뜻입니다.

어떤 사람이 있는데 오직 성실하기만 하고 다른 능력이라고는 없습니다. 그런데 그가 사람들을 포용할 줄 압니다. 그 때문에 다른 사람이 가지고 있는 재능을 보면 자기가 그런 재능을 가지고 있는 것처럼 좋아하고, 다른 사람의 훌륭한 인품이나 거룩함이 마치 자기 입에서 나온 것처럼 여기는 정도에 그칠 뿐이 아닙니다. 그러니까 자기 입으로 그런 훌륭한 가치를 이야기하는 정도 이상으로 여기고 진심으로 좋아한다는 거죠. 이런 사람은 다른 사람을 포용할 줄 아는 능력만으로도 우리의 자손들과 백성을 보존할 수 있을 것이므로 이런 사람이야말로 나라를 다스리는 데 이로운 사람, 세상에 이로운 사람이라는 뜻입니다.

남의 재능을 꺼리고 질투하는 자

바로 앞에서 읽은 대목은 다른 사람의 재능을 높이 평가하고 좋아하는 포용력이 뛰어난 사람입니다. 그런데 이 대목에서 이야기하는 사람은 그와 반대로 다른 사람이 가진 재능을 시기·질투하는 자입니다.

다른 사람이 가지고 있는 재능을 꺼리고 질투해서 미워하며, 다른 사람이 가지고 있는 훌륭한 인품과 거룩함을 막아서 통하지 못하게 하면, 이런 사람은 남을 포용하지 못하는지라 우리 자손과 백성을 보전하지 못할 것이니, 또한 위태로울 것이다"라고 하였다.

人之有技를 媢疾以惡之하며 人之彦聖을 而違之하여 俾不通이면 寔不能容이라 以不能保我子孫黎民이니 亦曰殆哉인저

280

　문장의 구조는 앞 구절과 거의 비슷한데 뜻은 반대입니다. '모질이오지(媢疾以惡之)'에서 '모(媢)'는 꺼리다, '질(疾)'은 미워하는 것, 질투하는 겁니다. 그러니까 다른 사람이 가지고 있는 재능을 꺼리고 질투해서 미워한다는 뜻입니다. '질(疾)' 자를 질투(疾妬)로 풀이하는데, '질'은 다른 사람의 능력이 뛰어난 것을 미워하는 것이고, '투(妬)'는 다른 사람의 미색(美色), 곧 외모가 아름다운 것을 미워하는 겁니다. 이어서 '인지언성 이위지 비불통(人之彦聖 而違之 俾不通)'이 나오는데 다른 사람이 가지고 있는 훌륭한 인품과 거룩함을 막아서 통하지 못하게 하는 겁니다. '비(俾)'는 '사(使)'와 같은 사역의 뜻으로 '하여금'으로 번역하면 됩니다. '식불능용 이불능보아자손여민 역왈태재(寔不能容 以不能保我子孫黎民 亦曰殆哉)' 또한 앞 구절과 정반대의 뜻이죠. 이런 사람은 사람을 포용하지 못하는 지라 우리의 자손들과 백성을 보존하지 못할 것이라고 평가합니다. 그리고 마지막으로 '또한 위태로울 것(亦曰殆哉)'이라는 말로 마무리합니다. 이런 사람은 나라를 위태롭게 할 사람이라는 거죠. 만약 나라를 다스리는 자가 다른 사람이 가지고 있는 재능(技)이나 훌륭한 인품(彦), 거룩함(聖)을 질투하면 어떻게 될까요? 뛰어난 인재가 세상에 나가지 못하고 묻히고 말겠죠. 나라가 망하는 건 시간문제일 겁니다. 여기까지가 《서경》 〈진서〉에서 인용한 구절입니다.

어진 사람의 미움

이어지는 대목은 오직 어진 사람(仁人)만이 다른 사람의 재능을 꺼리고 질투하는 자를 내쫓을 수 있다고 이야기하면서 《논어》〈이인〉 편의 구절을 인용하여 마무리하고 있습니다.

오직 어진 사람만이 그런 사람을 멀리 쫓아내 사방 오랑캐의 땅으로 물리쳐서 중국에서 함께 살지 못하도록 하니, 이것을 일러 오직 어진 사람만이 사람을 사랑할 줄도 알며 사람을 미워할 줄도 안다고 하는 것이다.

唯仁人이야 放流之하되 迸諸四夷하여 不與同中國하나니 此謂唯仁人이야 爲能愛人하며 能惡人이니라

'방류지(放流之)'의 '방(放)'은 추방(追放), 쫓아내는 것이고 '유(流)'는 유배하는 것, 그리고 병저사이(迸諸四夷)의 '병(迸)'도 쫓아내는 것이고 '불여동중국(不與同中國)'의 '불여(不與)'도 함께하지 않는다는 의미입니다. 결국 유인인(唯仁人) 다음의 세 구가 모두 같은 뜻입니다. 그러니까 오직 어진 사람만이(唯仁人) 그런 자를 사방 오랑캐의 땅으로 쫓아내서 중국에서 함께 살게 하지 않을 수 있다고 이야기한 것입니다. 이 대목에는 세계를 중화(中華)와 사이(四夷)로 나누는 이른바 화이사상(華夷思想)이 보이는데, 이런 식의 중화주의가 자주 보이

는 문헌은《춘추》고,《대학》을 비롯한 사서에서는 극히 드뭅니다.

이어지는 문장에서 '차위(此謂)'는 '이것을 두고 말한 것'이라는 뜻인데 다음에 놓인 문장이 인용구라는 걸 밝힌 표현입니다. 그리고 인용 문헌을 밝히지는 않았지만《논어》〈이인〉편에 '유인자 능호인 능오인(唯仁者 能好人 能惡人)'이라는 말이 나오기 때문에 공자의 말씀을 인용한 것이 분명합니다. 오직 인한 사람이어야만 사람을 좋아할 수 있고 미워할 수도 있다는 말인데, 어진 사람이라고 해서 무조건 사람을 사랑하기만 하는 것이 아니라 미워할 만한 사람은 미워한다는 겁니다. 그럼 어진 사람이 미워하는 사람이 누구냐?《대학》의 이 대목에 따르면, 다른 사람의 아름다움을 질투해서 그 사람의 아름다움이 드러나지 못하도록 막는 자를 미워합니다.

이 대목은 결국 다른 사람의 재능을 포용하느냐 질투하느냐에 따라 통치자의 자질을 평가한 셈입니다. 이에 해당하는 두 인물로 유방과 항우를 들 수 있습니다. 진(秦)나라가 망한 뒤 유방이 한(漢)나라를 세웠습니다. 그런데 유방과 경쟁했던 인물이 초(楚)나라의 항우였죠. 우(羽)는 자(字)고 이름은 적(籍)이죠. 항우는 초나라 명문 귀족 출신입니다. 그리고 스스로 역발산기개세(力拔山氣蓋世)라고 자부할 만큼 엄청난 힘과 세력을 가지고 있었죠.《사기》〈항우본기(項羽本紀)〉의 기록에 따르면 항우는 용모도 뛰어났고 평생 70번이 넘는 전투를 했는데 한 번도 진 적이 없습니다. 그런가 하면 거록(巨鹿)의 전투에서 도저히 이길 수 없을 것 같았던 진나라의 정규군을 배수진으로 격파하기도 할 만큼 용맹과 지략을 겸비한 인물이었습니다. 말할 것도 없이 그에게는 수많은 인재들이 모였습니다. 훗날 유방의 대장군이 된 한신(韓信)도 한때 항우 밑에서 지극랑(持戟郞)으로 있었습니다. 지극랑은 창잡이로 말단 병사입니다. 유방에게는 대장군이 될 만한 사람을 항우가 알아보지 못했다는 뜻도 되겠지만, 항우 밑에 워낙 많은 인재들이 모여들었기 때문에 한신이 드러나기가 어려웠던 거죠. 아무튼 이런 항우를 물리치고 평민 출신 유방이 천하를 차지했습니다. 어떻게 그게 가능했을까요? 유방이 어떤 사람이냐면, 가장 친했던 친구가 번쾌(樊噲)였는데 번쾌는 직업이 개백정으로 개를 잡아주면서 먹고 사는 천민이었습니다. 나중에 한신과 번쾌가 모두 오호대장군(五虎大將軍)이 되었는데, 한신은 번쾌와 나란히 서게 되었다고 수치스러워합니다. 한신은 귀족 출신이었거든요.

모든 조건이 갖추어진 것처럼 보였던 항우가 패하고, 평민 출신으로 항우와는 도저히 비교할 수 없이 열세에 있었던 유방이 천하를 차지한 이유가 어디에 있을까요? 《대학》의 이 대목을 염두에 두고 생각해보면 결국 두 사람이 인재를 보는 안목의 차이가 승패를 갈랐다고 할 수 있습니다. 《사기》의 저자 사마천은 한신의 입을 빌려 항우를 이렇게 평가합니다.

"항우는 용기도 있고 어진 마음씨도 지니고 있다. 항우가 한번 꾸짖으면 수많은 사람이 벌벌 떤다. 그러나 뛰어난 장수를 등용하여 그를 믿고 군사를 맡기지 못하니 이는 필부의 용기에 지나지 않는다. 그가 사람을 대하는 태도는 공손할 뿐만 아니라 인정이 많고 말씨도 부드럽다. 사람이 병에 걸렸을 때는 흐느껴 울면서 자기가 먹을 음식을 나누어주기까지 한다. 그렇지만 그 사람이 공을 세워 마땅히 벼슬을 주어야 할 때면, 그것이 아까워 직인의 모서리가 닳아 없어질 때까지 손에 쥐고서는 차마 주지 못하니 이는 아녀자의 사랑에 지나지 않는다."

결국 항우는 여러 장점을 지니고 있었지만 결정적으로 부하들이 능력을 발휘해서 공이라도 세우면 그걸 인정하지 못하고 시기한 것입니다. 그러니까 항우는 겉보기와는 다르게 아주 옹졸하고 질투심이 많았던 사람이었다는 거죠. 반면 유방은 천한 신분이었지만 자신이 그렇다는 걸 잘 알고 있었습니다. 그 때문에 다른 사람이 가지고 있는 뛰어난 능력을 알아보았습니다. 유방이 항우에 의해서 촉(蜀)으로 쫓겨난 적이 있었는데, 촉이 얼마나 험한 곳이냐면 이른바 '촉견폐일(蜀犬吠日)'이라 해서 촉 땅의 개는 해를 보면 짖는다고 할 정도입니다. 워낙 깊은 산골이다 보니 해가 아주 잠깐만 떴다가 지니까 해를 보기가 어려워요. 그래서 해가 보이면 개들이 낯설어서 저게 뭔가 싶어서 짖는다는 이야기입니다. 그 정도로 험한 곳이다 보니 한신이 견디지 못하고 도망칩니다. 그러니까 승상(丞相)이었던 소하(蕭何)가 한신을 데려오려고 쫓아갑니다. 그런데 소하도 도망쳤다고 소문이 납니다. 나중에 소하가 돌아옵니다. 그러니까 유방이 화를 내며 어떻게 승상이 도망칠 수 있느냐고 꾸짖습니다. 그러자 소하는 한신이 도망치기에 다시 데려오려고 쫓아갔다고 대답합니다. 유방이 말하길, 지금까지 도망친 장수가 한둘이 아닌데 그들이 도망칠 때는 가만히 있더니 한신 그놈이 뭐라고 따라가서 붙잡아 오느냐? 하고 다그칩니다. 이에 소하는 다른 장수는 도망쳐도 되지만 한신은 대장군감이기 때문에 놓쳐서는 안 된다고 대답합니다. 그러니까 유방이 바로 한신을 대장군에 임명합니다. 한신은 한마디로 용병(用兵)의 귀재죠. 군대를 통솔하는 데는 한신을 당할 사람이 없습니다. 불세출의 영웅이었던 항우조차 한신의 전략에 결국 패망하고 맙니다.

《사기》〈한신열전(韓信列傳)〉에는 유방과 한신 간에 있었던 흥미로운 대화가 기록되어 있습니다. 한번은 유방이 한신에게 자기 정도면 몇 명 정도의 군사를 이끌 수 있겠느냐고 묻습니다. 한신은 유방이 거느릴 수 있는 군사의 수는 10만 명 정도에 지나지 않는다고 대답합니다. 그러자 유방이 다시 한신 자네는 몇 명이나 거느릴 수 있느냐고 묻자, 한신은 다다이익선(多多而益善)이라고 대답합니다. 많으면 많을수록 좋다는 거죠. 그러니까 유방이 잠깐 시기하는 마음을 보이면서 이렇게 묻습니다. "그런데 왜 자네가 내 밑에서 이러고 있나?" 하니까 한신은 이렇게 대답합니다. "저는 졸개들의 장수고, 폐하는 장수들의 장수입니다. 그런 능력은 인력으로 미칠 수 없습니다"라고 대답합니다. 그 말을 듣고 유방이 한신의 능력을 인정합니다. 비슷한 예가 또 있습니다. 유방이 한나라를 세운 뒤 육가(陸賈)라는 유학자가 걸핏하면 유학의 경전 시서(詩書)를 강조하며 잔소리를 합니다. 유방이 견디지 못하고 "내가 말 위에서 천하를 차지했는데 시서 따위를 어디에 쓰겠느냐?"라고 합니다. 그러자 육

286

가는 "말 위에서 천하를 차지할 수는 있지만 말 위에서 천하를 다스릴 수는 없다"고 대답합니다. 놀랍게도 유방은 그 말을 듣고 유학의 경전에 따라 의례(儀禮)를 제정하도록 지시합니다. 유방은 본래 유학자를 만나면 유건(儒巾)을 빼앗아서 거기에 오줌을 눈 적이 있을 정도로 유학자를 몹시 싫어했는데 육가의 말을 듣고 천하를 다스리는 데 유학이 필요하다는 점을 인정한 겁니다. 유방은 평민 출신이었지만, 자신의 못나고 부족한 점을 알고 있었기 때문에 다른 사람의 장점을 높이 평가했습니다. 반면 항우는 그렇게 하지 못했습니다. 항우에게도 범증(范增)을 비롯해서 뛰어난 인재가 많았지만 항우는 그들을 믿고 맡기지 못합니다. 이런 차이가 결국 유방이 천하를 차지하고 항우가 분루(憤淚)를 삼킬 수밖에 없었던 큰 이유였다고 할 수 있습니다. 결국 항우는 현자를 알아보고도 그들을 제대로 등용하지 못했고, 등용했더라도 뜻을 펼 수 있도록 도와주지 못한 어리석은 통치자에 그친 셈인데, 이어지는 대목이 바로 통치자의 그런 과실을 지적하고 있습니다.

통치자의 역할

이번 주제는 통치자에게 가장 절실하게 요구되는 덕목이 무엇인지 이야기하고 있습니다. 결론부터 말씀드리면 훌륭한 인재를 알아보는 안목입니다. 나라를 잘 다스리자면 훌륭한 인재를 등용하고 그렇지 않은 자를 물리쳐야 하는데, 그러자면 어떤 이가 현자고 어떤 이가 소인인지 판단할 수 있어야겠죠. 또 그런 안목을 가지고 있다 하더라도 현자를 존중할 줄 모르거나 그렇지 않은 자를 멀리 물리치지 못하면 태만이나 과실이라고 이야기합니다.

어진 사람을 보고도 등용하지 못하며, 등용을 해도 우선하
지 못하는 것이 태만함이고, 불선한 자를 보고도 물리치지
못하고, 물리쳐도 멀리 보내지 못하는 것이 과실이다.

見賢而不能擧하며 擧而不能先이 命[慢, 怠]也요 見不善而不能
退하며 退而不能遠이 過也니라

'견현이불능거(見賢而不能擧)'에서 '현(賢)'은 현인(賢人), 유덕자(有
德者)입니다. 덕이 있는 사람, 훌륭한 사람, 어진 사람이란 뜻입니다.
그리고 '거(擧)'는 들어서 쓰다, 등용하다는 뜻입니다. 그러니까 어진
사람을 보고도 등용하지 못한다는 뜻인데, 어떤 사람이 현자라는
사실을 알면서도 그를 등용하지 않는다면 통치자가 마땅히 해야
할 일을 게을리하는 것이라는 이야기입니다. 그리고 '거이불능선 명
야(擧而不能先 命也)'는 등용하더라도 그를 우선시하지 못하면 그 또
한 태만이라고 합니다. 여기서 '선(先)'은 먼저 하다, 우선시하다는
뜻으로 그를 존경하고 높인다는 뜻입니다. 현자를 등용했으면 그에
걸맞은 지위를 주어 뜻을 펼칠 수 있게 해야 할 텐데 그렇게 하지

못하는 것은 등용하지 못하는 것과 마찬가지로 태만함이라는 거
죠. 여기서 명(命) 자는 만(慢) 또는 태(怠)의 오자(誤字)로 봅니다. 후
한의 정현은 '명(命)' 자와 '만(慢)' 자가 발음이 비슷하기 때문에 만
(慢)을 명(命)으로 잘못 필사한 결과로 보고, 윗사람의 명령을 업신
여긴다는 뜻으로 풀이했습니다. 그런가 하면 북송의 정이는 '명(命)'
을 '태(怠)' 자의 오자로 보았습니다. '명(命)' 자와 '태(怠)' 자가 모양
이 비슷하기 때문에 잘못 필사한 것으로 풀이한 것입니다. '명(命)'
자를 '만(慢)'으로 보든 '태(怠)'로 보든 뜻은 큰 차이가 없습니다.

　이 대목을 이해하는 데 적절한 이야기가 《사기》〈관안열전〉에
나옵니다. 〈관안열전〉의 주인공 중 한 사람인 안영이 어느 날 저잣
거리를 지나다가 노예로 붙잡혀 있던 월석보를 보고 자신의 말(馬)
을 풀어주고 그를 데려옵니다. 말과 노예를 맞바꾼 셈인데, 이런 일
은 그 자체로 역사에 기록될 만합니다. 당시에는 말값이 사람값보
다 비쌌거든요. 그런데 안영은 월석보를 집으로 데려온 뒤 아무 말
하지 않고 그냥 집으로 들어가버립니다. 얼마 뒤 월석보가 안영에
게 절교하겠다고 전해옵니다. 안영은 깜짝 놀라 월석보를 만나 자
신이 그를 갇힌 데서 벗어날 수 있게 해주었는데 어찌하여 이렇게
성급히 절교하려 하느냐고 묻습니다. 그러니까 월석보가 이렇게 대
답합니다. "그런 것이 아닙니다. 내가 듣기로 군자는 자신을 알아주
지 않는 자에게는 고개를 숙이고 자신을 알아주는 이에게는 뜻을
편다고 했습니다. 내가 붙잡혀 있을 때 그들은 나를 알아보지 못하
는 자들이었습니다. 하지만 당신은 나를 알아보았습니다. 만약 나

를 알아주는 이가 무례하다면 차라리 갇혀 있는 것이 낫습니다." 이 말을 들은 안영은 자신의 과실을 뉘우치고 월석보를 상객(上客)으로 대우했다고 합니다. 월석보의 말은 감동적인 데가 있죠. 때를 만나지 못하면 현자도 노예로 갇혀 있을 수 있는 법입니다. 그런데 누군가 그런 처지에 놓인 사람을 풀려나게 해준다면 참으로 고마운 일이죠. 하지만 그렇게 한 뒤에 자신의 뜻을 펼칠 수 없다면 결국 갇혀 있는 것보다 나은 게 없다는 이야기입니다. 그러니까 《대학》의 이 대목에서 이야기하고 있는 것처럼 어떤 사람의 훌륭한 덕을 보고 그를 등용했다면 그에 걸맞게 예우를 해서 그가 뜻을 펼칠 수 있게 도와주어야 통치자로서 가장 중요한 역할을 제대로 수행했다고 할 수 있습니다.

안영이 인재를 알아보는 안목을 가지고 있었을 뿐 아니라 다른 사람의 능력을 시기하지 않고 높이 평가했다는 사실은 안영의 수레를 몰았던 마부의 이야기에서도 확인할 수 있습니다. 어느 날 아침 마부의 아내가 문틈으로 안영과 자신의 남편이 어떻게 행동하는지 엿봅니다. 그랬더니 안영은 키가 6척밖에 안 되는 단구였지만 한 나라의 재상이고 제후들에게 이름난 사람인데도 만나는 사람에게 늘 고개를 숙이고 자신을 낮춥니다. 그런데 남편인 마부는 키가 8척에 이르는데도 남의 마부 노릇하면서 시종 의기양양 거만하게 사람을 대하는 겁니다. 그걸 본 아내는 남편이 돌아오자 아침에 보았던 남편의 태도를 질책하면서 당신 같은 사람과 같이 살 수 없으니 떠나겠다고 이야기합니다. 그러자 마부는 아내에게 앞으로 절대 그렇게 하지 않겠다고 약속하고 태도를 공손하게 바꿉니다. 그 모습을 본 안영이 까닭을 묻자 마부는 사실대로 이야기합니다. 그러자 안영은 그 마부가 현명한 사람이라고 판단하여 그를 추천하여 대부가 되게 합니다. 그러니까 자신의 하인인 마부를 등용한 셈이죠. 흔히 신분이 낮은 사람의 인격이 고매하거나 뛰어난 점이 있으면 질시하기 마련인데 안영은 그렇게 하지 않았던 거죠. 그러니 《대학》의 이 대목에 걸맞은 인물이라 할 수 있습니다.

이어서 '견불선이불능퇴(見不善而不能退)'가 나오는데 '불선(不善)'은 불선지인(不善之人)으로 여기서는 악인(惡人)을 지목해서 말한 것입니다. 통치자의 주변에 이런 자들이 모이면 결국 통치자의 권력을 이용해서 나쁜 짓을 저지를 테니 이런 자는 물리쳐야죠. 그리고 될수록 멀리 물리치는 게 좋은데, 멀리 물리치지 못하는 것이 '퇴이불능원(退而不能遠)'입니다. 이 또한 통치자의 과실이라고 이야기한 것입니다.

소식(蘇軾, 1037~1101)의 아버지이자 당송팔대가의 한 사람인 소순(蘇洵, 1009~1066)은 일찍이 〈관중론(管仲論)〉이라는 글을 썼는데, 이 글에서 소순은 관중을 날카롭게 비판합니다. 세상 사람들은 관중이 제나라를 패자로 만들었다고 하나, 소순이 보기에 그 공은 포숙(鮑叔)에게 돌아가는 것이 마땅하다고 주장합니다. 포숙이 관중처럼 훌륭한 인물을 천거했기 때문에 관중이 능력을 발휘할 수 있었다는 거죠. 그런데 막상 관중은 죽기 전에 수조(豎刁), 역아(易牙), 개방(開方) 같은 간신들을 물리치지 못했기 때문에 제나라가 어지러워지고 환공(桓公)이 비참한 최후를 맞이했다는 겁니다. 사실 관중은 환공에게 여러 차례 이들을 물리쳐야 한다고 이야기했지만 뜻을 이루지 못하고 죽었고, 환공은 관중의 말을 듣지 않고 이들을 등용했습니다. 그러니 관중으로서는 소순의 비판이 억울할 수도 있겠습니다. 하지만 소순은 이 대목의 이야기처럼 간신들을 일찌감치 멀리 물리치지 못한 책임이 재상이었던 관중에게 있다고 보고 제나라가 강대해진 것은 포숙의 공이고 제나라가 어지러워진 것은 관중에게 그 책임이 있다고 지적했습니다. 이런 점에서 소순의 〈관중론〉은《대학》의 이 대목에 근거하여 쓴 글이라 할 수 있습니다.

재앙을 초래하는 길

다음 문장은 통치자의 호오(好惡)가 백성의 호오와 일치하지 않는 경우에 어떤 문제가 일어나는지에 대해 이야기하고 있습니다.

사람들이 싫어하는 것을 좋아하고 사람들이 좋아하는 것을 싫어하는 것을 일러 사람의 본성을 어기는 것이라 하니, 그 자신에게 반드시 재앙이 미치게 될 것이다.

好人之所惡하며 惡人之所好를 是謂拂人之性이라 菑(災)必逮夫身
이니라

292

'호인지소오(好人之所惡)'는 사람들이 싫어하는 것을 좋아한다는 뜻이고, '오인지소호(惡人之所好)'는 사람들이 좋아하는 것을 싫어하는 것이죠. 앞 두 구의 '인(人)'은 인민(人民), 백성이죠. 그러니까 백성이 좋아하는 것을 통치자가 싫어하고, 백성이 싫어하는 것을 통치자가 좋아한다는 겁니다. 이어서 이런 걸 두고 '불인지성(拂人之性)', 사람의 본성을 어기는 것이라고 했는데 여기의 인지성(人之性)은 사람이라면 누구나 가지고 있는 본성을 말합니다. 그리고 이런 사람은 반드시 재앙이 그 자신에게 미칠 것이라고 말합니다. '재필체부신(菑必逮夫身)'에서 '부(夫)'는 그 자신을 뜻하는 '몸 신(身)' 자를 강조하는 어조사이기 때문에 해석할 필요가 없습니다. 그리고 '재(菑)' 자는 여기서 재앙(災殃)이라는 뜻으로 쓰였는데 '재(甾)'와 같은 글자입니다. 재앙이라고 할 때, 지금은 '재(災)' 자를 쓰지만 본래는 '재(甾)'로 썼습니다. 그런데 본문에는 '풀 초(艹)'가 위에 붙어 있는데, '甾'처럼 없이 쓰기도 합니다. '풀 초'가 붙어 있는 판본도 있고 떨어져 있는 판본도 있습니다만, 통행본(通行本)은 '풀 초'가 붙어 있습니다. 정확하게 쓰면 '재(甾)'가 맞는데 경문(經文)은 함부로 고칠 수가 없기 때문에 일단은 '재(菑)'로 놔두되, 뜻은 '재(甾)'로 풀이합니다. '재(甾)' 자는 재앙이란 뜻인데, 원래 재앙을 나타내는 '재' 자는 두 가지가 있습니다. 여기에 쓰인 '재(甾)' 자는 윗부분 '巛'은 물(水)을 그린 모양입니다. 물도 여러 가지가 있죠. 'ㅣ', 'ㅕ', '川' 등이 있습니다. 그런데 '巛'은 물의 모양이 심상치 않죠. 바로 큰 물결, 홍수를 의미합니다. 홍수가 나서 아래에 있는 농토(田)를 휩쓸어버리는 재앙이 바로 '재(菑)'입니다. 그러니까 수재(水菑)를 형용한 글자입니다. 재앙을 나타내는 또 다른 글자는 '재(灾)' 자입니다. 이 글자는 집(宀)에 불(火)이 난 것을 의미하는 글자로 화재(火灾)를 형용한 글자입니다. 나중에 이 두 가지 재앙을 합쳐서 만든 글자가 '재(災)'입니다. 지금은 모두 '재(災)'로 통일해서 쓰지만 '菑'와 '灾'는 뜻과 쓰임이 달랐습니다. 한자는 기원이 다르더라도 하나의 글자로 합쳐지는 경우가 있고, 기원이 같다 하더라도 여러 가지 글자로 나누어지기도 합니다.

하지만 여기서 말하는 재앙은 수재나 화재를 말하는 것이 아니므로 굳이 글자에 얽매일 필요는 없습니다. 통치자가 백성이 싫어하는 것을 좋아하고 백성이 좋아하는 것을 싫어하면 어떤 재앙이 미치겠습니까? 덕이 훌륭한 군자, 현자를 멀리하고 재물과 이익만 좋아하는 소인들을 가까이 하게 될 것이고, 결국 나라가 무너지고 자신은 죽임을 당하는 재앙이겠죠. 그런데 그런 재앙은 본인만의 재앙으로 끝나는 것이 아니라, 그 나라의 백성에게까지 미칠 테니 작은 과실이 아니라 중대한 과실입니다. 그래서 맹자 같은 경우에는 작은 과실은 용서해야 하지만, 큰 과실은 용서해서는 안 된다고 말을 합니다. 맹자는 정도가 심하다 하더라도 개인의 사적인 과오는 소과(小過)이기 때문에 용서할 수 있지만, 임금이 나라를 잘못 다스리면 그것은 사적인 과오가 아니라 공적인 과실로 대과(大過)에 해당하므로 용서할 수 없다고 이야기합니다.

통치자의 대원칙, 충(忠)과 신(信)

이번에는 백성을 얻는 커다란 원칙에 대해 이야기하고 있습니다. 군자가 나오는데 여기의 군자는 통치자를 가리켜 한 말입니다. 통치자가 백성의 신망을 얻거나 잃는 두 가지 원칙이 대도(大道)입니다.

이 때문에 군자에게는 큰 도리가 있으니 반드시 충과 신으로 백성을 얻고, 교만하고 방자함으로 백성을 잃게 된다.

是故로 君子有大道하니 必忠信以得之하고 驕泰以失之니라

'대도(大道)'는 커다란 도리, 대원칙을 뜻합니다. 무슨 원칙이냐? '충신이득지(忠信以得之)'와 '교태이실지(驕泰以失之)'의 두 가지 원칙입니다. 여기서 '갈 지(之)' 자는 바로 인민(人民), 백성을 가리킵니다. '충신이득지(忠信以得之)'는 충(忠)과 신(信)을 통해서 백성을 얻는다는 말인데, '충'은 '충어기(忠於己)', 나에게 진실한 것을 말합니다. 그러니까 나를 속이지 않는 겁니다. 앞서 〈전6장〉에서 '성의(誠意)'를 자신의 뜻을 진실하게 하는 것이라고 풀이했는데 그 방법이 바로 '무자기(毋自欺)'였죠. 자신을 속이지 말라는 거죠. 남은 속일 수가 있지만 나는 속이려고 해도 속일 수가 없습니다. 나는 내가 무엇을 했는지 그 동기가 무엇인지 다 알고 있으니까요. 그런 나 자신을 속이지 않고 진실하게 대하는 것이 바로 '충'입니다. 그리고 '신'도 '충'과 같이 진실하다는 뜻인데 다만 대상이 내가 아닌 다른 사람입니다. 나에게 진실한 것처럼 다른 사람에게도 똑같이 진실한 것이 바로 '신'입니다. '신어인(信於人)'이죠. 결국 나에게도 진실하고 남에게도 진실한 것이 '충신(忠信)'이고 이 진실한 태도로 백성을 얻는 것이 '충신이득지(忠信以得之)'입니다.

반대로 '교태이실지(驕泰以失之)'는 교만하고 방자함으로 백성을 잃어버린다는 뜻입니다. 나라가 망하는 재앙은 여러 가지 원인이 있겠지만 기본적으로 통치자의 교만과 방자로 인해 백성의 신뢰를 잃어버리는 데서 비롯된다고 본 겁니다. 이를테면 공자는 '민무신불립(民無信不立)'이라고 했는데 백성이 통치자를 신뢰하지 않으면 나라가 설 수 없다는 뜻입니다. 나라가 서기 위해서는 여러 조건이 필요하지만 그중에서 가장 중요한 것이 신(信)이라는 게 공자의 이야기입니다. 이것이 군자의 대도, 대원칙입니다. 충신하면 나라를 얻고 교태(驕泰)하면 나라를 잃게 됩니다. 결국 군자의 대도는 충신을 지키고 교태를 버리는 것입니다. 앞서 〈문왕〉 편 인용구 뒤에는 '백성을 얻으면 나라를 얻고 백성을 잃으면 나라를 잃게 된다(得衆則得國 失衆則失國)'고 했고, 〈강고〉 편 인용구 뒤에서는 '선정을 베풀면 천명을 얻고 선정을 베풀지 않으면 천명을 잃게 된다(善則得之 不善則失之)'고 했고, 여기에서는 '충과 신으로 백성을 얻고, 교만하고 방자함으로 백성을 잃게 된다(忠信以得之 驕泰以失之)'고 했습니다. 결국 나라를 잘 다스리자면 백성의 마음을 얻어야 하고, 백성의 마음을 얻으려면 선정을 베풀어야 하고, 선정을 베풀려면 충신을 지키고 교만과 방자함을 버려야 하는 거죠.

생산과 소비의 대원칙

앞에서는 군자에게 요구되는 수양의 대도를 이야기했고, 이번에는 재물을 생산하는 대도를 이야기하고 있습니다. 간략하고 소박하지만 어느 시대에나 통하는 원칙입니다.

재물을 생산하는 데에는 큰 방도가 있으니, 먹을 것을 생산하는 사람이 많고 먹는 자가 적으며, 물건을 만드는 일은 빨리하고 물건을 쓰는 속도를 늦추면, 재물이 늘 풍족할 것이다.

生財有大道하니 生之者衆하고 食之者寡하며 爲之者疾하고 用之者舒하면 則財恒足矣리라

문장도 내용도 쉽습니다. '생재유대도(生財有大道)'는 재물을 생산하는 데에 큰 원칙이 있다는 뜻인데, 그 원칙을 두 가지로 나누어 이야기하고 있습니다. 하나는 '생지자중 식지자과(生之者衆 食之者寡)'입니다. 생산하는 자의 수가 많고 먹는 자의 수가 적은 것이죠. 먹는다는 표현에서 알 수 있듯이 여기의 재물은 농작물을 가리킵니

297

다. 또 다른 방법은 '위지자질 용지자서(爲之者疾 用之者舒)'입니다. '위지(爲之)'는 물건을 만드는 것이고 '용지(用之)'는 물건을 쓰는 것이니까, 물건을 만드는 속도는 빠르고 물건을 소비하는 속도는 느린 겁니다. 두 가지로 나누어 이야기했지만 결국 한 가지 방법입니다. 재물을 생산은 많이 하고 소비는 적게 하는 것 절약하는 거죠. 이렇게 하면 어떻게 되겠습니까? 재물이 넉넉히 남아돌겠죠. 그래서 '재물이 늘 풍족할 것이라는 말(財恒足矣)'로 마무리했습니다. 남은 재물은 비축해두었다가 흉년이 들면 백성을 구제하는 데 씁니다. 이렇게 하는 것이 나라를 다스리는 자의 의무라고 이야기하는 겁니다.

산업혁명이 일어나기 이전의 전통 농경사회에서 재물을 넉넉히 하려면 어떤 선택을 할 수 있을까요? 산업혁명 이후의 자유시장이라면 기계를 통한 생산력의 증진과 교역을 통해 재물의 생산량 자체를 늘리는 방법이 있을 수 있겠지만 전통 농업경제에서는 불가능합니다. 농업기술이 점진적으로 발달하긴 했지만 단위면적당 수확량은 거의 일정합니다. 생산량 자체를 획기적으로 늘릴 수 있는 방법이 없습니다. 그러니 가능하면 더 많은 노동력을 생산하는 데 투입하고 소비는 줄이는 것이 가장 현실적인 방법입니다. 물론 통치자가 사치 방탕하지 않음으로써 국가의 재용을 절약한다는 의미도 포함되어 있습니다.

어쨌든 재물을 생산하는 데에는 여러 가지 방법이 있겠지만, 이것이 대원칙이라는 겁니다. 《대학》이 처음 성립된 시기는 고대사회였기에 생산량이 절대적으로 부족했습니다. 그 때문에 인간의 욕망을 가급적 절제하도록 요구합니다. 하지만 지금 우리가 사는 자본주의 사회는 절제를 요구하는 것이 아니라 끊임없이 새로운 욕망을 만들어내고 소비하게 합니다. 그래야 경제가 유지되고 성장한다고 이야기하죠. 하지만 인간의 욕망은 끝이 없고 자원은 한정되어 있습니다. 언제까지 그럴 수는 없겠지요. 결국에는 《대학》의 이 대목에서 말하는 대도로 돌아가야 합니다. 재물이 부족하면 아껴 쓰는 것이 대도입니다. 현대사회라 해도 이 원칙을 무시할 수 없습니다. 예를 들어 전력이 부족하면 먼저 전기를 아껴 쓰는 게 정상입니다. 아껴 쓰는 게 우선이고, 발전소를 더 만들어 전력을 더 많이 생산하는 것은 그다음 문제입니다. 전기료를 올려서 소비를 억제하는 것도 원칙이 아니라 편법입니다. 부족하면 소비하는 사람이 스스로 아껴 쓰는 것이 대원칙입니다.

그런데 《대학》의 이 대목은 나라를 다스리는 자를 염두에 두고 쓴 글인 만큼 단순히 재물을 절약하는 것 이상의 의미가 포함되어 있습니다. 《사기》〈공자세가(孔子世家)〉의 기록에 따르면 공자가 제나라에 갔을 때 제나라 경공이 정치에 관해 묻자 공자는 정치는 재물을 절약하는 데 있다(政在節財)고 대답합니다. 《논어》에도 제후국을 다스릴 때는 재물을 절약하고 백성을 사랑해야 한다(節用而愛人)고 했죠. 재물을 절약하는 목적은 백성을 구제하는 데 있다고 본 것입니다.

예를 들어 《예기》〈왕제(王制)〉 편을 보면 나라를 다스릴 때 재물을 비축해두어야 한다는 기록이 있습니다. "30년을 주기로 10년 쓸 분량의 재물을 비축해두어야 하니, 나라에 9년치의 비축이 없으면 부족하다 이르고, 6년치 비축분이 없으면 위급하다 이르고, 3년치 비축분이 없으면 그런 나라는 나라가 아니다(以三十年之通制國用 國無 九年之蓄曰不足 無六年之蓄曰急 無三年之蓄曰 國非其國也)"라고 했습니다. 나라에서 재물을 비축하는 이유는 흉년이 들었을 때 백성들을 구휼하기 위해서입니다.

인자(仁者)와 불인자(不仁者)의 차이

이번 문장은 인자(仁者)와 불인자(不仁者)가 각각 재물을 어떻게 쓰는지 이야기하고 있습니다. 인자는 재물을 써서 자신을 세우고 불인자는 자신을 버려 재물을 모읍니다. 주종관계로 이야기하면 인자의 경우는 자신이 주(主)가 되고 재물이 종(從)이 되는데, 불인자는 재물이 주가 되고 자신이 종이 됩니다. 요즘 식으로 표현하면 불인자는 돈의 노예가 된다는 뜻입니다.

어진 사람은 재물을 가지고 자기 자신을 일으키고, 어질지 못한 사람은 자기 몸으로 재물을 일으킨다.

仁者는 以財發身하고 不仁者는 以身發財니라

300

'인자 이재발신(仁者 以財發身)'에서 '발(發)'은 '기발(起發)'의 뜻으로 일으켜 세운다는 의미입니다. 무엇을 일으켜 세우느냐? 재물을 가지고 자신(身)을 일으켜 세웁니다. 이 말은 재물을 흩어 백성의 마음을 얻어서 자신의 몸을 일으켜 세운다는 뜻입니다. '불인자 이신발재(不仁者 以身發財)'는 그 반대입니다. 불인한 자는 자기 몸을 바쳐서 제물을 일으킵니다.

사마천의 《사기》는 전체가 130권이고 그중 열전(列傳)이 70권인데, 열전의 첫 번째 편이 〈백이열전〉입니다. 여기서 사마천은 "탐욕스러운 자는 재물을 따르고, 의로운 선비는 명예를 따르고, 과시를 좋아하는 자는 권세에 목숨을 바친다〔貪夫徇財 烈士徇名 夸者死權〕"고 했습니다. 원문의 순(徇)은 본래 따른다는 뜻이기는 하나 여기서는 '과자사권(夸者死權)'의 사(死) 자와 같이 쓰였기 때문에 목숨을 바친다는 뜻인 '순(殉)'의 뜻입니다. 그러니까 '탐부순재(貪夫殉財)'는, 탐욕스러운 자는 재물에 목숨을 바친다는 뜻인 거죠. '이신발재(以身發財)'의 극단적인 경우라 할 수 있습니다. 어진 사람은 재물을 버려서 자신을 세우니까 재물이 사람에게 쓰이는 것이고 반대로 어질지 못한 사람은 자기를 버려서 재물을 모으는 거니까 사람이 재물에 쓰이는 것입니다.

《맹자》에는 양호(陽虎)의 말을 인용하여 "부를 추구하면 불인하게 되고 인을 추구하면 부자가 되지 못한다〔爲富 不仁矣 爲仁 不富矣〕"라고 말한 부분이 있습니다. 양호는 공자와 동시대 사람으로 맹자가 좋은 뜻으로 인용할 만한 인물은 아닙니다만 부와 인의 관계를 이해하는 데 참고할 만합니다. 부와 인이 근본적으로 상반된다기보다 부를 추구하는 마음을 우선시하면 인을 베풀지 않게 되고, 인을 추구하는 마음을 우선시하면 부를 흩어서 덕을 쌓게 된다는 뜻으로 이해할 수 있습니다.

윗사람이 인(仁)을 좋아하면

이번에는 윗사람이 인을 좋아하면 어떤 일이 일어나는지 이야기합니다. 이익을 추구하지 않고 인을 추구했는데 결과적으로 재물이 오게 된다고 말합니다.

윗사람이 인을 좋아하는데 아랫사람이 의를 좋아하지 않는 경우는 아직 없으니, 의를 좋아하고서 그 일을 마치지 않는 경우가 없으며, 창고의 재물이 자기 재물이 아닌 경우가 없게 된다.

未有上好仁而下不好義者也니 未有好義요 其事不終者也며 未有府庫財非其財者也니라

'미유(未有)'게 세 차례 나오는데 강한 부정을 나타내는 표현으로 이런 경우는 아직 없다는 뜻입니다. 세 경우는 각각 윗사람이

인을 좋아하는데 아랫사람이 의를 좋아하지 않는 경우(上好仁而下不好義者也), 의를 좋아하면서 그 일을 마치지 않는 경우(好義其事不終者也), 창고의 재물이 자기 재물이 아닌 경우(府庫財非其財者也)입니다. 그러니까 이 세 가지 일은 세상에 절대 일어나지 않는다는 확신을 표현한 것입니다.

앞서 인(仁)은 정치적인 개념이라고 말씀드렸습니다. 앞에서 문왕이 임금이 되어서는 어디에 머물렀습니까? '지어인(止於仁)', 인에 가서 머물렀다고 했습니다. 이때의 인은 통치자가 백성을 보살피는 인을 말합니다. 통치자가 그렇게 하는데 아랫사람이 의리를 지키지 않는 경우가 없다는 겁니다. 이때의 의(義)는 인(仁)과 짝이 되는 개념입니다. 통치자가 백성을 사랑하고 돌보면 그런 통치자에 대해 백성이 의리를 지키는 것이 여기의 '의'입니다. 봉건사회처럼 권력이 한 사람에게 집중되어 있을 때 그 한 사람의 영향력이 엄청나게 크죠. 그 때문에 맹자도 대인의 책무는 임금의 그릇된 마음을 바로잡는 데 있다(惟大人 爲能格君心之非)고 했습니다. 그리고 임금이 인하면 불인한 자가 없게 되고 임금이 의로우면 불의한 사람이 없게 되니 임금 한 사람을 바로잡으면 나라가 안정된다(君仁 莫不仁 君義 莫不義 君正 莫不正 一正君而國定矣)고 했습니다. 이 대목과 비슷하죠.

한번은 추(鄒)나라 목공(穆公)이 맹자에게 하소연합니다. 노나라와 전쟁을 했는데 관리들은 33명이나 죽었는데 백성들은 한 명도 죽지 않았습니다. 어떻게 된 걸까요? 백성들이 모두 윗사람을 버리고 도망친 겁니다. 그래서 목공이 맹자에게 이르길, "백성들을 죽이

자니 이루 다 죽일 수 없고, 그냥 두자니 자기 윗사람이 죽는 것을 보고도 구원하지 않은 것이 괘씸하니 어찌하면 좋겠습니까?" 하고 묻습니다.

그러자 맹자는 백성을 탓하지 말라면서 이렇게 대답합니다. "흉년이 들어 굶주리는 시절에 백성들 가운데 늙고 허약한 이들은 굶어 죽어서 시신이 도랑이나 구덩이에 뒹굴고, 장성한 이들은 사방으로 뿔뿔이 흩어진 자가 몇천 명이나 됩니다. 그런데도 당신의 창고에는 곡식과 재물이 가득 차 있었는데 신하들 중에 아무도 창고를 열어 백성들을 구휼하라고 간한 자가 없었습니다. 이것은 윗사람이 태만하여 아랫사람을 해친 것입니다. 옛날 증자께서 말씀하시길 '조심하고 또 조심하라. 너에게서 나온 것은 너에게로 돌아간다'고 하셨습니다. 백성들이 이제야 보복을 한 것이니 임금께서는 그들을 탓하지 마십시오. 임금께서 백성을 사랑하는 인정을 베푸시면 바로 이 백성들이 윗사람을 사랑하여 당신을 위해 목숨을 바칠 것입니다." 결국 임금이 백성을 사랑할 줄 모르니까 백성들도 윗사람에 대한 의를 지키지 않은 겁니다. 만약 목공이 백성이 힘들 때 나라의 재물을 풀어서 백성을 구제했다면 백성들이 나라가 위급할 때 도망치지 않고 의리를 지켰을 겁니다. 목숨을 걸고 그 나라를 위해서 싸우는 이유는 나라가 자신을 보호해주기 때문입니다.

이어서 "의를 좋아하고서 그 일을 마치지 않는 경우는 아직 없다〔未有好義 其事不終者也〕"고 했는데, 아랫사람이 의를 좋아하면서 윗사람의 일을 끝까지 마치지 않는 경우는 없다는 거죠. 그리고 마지막으로 "창고의 재물이 자기 재물이 아닌 경우가 없게 된다〔未有 府庫財 非其財者也〕"고 했습니다. '부(府)'와 '고(庫)'는 모두 창고인데, 천하의 재물이 모두 자기 것이 된다는 이야기입니다. 그 재물을 자기가 사유(私有)하지 않더라도 백성과 함께 풍요로운 삶을 오랫동안 누리게 된다는 뜻입니다. 결국 통치자가 인을 좋아하게 되면 아랫사람은 의를 지키게 되니까 그 나라는 단단한 결속력을 바탕으로 번영할 수 있다는 이야기입니다.

작은 부자와 큰 부자, 그리고 나라 : 최상의 이익은 의리다

이제 《대학》의 마지막 장인 〈전10장〉의 마지막 대목입니다. 그리고 당연히 《대학》 전체의 마지막 대목입니다. 여기서는 작은 부자와 큰 부자, 그리고 국가(國家)라고 할 때의 가(家), 곧 나라가 어떻게 다른지를 이야기하고 있습니다.

사마천이 《사기》라는 책에서 맨 마지막에 〈화식열전(貨殖列傳)〉을 배치했어요. '화식(貨殖)'이라고 하는 건 재물을 증식시킨다는 뜻이에요. 그래서 〈화식열전〉은 재물을 증식시켜서 부자가 된 사람들의 열전인 것입니다. 원래 '화식'이란 말은 《논어》에 나옵니다. 공자가 자신의 제자인 자공(子貢)을 두고 한 말이에요. 자공은 선빈후부(先貧後富)라고 해서, 태어나기는 가난했지만 나중에 부자가 된 경우입니다. 이런 자공을 두고 공자가 재물을 증식해서 부자가 됐다고 말을 했는데, 그 구절을 따서 사마천이 〈화식열전〉을 지은 것입니다. 〈화식열전〉을 보면 큰 부자와 작은 부자의 차이가 납니다. 보통 사람들은 무엇을 기준으로 노력을 하냐면 '투력(鬪力)', 힘을 다툽니다. 하루하루의 힘, 노동력을 가지고 먹고사는 거죠. 조금 가진 자는 '투지(鬪知)', 지혜를 다툽니다. 어떻게 보면 정신적인 노동에 종사한다고 할 수 있겠습니다. 그리고 큰 부자는 '투시(鬪時)', 때를 다툽니다. 그러니까 각각 다투는 바가 다른 것이죠. 만약 큰 부자가 때를 다투지 않고 힘이나 지혜에 골몰하게 되면 어떻게 되겠습니까? 작은 부를 추구하는 사람들이 큰 부자와의 싸움에서 이길 수 있을까요? 추구하는 가치가 달라야한다는 이야기를 사마천이 한 셈인데요, 《대학》의 이 마지막 구절도 비슷한 내용입니다. 한번 살펴보겠습니다.

작은 부자와 큰 부자

맹헌자가 말하기를, "말 네 필을 기르는 집에서는 닭과 돼지를 길러서 얻는 이익은 살피지 않고, 얼음을 치는 집에서는 소와 양을 길러서 얻는 이익은 살피지 않고, 수레 백 대를 보유한 집에서는 세금 긁어모으는 신하를 기르지 않는다. 세금 긁어모으는 신하를 두느니 차라리 도둑질하는 신하를 둘 것

이다"라고 하니 이것을 일러 나라는 이익을 이로움으로 여기
지 아니하고 의를 이로움으로 여긴다고 하는 것이다.

孟獻子曰 畜馬乘은 不察於雞豚하고 伐冰之家는 不畜牛羊하고
百乘之家는 不畜聚斂之臣하나니 與其有聚斂之臣으론 寧有盜臣
이라하니 此謂 國은 不以利爲利요 以義爲利也니라

　맹헌자(孟獻子)는 노(魯)나라의 대부인데 공자가 훌륭한 사람이라
고 칭찬했던 현인(賢人)으로 《맹자》에도 등장합니다. '휵마승(畜馬乘)'
에서 '휵(畜)'은 기른다는 뜻으로 육(育)과 같은 의미입니다. 본래 '휵
(畜)'은 농작물을 기른다는 뜻이었는데 의미가 확장되어서 농작물
뿐 아니라 다른 동식물을 키우는 경우에도 쓰입니다. 요즘은 '가축
(家畜)'이라는 말에서 알 수 있듯이 '축'으로 읽습니다만, 본래 음은
'휵'이 맞고 '축'으로 읽으면 쌓는다는 뜻으로 '저축(貯蓄)'의 의미가
되기도 하고 저지한다는 뜻인 지축(止畜)의 의미로도 쓰입니다. 그
리고 '승(乘)' 자는 탄다는 뜻이지만, 본래 수레나 말을 탄다는 뜻이
고 수레 한 대를 말 네 필이 끈다고 해서 '네 마리'라는 뜻으로 쓰
입니다. 그래서 '휵마승'이라고 하면 '말 네 필을 기르는 집〔畜馬乘之
家〕'이라는 뜻이 됩니다.

　말씀드린 것처럼 말값이 사람값보다 비쌌던 시대이니 말 네 필
을 키우는 집이라면 상당한 부자입니다. 그리고 '닭이나 돼지를 길
러서 얻는 이익을 살피지 않는다〔不察於雞豚〕'고 했는데, '계돈(鷄豚)'

은 닭과 돼지로 닭과 돼지를 길러서 얻는 이익이라는 뜻이고, '찰 (察)'은 살핀다는 뜻으로 여기서는 이익을 취한다는 뜻으로 쓰였습 니다. 그러니까 말 네 필을 기르는 집에서는 닭과 돼지를 길러서 얻 는 이익은 취하지 않는다는 말입니다. 말을 키워서 얻는 이익은 크 고 닭이나 돼지를 길러서 얻는 이익은 작습니다. 결국 큰 이익을 거 두어들이는 집안에서는 작은 이익까지 차지하지 않는다는 말이죠.

《사기》〈순리열전(循吏列傳)〉에는 노나라 재상이었던 공의휴(公儀 休)의 이야기가 전합니다. 어느 날 공의휴가 자기 밭의 채소를 먹어 보고 맛있으니까 당장 하인을 시켜 밭을 갈아엎으라고 지시합니 다. 또 며느리가 베를 짜는데 질이 아주 좋으니까 가져오게 해서 모 두 불태워버립니다. 그리고는 말하기를, "우리가 집에서 채소를 길 러 먹고, 직접 베를 짜 옷지어 입는다면 밭가는 농부와 베 짜는 여 인들은 어디에 그 물건을 팔 수 있겠는가?"라고 탄식했다고 합니다. 《대학》의 이 대목을 이해하는 데 참고할 만한 이야기입니다.

계속 같은 맥락의 이야기입니다. '벌빙지가(伐冰之家)'는 얼음을 치는 집안입니다. 빙고(氷庫)를 가지고 있는 큰 집안이란 뜻입니다. 겨울에 얼음이 얼면 '부빙(浮氷)'이라고 해서 강에서 얼음을 띄운 다 음 쳐내서 빙고에 보관했다가 여름에 쓰는 겁니다. 음식을 요리하 거나 제사를 지내거나 잔치를 열 때, 얼음을 쓰는 집안인 거죠. 빙 고가 집에 있다는 것은 굉장한 부자일 뿐 아니라 신분도 높은 사 람입니다. 빙고를 쓰는 이유는 손님이 멀리서 찾아올 정도로 세력 이 강하고 늘 음식을 대접해야 할 정도로 손님이 많기 때문에 음식 재료를 오래 보관해야 하기 때문입니다. 그러니까 집에 전통 방식의 냉장고를 가지고 있는 겁니다. 옛 기술이 그리 만만하지 않습니다. 어떤 원리를 이용했는지 몰라도 진시황제가 타고 다녔던 수레는 온량거(溫凉車)였는데 냉난방 장치가 되어 있었기 때문에 온량거라고 불렀습니다. 아마 수레에 빙고와 열을 발생하는 장치를 붙였을 겁니다. 아무튼 이렇게 제사나 잔치 때 얼음을 칠 정도로 부유하고 세력이 강한 집안에서는 '불휵우양(不畜牛羊)'이란, 소나 양은 기르지 않고, 소나 양을 길러서 얻는 이익은 추구하지 않는다는 뜻입니다. 부유함의 정도만 다르지 앞 문장과 같은 맥락입니다. 빙고를 가지고 있는 정도로 부유한 집에서 소나 양을 길러서 얻는 이익까지 차지하게 되면 그보다 낮은 백성이 이익을 취할 곳이 없어진다는 거죠.

이어서 '백승지가(百乘之家)'가 나오는데 여기의 '승(乘)'도 네 마리라는 뜻이니까 수레 백 대가 있는 집안이고, 전쟁이 일어나면 전투용 수레 백 대를 동원할 수 있는 작은 나라입니다. 최소 말 사백 필을 보유하고 있는데 이런 집안의 주인은 대부(大夫)로서 가(家)를 다스리는 통치자입니다. 가는 작은 규모의 나라라고 말씀드렸죠. 여기에는 가신(家臣)이 있고 가중(家衆)이 있습니다. 가신은 이 나라를 다스리는 관료 계층을 말하는 것이고 가중은 군사집단입니다. 그리고 이런 집안에서는 취렴지신(聚斂之臣)을 키우지 않는다고 했습니다. '취(聚)'는 모은다는 뜻이고 '렴(斂)'은 거두어들인다는 뜻인데 뭘 모으고 거두어들이는가 하면 백성에게서 세금을 긁어모은다는 뜻입니다. 이른바 가혹하게 세금을 거두어들이는 신하가 바로 '취렴지신'인 거죠. 백승지가에서는 이런 자는 기르지 않는다는 것입니다. 그러느니 차라리 도둑질하는 신하를 둔다(寧有盜臣)고 했죠. 백성을 착취하는 신하를 두기보다 차라리 자기 재물을 훔치는 신하를 두는 것이 낫다는 뜻입니다.

공자의 제자 중에 노(魯)나라에서 벼슬한 사람이 몇 명 있습니다. 그중 염구(冉求)라는 제자는 노나라에서 벼슬하면서 계씨를 위해 세금을 두 배로 늘립니다. 그러니까 공자가 제자들에게 염구를 성토(聲討)하라고 말합니다. 당시의 세금은 부자에게 세금을 얼마나 거둘 것이냐의 문제가 아니라 농민에게 세금을 얼마나 걷느냐의 문제였습니다. 주나라 제도에 따르면 10분의 1을 세금으로 거두어야 하는데 당시 이미 10분 2를 거두고 있었습니다. 그런데 염구는 그것을 다시 두 배로 올리려 한 것입니다. 그래서 공자가 비난한 겁니다.

한편 또 다른 제자 유약(有若)은 노나라 임금이 세금을 더 거두려고 하니까 그것을 반대합니다. 당시 노나라에서는 10분의 2를 세금으로 거두고 있었는데 10분의 1로 줄여야 한다고 주장한 것입니다. 결국 유약은 노나라에서 크게 등용되지 못합니다. 하지만 유약은 자신의 뜻을 지켰죠.

어쨌든 대부 개인의 재산을 도둑질하는 신하가 차라리 낫고 백성으로부터 세금을 거두어들여서 나라를 위태롭게 하는 신하를 두어서는 안 된다는 겁니다. 결국 세금을 많이 거두어들여서 국가의 통치자에게 갖다 바치는 그런 신하를 두느니 차라리 그 통치자

개인의 재산을 훔치는 신하를 두는 게 더 낫다는 뜻입니다. 물론 도신(盜臣)도 있어선 안 되지만, 이 취렴지신이 얼마나 나라에 해로운 자들인지 알 수 있습니다.

이어서 '국불이리위리 이의위리야(此謂 國不以利爲利 以義爲利也)'라는 말로 마무리합니다. 나라는 이익을 이로움으로 여기지 아니하고 의를 이로움으로 여긴다는 거죠. 여기서는 이 대목을 따로 해설하지 않고 같은 말을 다시 강조하고 있는 마지막 문장에서 한꺼번에 풀이하겠습니다.

국가의 가장 큰 이로움, 의(義)

이제 《대학》의 마지막 문장입니다. 천하를 고르게 다스리는 게 《대학》의 이상입니다. 그리고 〈전10장〉에서는 다른 사람의 마음을 헤아리는 혈구지도에서 시작하여 덕과 재물의 관계, 인자와 불인자의 차이를 밝힌 데 이어 마침내 천하 국가를 다스리는 자가 무엇을 이로움으로 삼아야 하는지에 대해 이야기하고 있습니다.

국가를 다스리면서 재물을 모으는 데에 힘쓰는 것은 반드시 소인에게서 비롯되니, 저 소인으로 하여금 국가를 다스리게 하면 재해가 모두 이를 것이다. 비록 훌륭한 사람이 있다 할지라도 또한 어찌할 수 없을 것이니 이를 두고 "나라는 이

(利)를 이로움으로 여기지 아니하고 의를 이로움으로 여긴다"
고 하는 것이다.

長國家而務財用者는 必自小人矣니 彼(爲善之) 小人之使爲國家면
菑害並至라 雖有善者라도 亦無如之何矣리니 此謂 國은 不以利爲
利요 以義爲利也니라

'장국가이무재용자(長國家而務財用者)'에서 '장국가(長國家)'는 국가
를 다스린다는 뜻인데, '왕천하(王天下)'가 '왕(王)'이 되어서 천하를
다스린다는 뜻인 것처럼 '장(長)'이 되어서 국가를 다스린다는 뜻입
니다. '무재용자(務財用者)'는 재용에 힘쓰는 것, 곧 재물을 모으는 데
힘쓰는 것입니다. 국가 권력을 이용해서 자신의 재물을 늘리는 것
은 어떤 자에게서 비롯되는가? '필자소인의(必自小人矣)', 반드시 소인
에게서 비롯된다고 이야기하고 있습니다. 소인이 따로 있어서 그런
일이 일어나는 것이 아니라, 그런 일을 하는 자가 있다면 그가 바로
소인인 거죠. 그리고 '피위선지(彼爲善之)' 네 글자가 나오는데 이대
로 두면 문의(文意)가 잘 통하지 않습니다. 주희는 빠진 글자가 있거
나 오자(誤字)가 있는 것 같다고 했습니다. 그대로 두고도 굳이 해
석하자면 못 할 것은 없지만 많이 어색하기 때문에 여기서는 일단
'위선지(爲善之)' 세 글자가 잘못 들어간 글자로 보고 읽겠습니다. 그
러면 '피소인지사위국가 재해병지(彼小人之使爲國家 菑害並至)'가 됩니
다. 번역하면 저 소인으로 하여금 국가를 다스리게 하면 재해가 모두

이를 것이라는 뜻입니다. 소인을 시켜 나라를 다스리게 하면 온갖 재난과 해로운 일들이 다 나타날 것이라는 말이죠. 그리고는 '수유 선자 역무여지하의(雖有善者 亦無如之何矣)'라고 합니다. 일단 소인이 나라를 다스리게 되면 비록 그 나라에 선한 사람, 훌륭한 사람이 있다 하더라도 어찌할 수 없을 것이라고 말합니다.

사마광의 《자치통감》에 이 대목을 이해하는 데 도움이 되는 이 야기가 실려 있습니다. 그는 재주와 덕을 얼마나 지니고 있느냐를 기준으로 인간을 네 가지로 분류했습니다. 먼저 재주와 덕을 모두 뛰어난 사람은 성인(聖人)입니다. 또 재주와 덕이 모두 하찮은 사람 은 우인(愚人), 곧 어리석은 사람입니다. 그런데 대부분의 사람들은 재주와 덕을 어느 정도는 가지고 있습니다. 그중 재주는 부족하지 만 덕이 뛰어난 사람도 있고 재주는 뛰어나지만 덕이 부족한 사람 도 있습니다. 사마광은 이를 '덕승재(德勝才)', 곧 덕이 재주를 이기 는 경우와 재승덕(才勝德), 재주가 덕을 이기는 경우로 구분해서 앞 의 경우를 군자(君子), 뒤의 경우를 소인(小人)이라 했습니다. 이어서 그는 나라를 다스릴 때에 성인과 함께하면 그보다 좋을 수 없겠지 만, 그렇지 못하다면 반드시 군자, 곧 재주는 부족하더라도 덕이 훌 륭한 사람과 함께 해야 한다고 했습니다. 요컨대 정치는 덕이 훌륭 한 사람, 곧 인격이 훌륭한 사람에게 맡겨야 한다는 이야기죠. 그런 데 정작 관심을 끌만한 내용은 소인에 대한 그의 이야기입니다. 그 는 성인이나 군자를 얻을 수 없다면 소인에게 정치를 맡기느니 차 라리 어리석은 자, 우인에게 나라를 맡기는 것이 낫다고 했습니다.

사마광의 말은 어리석은 사람에게 정치를 맡기면 그가 설사 악을
저지르더라도 재주가 부족하고 힘도 부족하기 때문에 하룻강아지
가 사람을 물려고 할 때처럼 쉽게 제압할 수 있지만, 소인의 경우는
악을 이룰 수 있는 충분한 재주와 힘을 가지고 있기 때문에 제지할
수 없으므로 날개 달린 호랑이와 같다는 겁니다. 사마광 또한 일단
소인에게 나라를 맡기면 비록 훌륭한 사람이 있더라도 바로잡기
어렵다고 생각한 것입니다.

　　그리고 "이(利)를 이로움으로 여기지 아니하고 의를 이로움으로
여긴다〔此謂 國不以利爲利 以義爲利也〕"는 말이 나오는데 앞 문장의 결
어를 그대로 반복한 것이자 《대학》의 마지막 문장이기도 합니다.
현대사회에 비추어 다시 한 번 음미해보겠습니다.

　　예나 지금이나 국가는 요즘의 기업과 같은 기구가 아니라 공동
체입니다. 또 기업은 이윤을 추구하는 것이 목적이라는 견해에 쉽
게 동의하는 경향이 있는데, 이것도 사실 따져봐야죠. 우리가 기업
에 중요한 가치를 부여하는 것은 그 기업을 통해 많은 사람들이 일
자리를 얻고 함께 살아갈 수 있기 때문이죠. 그런데 만약 기업의
목적에서 인간을 배제해버리고 이익만을 내세운다면 어떻게 되겠습
니까? 기업이 유지되어야 할 가장 중요한 이유가 없어지는 거죠. 하
물며 국가는 기업이 아닙니다. 그런데 이 국가를 기업과 똑같은 방
식으로 운영하면 어떻게 될까요? 예를 들어 국가에서 운영하는 단
체를 모두 기업에서 운영한다고 생각해보십시오. 미국의 마이클 샌
델(Michael Sandel, 1953~)같은 학자가 '시장사회(market society)'라는 말을

자주하는데, 미국에서 본래 국가가 담당했던 기능을 기업이 담당하는 방식으로 급격하게 사회구조가 바뀌면서 일어나는 문제점에 대한 비판입니다. 예를 들어 교도소를 국가에서 운영하지 않고 기업에서 운영한다고 가정해봅시다. 물론 미국에는 실제로 그런 교도소가 있습니다. 이른바 영리 교도소입니다. 기업이 교도소를 운영하면 어떤 일이 일어날까요? 앞서 《대학》의 〈전4장〉에서 말씀드린 것처럼 어떤 사회든 형벌과 감옥은 필요하지만 감옥이 가득 차 있을 때보다 텅텅 비어 있을 때가 감옥이 가장 잘 쓰이는 상태인 것처럼 형벌도 집행되지 않을 때 형벌의 기능이 가장 잘 발휘된 것이라고 했죠. 현대 국가가 운영하는 교도소도 마찬가지입니다. 교도소는 비어 있을 때 가장 잘 운영되는 겁니다. 하지만 교도소가 기업이 되고 이윤 추구를 목적으로 내세우면 교도소에 사람이 많이 들어올수록 교도소의 목적에 더 부합하겠죠. 결국 범죄자가 많아지기를 바라는 이상한 결과가 초래될 겁니다. 그렇다면 범죄자를 교화시켜서 범죄가 적게 일어나도록 인도하는 목적을 지닌 교도소를, 범죄자가 많아지기를 바라는 사람들이 운영한다는 것은 윤리적 문제는 차치하고 논리적으로 맞는가라는 질문을 던질 수 있습니다. 일단 말이 안 됩니다. 그런데 실제 미국에서는 그런 식으로 운영하는 청소년 감호소가 있습니다. 그러다 보니 잘못을 저지른 사람이 있을 때 판사가 웬만하면 유죄로 판결해서 교도소를 채우는 일이 일어납니다. 이런 사태는 국가의 기능과 기업이 기능이 다른데 그걸 똑같은 관점에서 바라보았기 때문에 초래된 결과입니다.

그리고 〈전10장〉에서 여러 차례 강조한 것처럼 조그만 구멍가게를 운영하는 사람과 큰 기업을 운영하는 사람이 같은 조건에서 경쟁을 하면 구멍가게는 당연히 문을 닫을 수밖에 없습니다. 이런 일은 한국사회에서 실제로 벌어지고 있습니다. 정의로운가요?《대학》의 작자라면 그런 일은 절대 정의롭지 않다고 이야기합니다. 마지막 문장에서 말하고 있는 것처럼 이익을 최우선시하는 태도는 결코 국가가 추구하는 목적에 부합하지 않을 뿐 아니라 공동체를 유지하는 데 도움이 되지 않는다고 보니까요.《대학》의 작자는 의(義)를 최고의 국익이라고 생각합니다. 그 때문에 "나라는 이(利)를 이로움으로 여기지 아니하고 의를 이로움으로 여긴다"는 말을 두 번 반복한 것입니다.《대학》에 따르면 '의'야말로 나라의 가장 큰 이로움입니다. 우리 사회에서 국익(國益)이라는 말을 자주 쓰는데, 불행히도《대학》의 이 대목과는 거리가 먼 것 같습니다. 우리 사회에서 국익이라고 하면 대체로 이익(利)을 말하는 경우가 많죠. "도덕적으로 정당하지 않지만 국익을 위해서" 이런 말을 함부로 씁니다. 말이 안 됩니다. 도덕적으로 정당한 것이야말로 국익입니다. 도덕적으로 정당하지 못한 건 국익이 아니라 나라의 해로움입니다. 정의보다 더 큰 국익은 없습니다.

이제《대학》의 경문(經文)과 전문(傳文)을 모두 읽었습니다. 말씀드린 것처럼《대학》에는 자기 수양이라는 개인의 도덕적 실천뿐 아니라 '내가 곧 세계'라는 관점에서 집안과 나라를 다스리고 천하를 다스리는 유학적 장대한 이상이 고스란히 녹아들어 있습니다.《대학》은 나의 작은 행위 하나하나가 사실은 전 인류와 관계가 있는 중대한 의미를 지니고 있다고 이야기합니다. 나의 수신(修身), 나 자신의 도덕을 수양하는 작은 일이 가(家)와 국(國)과 천하(天下)와 연결되어 있다고 말합니다. 이것이 유가적 세계관의 기본입니다. 오늘 내가 한 아름다운 행위가 온 세계를 아름답게 할 수 있다고 이야기한다는 점에서 《대학》은 사회적 존재로서 나의 의미를 확인해줄 뿐 아니라 '신독'을 통해 자신의 내면을 응시하고 대화하면서 성장할 수 있게 조언하는 책입니다. 부디 많은 사람들이 《대학》을 읽어서 자신을 세우고 세상을 바로잡는 용기를 지녔으면 좋겠습니다.

진실과 거짓에 관한 오래된 이야기, 《대학》

"대학은 옛날 태학에서 사람을 가르치던 방법이다."

《대학》을 재발견한 남송의 철학자 주희의 이 말처럼 《대학》은 무척이나 오래된 옛 책입니다. 모두가 4차 산업혁명을 이야기하는 마당에 나온 지 2000년도 더 된 헌책 중의 헌책 《대학》을 읽는 이유는 어디에 있을까요? 누군가 묻는다면 나는 진부함과 거짓으로 가득 찬 세상에서 자신을 지키기 위해 《대학》을 읽는다고 대답하겠습니다.

지금 이 시대는 그 어느 때보다 진부한 시대입니다. 자고 나면 새로운 건물이 들어서고 날마다 새로운 상품이 쏟아져 나오지만 우리의 삶은 어제가 그제 같고 오늘이 어제와 같기 일쑤입니다. 우리의 도덕은 도처에 설치된 감시 카메라 아래 아무런 의미가 없어졌고, 우리의 친절은 미스터리 쇼퍼의 진상에 속절없이 굴복당하고 맙니다. 우리만 그런 것이 아닙니다. 미국이든 유럽이든 일상을 살아가는 모든 사람들, 전 세계인이 마찬가지죠. 물론 한국인이 더 심하게 지쳐 있는 것은 사실입니다. 한국은 멕시코 다음으로 노동 시간이 가장 긴 나라입니다.

왜 이렇게 되었을까요? 우리를 둘러싼 이 세계가 그렇게 굴러가기 때문이죠. 지금 우리가 사는 세계는 자유 시장 사회입니다. 이 세계에서는 모든 것이 거래의 대상입니다. 그게 사랑이든 우정이든 가리지 않습니다. 신성한 모든 것이 사라진 것이죠. 사하라를 가로질러도 히말라야를 올라도 거기서 만날 수 있는 것은 전통적인 삶이나 오래된 진리가 아니라 모래나 눈에 묻힌 코카콜라 캔일 뿐입니다. 시장으로 바뀐지 오래된 이 세계에서는 인류가 오랫동안 누려왔던 전통적 삶의 양식이나 고유한 가치는 더 이상 찾아보기 어려운 희귀한 것이 되고 말았습니다. 문제는 고유한 삶이 사라지면서 새로움도 따라서 사라졌다는데 있습니다.

우리 모두는 병원에서 태어나고 병원에서 죽습니다. 저마다의 고향이 없지요. 모든 사람이 자신의 소득 수준에 맞춰 같은 종류의 상품을 소비하면서 살고 있습니다. 똑같은 세상에서 똑같은 방식으로 살고 있는 것, 이것이 우리 시대이고 우리의 세계인 것이죠. 어디에도 새로움은 없습니다. 새로움이 사라진 까닭은 지금까지 없었던 무엇이 아직 도래하지 않아서가 아니라 이미 있었던 다양한 것들이 사라졌기 때문입니다. 세상이 진부해 보이는 까닭입니다.

그럼 어떻게 해야 할까요? 개인이 자신을 새롭게 함으로써 진부한 세상과 맞서는 수밖에 없습니다. 이 말은 개인에게 책임을 물어야 한다거나 구조적 문제를 도외시하자는 것이 아닙니다. 오히려 구조를 바꾸기 위해서는 인격을 가진 개인이 구조의 비인격성을 간파하고 거기에

저항함으로써 세상을 바꾸어나가야 한다고 이야기하기 위해서입니다. 세상을 새롭게 바꾸려면 어떻게 해야 할까요? 먼저 자신부터 새롭게 해야 합니다. 유학의 가르침에 따르면 나를 새롭게 하는 일은 뜻을 세우는 입지(立志)에서 시작합니다. 맹자의 이야기죠. 선비가 해야 할 일이 무엇인지 묻는 제자의 질문에 맹자는 '선비는 뜻을 숭상하는 사람(士尚志)'이라고 대답했습니다.

뜻은 자신의 의지를 말합니다. 맹자는 세상에서 가장 중요한 것은 자신의 뜻을 펼치는 것이라고 말한 것입니다. 뜻을 세우자면 배워야 합니다. 배움은 공자가 이야기한 것처럼 나를 위해 하는 것입니다. 그런데 지금 사람들은 남에게 보이기 위해 공부하고 자신의 이익을 위해 가르칩니다. 욕망만 확인될 뿐 뜻은 어디에도 보이지 않지요. 욕망이 모든 것을 포획한 시대, 뜻이 꺾인 시대인 것입니다. 욕망에 포획된 현대인의 삶은 결코 자유로울 수 없습니다.

지금 《대학》에 주목하는 이유는 여기에 있습니다. 《대학》은 '대인지학(大人之學)', 곧 '대인의 학문'입니다. '큰 대(大)' 자는 사람이 똑바로 서 있는 모양을 그린 글자로 자유로운 인간을 뜻합니다. 《대학》은 자유로운 자의 학문이자 자신을 새롭게 하는 학문인 것이죠. 《대학》에서는 자신을 새롭게 하고 세상을 새롭게 하는 방법으로 '신독(愼獨)의 윤리'를 제안합니다.

'신독'은 홀로 있을 때 도리(道理)에 어긋남이 없도록 자신을 삼간다는 뜻입니다. 여기서 홀로 있음은 인간 존재의 외로움을 지적한 것이 아니라 '나'라는 존재의 신성성을 드러내는 말로 도덕의 중심이 타인에게 있는 것이 아니라 오직 나 자신에게 있다는 것을 깨닫게 합니다. 신독의 윤리는 실천 여부에 따른 보상이나 처벌이 없다는 점에서 칸트가 말한 정언명령과 같은 위상을 지닙니다.

신독의 구체적인 실천은 '무자기(毋自欺)'입니다. 무자기는 남을 속이지 말라는 뜻이 아니라 자신을 속이지 말라는 뜻입니다. 자신과 대면하고 자신을 바로 세우는 것이 도덕임을 이보다 더 잘 깨우쳐주는 경구는 없습니다. 도덕과 수양은 본래 나를 위해 있는 것이지 남에게 적용하는 것이 아닙니다. 이처럼《대학》은 오직 자신의 내면과 대화하는 '신독', 자신을 속이지 않는 '무자기', 그리고 이 두 개념의 총합인 '성의(誠意)'라는 자기 성찰을 통해 나를 진실하게 하고 세상을 새롭게 할 수 있다고 이야기합니다. 이 책을 펴낸 까닭은 대학의 이러한 덕목이 현대인의 삶에도 변함없이 적용할 수 있는 불멸의 도덕률이라고 생각했기 때문입니다.

이 책을 펴내기까지 여러 사람의 도움을 입었지만 동료 연구자인 배기호 박사에게 특히 감사와 경의를 표합니다. 배기호 박사는 순자(荀子) 연구로 박사학위를 취득한 동양철학 전공자로 녹취한 강의를 풀어 초고를 작성해주었을 뿐 아니라, 여느 조력자라면 찾아내기 어려운 오류를 정확하게 바로 잡아주었고 난해한 옛글자를 직접 그려 원고를 충실하게 보완해주었습니다. 앞으로 배기호 박사가 책을 펴낸다면 나 또한 동료 연구자로서 조력을 아끼지 않을 것입니다.